1940년대 극장의 감성과 이데올로기

이화연구총서 22

1940년대 극장의 감성과 이데올로기

전 지 니 지음

혜안

이화연구총서 발간사

이화여자대학교 총장 **최 경 희**

　129년의 역사와 정신적 유산을 가진 이화여자대학교는 '근대', '여성', '교육'이라는 측면에서 역사의식과 책임의식을 견지하며 한국 사회의 변화를 주도해 왔습니다. 우리 이화여자대학교는 이러한 역사와 전통을 바탕으로 세계적인 경쟁력을 갖춘 대학으로 거듭나고자 연구와 교육의 수월성 확보라는 대학 본연의 과제에 충실하려 노력하고 있습니다. 구체적으로 다양한 학제간 지식영역 소통과 융합을 비전으로 삼아 폭넓은 학문의 장 안에서 상호 협력하는 개방적이고 민주적인 소통을 지향하며, 고등 지성의 연구 역량과 그 성과를 국내외적, 범세계적으로 공유하는 체계를 지향합니다. 아울러 학문연구의 영속성을 확보하기 위해 젊은 세대에게 연구자의 지적 기반을 바로잡아주는 연구 기능을 갖춤으로써 연구와 지성의 가치를 구현하는 그 최고의 정점에 서고자 합니다. 대학에서 연구야말로 본질적인 것으로 그것을 통하여 국가와 대학, 사회와 인류에 기여할 수 있는 것이며 연구가 있는 곳에 교육도 봉사도 보람을 찾을 수 있는 것입니다.

이화의 교육은 한 개인의 역량을 강화하는 데 머무는 것이 아니라 타인과 약자, 소수자에 대한 배려 의식, 다른 사람과 소통하는 공감 능력을 갖춘 여성의 배출을 목표로 합니다. 이러한 교육 속에서 이화인들의 연구는 무한 경쟁의 급박한 현실에 안주하지 않고, 섬김과 나눔이라는 이화 정신을 바탕으로 21세기 우리 사회와 세계가 요구하는 사회적 책무를 다하려 합니다.

학문의 길에 선 신진 학자들은 이화의 도전 정신을 바탕으로 창의력 있는 연구 방법과 새로운 연구 성과를 낼 수 있는 중요한 자산입니다. 따라서 신진학자들에게 주도적인 학문 주체로서의 역할에 대한 기대가 매우 큽니다. 그들로부터 나오는 과거를 토대로 새로운 것을 창조하는 '法古創新'한 연구 성과들은 가까이는 학계의 발전을 이끌어 내고, 나아가 '변화'와 '무한경쟁'으로 대변되는 오늘의 상황에서 사회와 인류에 발전적으로 이바지할 수 있는 저력이 될 것입니다.

특히 이화가 세계적인 지성 공동체로 자리 매김하기 위해서는 이 학문 후속세대를 위한 지원과 연구의 장을 확대할 필요가 있습니다. 이에 따라 이화여자대학교 한국문화연구원에서는 세계 최고를 향한 도전과 혁신을 주도할 이화의 학문후속세대를 지원하기 위해 '이화연구총서'를 간행해 오고 있습니다. 이 총서는 최근 박사학위를 취득한 신진학자들의 연구 논문 가운데 우수논문을 선정하여 발간하는 것입니다. 총서의 간행을 통해 신진학자들의 논의가 보다 많은 사람들에게 제공되어 이들의 연구 성과가 공유될 수 있는 기회를 줌으로써 이들이 미래의 학문 세계를 이끌 주역으로 성장하는 데 도움을 주고자 합니다.

앞으로도 '이화연구총서'가 신진학자들이 한발 더 높이 도약할 수 있는 발판이 되기를 희망합니다. '이화연구총서'의 발간을 위해 애써주신 연구진과 필진 그리고 한국문화연구원의 원장을 비롯한 모든 연구원들의 노고에 진심으로 감사드립니다.

책머리에

　이 책은 1940년대, 구체적으로 태평양전쟁과 한국전쟁 사이에 놓여있는 해방 전후의 연극을 연속선상에서 파악하면서 그 식민성과 대중성의 문제를 논의하였던 박사논문을 엮은 것이다. 논문을 제출한 지 벌써 3년 반 가량이 지났고, 그 사이 두 개의 전쟁과 관련된 문학 및 연극에 대한 여러 논의가 있었지만 섣불리 작업을 진행하지 못한 것은 논문에 대한 아쉬움 때문이었다. 당시 공식적이고 선동적이기에 잘 읽히지 않는 해방 전후 연극을 연구 대상으로 삼은 이유는, 40년대 연극이 전쟁과 해방, 그리고 건국이라는 전환기 속에서 살아남기 위한 연극인들의 투쟁의 기록이라는 점에 주목했기 때문이다. 전쟁에 임하는 제국 일본의 메시지를 그대로 삽입하거나 당의 선전을 노골적으로 지지하기에 선전극이라 평가절하됐던 40년대 연극은, 당대의 시대상과 함께 공식적으로 표출할 수 없었던 연극인들의 욕망, 무의식을 읽어 내려갈 수 있는 가장 적합한 텍스트였다. 그리고 시국과 분리될 수 없었지만 다른 각도에서 보면 대중극의 전성기라 할 수 있는 시기, 전쟁과 건국이라는 주제를 담은 연극이 어떻게 대중의 감성과 공명하는지 읽어보고 싶었다. 따라서 논문을 통해 희곡 텍스트가 지배 담론을 확산하거나 굴절하는 측면을 동시에 파악하고, 또한 프로파간다 연극이 어떤 방식으로 동시대 관객과 호흡하고 있었는지를 밝히고자 했다.

개인적인 경험을 이야기하면, 이 책에서 다루고 있는 일제 말기와 해방기는 내게 매우 익숙한 시기이기도 했다. 유년 시절, 할머니와 함께 방을 쓰면서 식민 지배와 해방, 그리고 한국전쟁을 거치면서 겪었던 수난사를 귀에 인이 박이도록 들어야만 했다. 식민지 시기 경험한 수탈과 해방 후 이어진 남편의 월북 및 한국전쟁 중 겪은 피난살이는 할머니가 들려주는 수난사의 반복되는 레퍼토리였고, 당시에는 거의 반강제적으로 경청해야만 했던 그 시절의 이야기가 궁극적으로 40년대 연극을 연구하게끔 이끌었는지도 모르겠다. 그리고 개인으로서 할머니가 혼란스러운 시기를 견디는 방법이 '고녀'를 졸업했다는 자부심이었다면, 연극인들이 극한 검열과 테러 속에서도 창작 활동을 지속할 수 있던 근간에는 자신의 예술과 관객의 지지에 대한 일종의 확신이 자리잡고 있었지 않나 싶다.

어떤 측면에서 40년대 연극은 가장 선전적인 동시에 대중적이었고, 극작술 면에서는 이전부터 이어진 사실주의 전통이 보다 세련된 방식으로 완성된 양상을 보여주기도 했다. 물론 제국 일본에 협력하고 해방 후 냉전 이데올로기를 확산함으로써 시국에 순응한 측면을 무마시킬 수는 없지만, 이분법적 잣대로 그 문제성을 비판하기보다는 텍스트를 여러 각도에서 독해하며 연극이 생산, 수용되는 복잡다단한 맥락을 고려해야 한다는 문제의식을 논문 끝까지 이어가고자 했다. 40년대 연극의 복잡성을 역사, 지정학, 청년이라는 세 가지 키워드로 간단하게 해명하고자 했다는 논문의 한계는 이 책에서도 시정하지 못했는데, 이후 공부를 계속하면서 당대 연극을 규명하는 더 적절한 방법론에 대해 고민해 보고자 한다. 또 지금까지 북한 연극에 대한 공부를 계속하고 있는 만큼, 앞으로 분단 이후 남북한의 서로 다른 사실주의 연극이 어떻게 이어지고 있는지 이 책의 논의와 관련하여 연구하려 한다.

이 지면을 빌려 감사 인사를 전해야 할 분들이 많다.
학부 재학 중 지도교수 정우숙 선생님께 처음으로 서양연극과 한국연극을 배웠고, 그 배움이 나를 대학원으로 이끌었다. 전공 수업 중 선생님의 수업을 유달리 재미있게 들었던 기억이 지금까지 희곡 공부를 추동하는 힘이 됐다. 부족한 제자를 늘 묵묵히 지지해 주시는 선생님께 진심으로 감사드린다. 이와 함께 학위논문을 심사해주신 선생님들께도 다시 한 번 감사드린다. 글의 전체적 방향성에 대해 다시금 고민해 볼 기회를 제공해주신 김현숙 선생님, 논문의 한계에 대한 날카롭게 지적해주시면서도 격려를 아끼지 않으셨던 김미현 선생님, 논문을 열심히 읽어주시고 세세한 사항까지 바로잡아 주신 이종대 선생님, 심사과정뿐만 아니라 논문을 쓰는 동안에도 학문적, 정서적 도움을 주셨던 장혜전 선생님께 거듭 감사하는 마음을 전하고 싶다.

늘 자괴감에 시달릴 수밖에 없는 대학원 생활을 계속할 수 있었던 건 함께 공부하며 고민거리를 공유했던 사람들이 있었기 때문이다. 백소연 선배를 비롯해 학부 때부터 지금까지 함께 하고 있는 친구들, 그리고 식민지 시기와 해방기 매체를 함께 읽었던 세미나 팀원들에게 늘 감사하는 마음뿐이다. 외부에서는 막연히 여대에 개인주의가 만연할 것이라 치부하지만, 난 학부 입학 후부터 지금까지 정말 좋은 친구들, 선후배들에게 의존하면서 지내왔다. 박사논문을 쓰면서도 늘 가지 않은 길을 떠올리며 아쉬워했고 이는 졸업 후 학생들을 가르치고 있는 지금까지도 마찬가지지만, 그럼에도 이화에서 문학 공부를 시작하기 잘 했다고 느끼는 것은 동학(同學)들로부터 얻은 정서적 지지가 있었기 때문이다.

또 막상 민망해서 대면하고 말하기는 어렵지만 사춘기 시절부터 속 많이 썩여온 둘째 딸의 선택을 의심치 않고 모두 지지해주셨던 부모님,

그리고 좋은 친구 같은 언니 전지현에게 이 자리를 빌려 감사 인사를 전한다. 공부하는 며느리를 묵묵히 응원해주시는 시부모님에게도 언제나 감사하고 있다. 이와 함께 늘 정신없고 지쳐있는 나를 다잡아주는 남편 김도엽, 서툴고 어설프기만한 엄마 옆에서도 무럭무럭 자라고 있는 아들 진혁에게 곁에 있어줘서 고맙다는 말을 전하고 싶다. 대학원에서의 공부를 펼쳐놓은 학위논문을 책으로 엮어내면서, 그리고 일상의 보람이 된 아이의 얼굴을 보면서 내 삶이 이전의 단계를 마감하고 새로운 단계에 진입했다고 느낀다. 책 출판을 준비하는 사이 할머니가 돌아가셨다. 부디 편히 영면하시기를 빈다.

　　마지막으로 부족한 글을 '이화연구총서'로 선정해 출판해 주신 이화여자대학교 한국문화연구원과 도서출판 혜안에도 깊은 감사를 전한다.

2015년　3월

저자　전지니

목 차

Ⅰ. 서론

1. 태평양전쟁과 한국전쟁 사이,
'1940년대' 연극에 주목하는 이유

이 책은 효과적인 선전도구이자 대중이 즐기던 오락물로, 곧 '역동적 생산물'로서 문화 유통의 중심에 있었던 1940년대 연극을 파악하는 것을 목적으로 한다. 이는 해방 전후 연극의 다양한 해석 가능성을 열어 놓는 것이며, 또한 합일될 수 없는 욕망들이 교차하는 당대 극장의 복합성을 확인하는 작업이 될 것이다.

해방 전후 연극은 제2의 국가 이데올로기로 기능했는데, 동원의 시대인 40년대 문화 텍스트 중 특히 연극에 주목해야 하는 이유는 다음과 같다. "민중 사상을 좌우할 수 있는 잠세력(潛勢力)"을 지닌 극의 효과[1]는 1920년대부터 논의됐으며, 이후 총동원의 시기인 40년대에 접어들면서 집단적 예술인 연극의 선전적 효과는 더욱 중시된다. 그리하여 배우와 관객이 동일한 시공간 안에서 호흡하는 연극의 대중적 영향력을 논하거나 가장 사회적인 예술인 연극의 문화적 의의를 강조하는 글들이 해방 전후

[1] 윤백남, 「연극과 사회」, 『동아일보』, 1920.05.05.

반복적으로 발표됐다. 연극은 직접성에 있어 소설보다 강한 호소력을 지니고 있었기에 정책적으로 용이하게 활용될 수 있었으며, 작가의 입장에서도 목적성을 드러내기에 적합한 장르였던 것이다.

흥미로운 것은 극심한 통제와 검열로 요약되는 40년대에 역설적으로 연극의 수준은 한 단계 도약할 수 있었으며, 연극은 또한 활발하게 유통됐다는 점이다. 관객의 폭넓은 수용이 연극의 성패를 좌우하는 요건임을 받아들인다면, 일제 말기의 연극은 분명 성공적이었다.[2] 또한 미군정의 검열이 식민지시기 못지않게 강화된 해방기[3]에 연극인들의 움직임은 더욱 적극적으로 전개됐고, 연극의 전성기라 할 만큼 많은 연극이 발표됐다. 당시 "어느 극장에 가도 관객이 쇄도하고 대만원"이라는 언급[4]은 해방공간 연극의 인기를 추측케 한다. 이 같은 상황에서 소설가 이기영은 해방기 혼란한 상황 속에서 소설보다 희곡을 쓰는 편이 낫다는 견해를 내놓았고,[5] 이기영의 「고향」이나 송영의 「의자」 같은 소설들이 희곡으로 개작되어 발표됐다. 그렇다면 국민동원의 시대로 요약될 수 있는 40년대, 효과적인 선전물이자 인기있는 오락물이었던 연극을 읽는 것은 당대 정치·사회상을 고찰하는 유효한 방법이 될 수 있다. 따라서 이 책에서는 당국과 담론생산자의 입장에서는 선전도구로, 대중에게는 오락물로 기능했던 40년대 연극을 살펴볼 것이다. 해방을 기점으로 식민과 탈식민을

2) 김만수, 「장르론의 관점에서 본 해방공간의 희곡문학」, 『외국문학』 23호, 1990, 210쪽.
3) 「좌담회 - 3·1절 기념공연과 연극의 긴급문제」, 『신세대』, 1946.05.(양승국 편, 『한국근대연극영화비평자료집』 18권, 278쪽.)
4) 허달, 「연극문화와 관객의 문제」, 『영화시대』, 1947.03.(양승국 편, 『한국근대연극영화비평자료집』 19권, 35~36쪽.)
5) 「문인 좌담회 속기」, 『예술』, 1946.01, 5쪽.(『한국현대문학자료총서』 12권, 거름, 1987, 617쪽.)

구분짓는 대신 식민 상태가 연속되는 상황으로 40년대를 파악하며, 국가 기획의 과정으로 연극이 활용되던 시기에 나타난 연극의 복합성을 읽어보려는 것이다.

여기서 "'해방'은 해방 이전과 이후를 구분짓는 역사적 사건처럼 보이지만, '신생' 조선의 건설을 위한 많은 구상과 논리, '신문화' 건설을 위한 다양한 담론들이 식민지시기의 '담론 체계' 및 '국가 경험'과 직간접적으로 연관되어 있다"는 지적6)을 살펴볼 필요가 있다. 이는 40년대 주체의 국가 기획 과정을 파악하기 위해 해방 전후를 함께 읽어야 할 필요성을 제시하는데, 이 책 역시 대동아공영권과 민족국가 건설이라는 두 번의 전환기로 요약되는 40년대, 연극이 국민 정체성을 구성하는 방식을 살펴보고자 한다.

따라서 해방을 기점으로 이전과 이후를 식민과 후식민 사회로 간주하며, 이 같은 연속의 관점에서 식민지시기 의식구조가 해방 후 재편되는 양상을 확인하려 한다. 조선은 일본의 2차대전 패배를 통해 독립을 이루었지만, 전쟁의 승리자인 미국과 소련이 각각 남북한을 점령하고 지배담론이 다시 새로운 제국의 노선에 접속했을 때 식민성은 재생산됐던 것이다. 또한 일제 말기 '전환기'라는 시대 상황을 앞세워 개인을 국가적 사업에 동원하는 양상은 해방 후에도 지속됐다.

앞으로 해명할 것은 식민-후식민 사회로 간주할 수 있는 40년대, 연극은 어떠한 맥락에서 생산되고 공연됐는지의 여부이다. 그런데 총력전시기와 해방기를 관통하는 1940년대 문화 텍스트가 지배담론을 반영한다고 해서, 이를 선전물로 단정하기에는 무리가 있다. 버락 쿠시너(Barak

---

6) 정종현, 「'중일 전쟁'과 탈식민의 환타지」, 동국대학교 한국문학연구소, 『전쟁의 기억 역사와 문학』 상권, 월인, 2005, 211~213쪽.

연극을 보기 위해 이동극장을 찾은 관객들(왼쪽)과 군중의 호응에 손을 흔드는 이동극단 관계자들
(오른쪽)

Kushner)에 따르면 일본 관객들은 전쟁 기간 동안 코미디 퍼포먼스를
즐겼고, 경우에 따라 원래 사건에 멜로드라마적 요소가 추가되기도 했다.
전쟁 기간 일본의 군국주의 코미디는 대중의 결의를 강화하고 국가적
목적이 일상에 침투하는 것에 기여했지만, 이는 또한 15년 전쟁이 단순히
'암흑기'가 아니었음을 보여주는 활동적이고, 역동적인 생산물이었다.[7]
　이 같은 논의는 프로파간다 연극을 단선적으로 규정할 수 없음을
보여준다. 물론 내지 일본과 식민지 조선의 문화 유통 상황에는 간극이
있으며, 총독부 정책에 따라 생산된 선전물들의 이데올로기 효과를 부정
하는 것은 불가능하다. 그러나 선전효과를 높이기 위해 삽입된 흥행
요소들이 오히려 선전성을 잠식하거나, 혹은 정책적으로 고안된 선전물
을 대중은 오락물로 감상하는 결과 또한 고려해야만 문화 유통의 다층성
을 파악할 수 있을 것이다. 즉 당대 문화 텍스트를 다각도로 살펴보기
위해서는 대중의 일상에 침투하고자 했던 연극을 프로파간다 도구로서
뿐만 아니라 대중과 호흡한 '역동적 생산물'로서 이해하려는 시각 또한
필요하다.

---

7) Barak Kushner, 『The Thought War : Japanese Imperial Propaganda』, University of
　　Hawaii press, 2007, 106~116쪽.

　이 책의 경우 그간 함께 연구되지 않았던 해방 전후 연극을 검토한다는
점에서 기존 연구와 차별화되는데, 이를 통해 40년대 연극에 대한 거시적
인 접근을 시도한다. 더불어 해방 전후 연극을 함께 읽을 수 있는 방법론을
마련하며, 1930년대와 50년대 연극을 잇는 가교인 40년대 연극의 형식적,
내용적 특징들을 지적하려 한다. 이 같은 작업은 선전극의 식민성을
재해석하고, 또한 40년대 연극의 의의와 한계를 다각적으로 평가하는
기반을 마련할 수 있을 것이다.

　앞서 동원의 구조라는 공통점을 가지고 해방 전후를 함께 파악할
수 있음을 언급했다. 식민지시기 황국신민의 정체성을 구성했던 담론생
산자들은 해방 후 단일 민족의 정체성을 확립하려 했던 것이다. 본래
국민 개념은 유럽의 근대문명이 앞서 이룩한 정치적 발전과 함께 나타난
'네이션(nation)'과 동의어로 간주되는데, 새로운 의미를 가진 개념어로서
중국과 일본에서 논의되던 '국민'은 근대적 주권을 담지하는 정치적
주체로서, 국가공동체의 근간을 이루는 핵심 개념으로 제기[8]됐다. 이후
총력전시기의 국민은 소아(小兒)를 버리고 대아(大兒)를 위해 희생하는
황국신민으로 규정되고, 해방공간에서는 정치, 사회가 분화되면서 국민
과 인민이 구분되어 사용됐다. 당시 우익 측에서는 새로운 정치 주체로
국민 개념을 강조하며 인민을 배제했고, 좌익 측에서는 이에 대항해
인민정권을 수립하기 위한 주체로 인민 개념을 활용했다.[9] 그러나 용어는
세분화돼도 우익 측의 국민이나 좌익 측의 인민 모두 국가 건설을 위한
전사로 동원됐다는 점에서는 동일했고, 이는 전시동원기 황국신민 개념
을 수용, 변형한 것이었다.

---

8) 박명규, 『국민, 인민, 시민』, 소화, 2009, 81쪽.
9) 박명규(2009), 위의 책, 166~170쪽.

 주지할 것은 천황의 동아 혹은 신생국가라는 절대적 대주체가 민중을 국민으로 호명하고 주체로 재구성하는 과정에는, 적대적 타자를 상상해 배치하는 이분법이 자리 잡고 있었다는 점이다. 즉 해방 전후 국민 정체성을 구성하는 가장 편의적인 방법은 '타자'와의 구분짓기였고, 국민과 비국민, 민족과 반민족을 구분하는 이분법이 생산되면서 일제 말기에는 아시아인을 과거 서구에 의해 수탈당한 희생자로, 해방 후에는 남한 주민을 잠재적 희생자로 규정하는 동원의 구조가 지속됐다. 당시 국민 정체성을 확립하기 위한 기제로는 과거의 역사, 국제질서, 세대론 등이 소환되는데, 이 집단적 정체성을 구성해 나가는 과정에서 연극이 중요하게 활용됐다. 연극이 상연되는 극장은 공중에 대한 막강한 통치의 힘이 행사10)되는 권력의 장(場)이었고, 여기서 황국신민과 민족의 범주가 조정됐던 것이다.

 그렇다면 연극이 시국과 관련되어 선전 수단으로 인식된 시점은 언제인가. 우리 정치·문화사에서 선전의 영향력이 적극적으로 고려됐던 것은 중일 전쟁(1937)을 전후한 시기로, 일본의 전시 프로파간다는 2차대전 기간 동안 다른 파시스트 국가들보다 자국 국민을 동원하기 위해 강한 압력을 넣었다. 그리하여 조선에서 중일 전쟁 발발 시 선전전(宣傳戰)이 현대 국가의 최대 임무이며, 국민의 지식을 계발하는 동시에 국가와 국민의 대목적을 국민에게 제시하여 정신 단결과 작흥을 도모하는 것이 필요하다는 입장11)이 설득력을 얻게 됐다. 이같이 국가가 총동원체제에 돌입하고 선전전의 중요성이 인식되기 시작하면서 건전한 여론을 배양하기 위한 예술의 역할이 적극적으로 고려되기 시작한다. 그 중에서도

---

 10) 박노현, 「극장의 탄생」, 『한국극예술연구』 19집, 2004, 32~33쪽.
 11) 서춘, 「국가와 선전」, 『조광』, 1937.10, 28~34쪽.

대중성을 지닌 집단예술 연극은 영화와 함께 중요한 선전 수단이 됐으며, 이제 선전극, 즉 프로파간다 연극의 토대가 마련된다.

프로파간다 예술의 특징은 행복한 미래의 환상을 창조함으로써 현재의 불완전성에 대한 대중의 관심을 돌리는 것으로, 파시즘 질서를 '미화'하는 파시스트 미학 역시 '현실로부터의 도피' 내지 '대리만족'을 목표로 한다.12) 이처럼 동원의 질서 하에 노출된 균열을 봉합하고, 전쟁과 건국의 미래를 이상태로 미화하는 전략은 해방 전후의 문화 텍스트에서도 반복되는데, 40년대 연극은 유토피아를 창조해 대중을 동원하는 것을 목적으로 한다는 점에서 프로파간다의 성격을 지닌다.

이처럼 해방 전후 연극이 프로파간다의 일환이었음은 부정할 수 없지만, 주목할 것은 당대 연극이 국가 이데올로기와 함께 대중의 정신적 경향, 즉 망탈리테를 반영하고 있다는 점이다. 1960년대 초반 프랑스 역사학에 등장한 심성사(histoire des mentalités)는 역사의 과정 속에서 인간의 집단적인 감성적, 도덕적, 감정적 성향 등의 생성, 변화, 기능에 대한 연구13)를 의미한다. 망탈리테 역사의 등장은 '경제적 토대/그 반영으로서의 상부 구조'라는 기계론적 도식에 대한 비판의 의미를 가지고 있었는데, 이는 하층계급의 일상생활과 정신적 요소에 대한 연구에 새로운 전망을 제시한 접근 방식으로 주목받았다.14)

'대의명분', '이념', '가치관' 같이 의식적으로 삶의 목표로 삼아 추구하는 이데올로기와 달리, 망탈리테는 집단적으로 확립되기는 했지만 반드시 의식적이라고 할 수 없는 태도, 개념, 규범 등을 지칭하며, 때로는

---

12) 김문환, 『사회주의와 연극』, 느티나무, 1991, 42~49쪽.

13) Hartmut Boehme·Peter Matussek·Lothar Mueller, 『문화학이란 무엇인가』, 손동현·이상엽 역, 성균관대학교 출판부, 2004, 27~30쪽.

14) 김정자, 「'망탈리테'사의 가능성과 한계점」, 『서양사론』 31호, 1988, 48쪽.

22

이데올로기보다 사람들의 행동 선택에 더 크게 작용15)한다고 여겨졌다. 정리하면 망탈리테는 "당대의 정신적 경향 혹은 분위기",16) "집합적 및 사회적 심리 상태의 공통적 내용"17)을 지칭하며, 내용에 있어서는 지각, 감성, 태도, 신념, 신앙, 사고방식, 감정, 심리 상태 등 지적, 감성적 차원을 두루 포괄한다. 망탈리테 개념의 특징은 일상적인 것에 대한 강조, 대중적-민중적인 것에 대한 강조, 감성의 중시, 심층성, 장기 지속성 등으로 요약될 수 있는데, 이 특징들은 밀접한 관련 속에서 생겨나 며, 서로를 보완하게 된다.18) 주지할 점은 40년대 연극이 관객 친화력을 높이기 위해 익숙한 신파적 요소들을 활용하여 대중의 정서를 반영하게 됐다는 것으로, 당대 연극은 전환기의 이데올로기와 이전부터 지속되어 온 망탈리테의 접합물이었다는 점을 염두에 둘 필요가 있다. 따라서 이 책 역시 망탈리테적 시각을 차용해 해방 전후 연극이 담고 있는 대중의 정서적 측면을 살펴볼 예정이다.

이와 함께 40년대 연극의 이데올로기적 측면을 확인하기 위해 알튀세르 (Louis Althusser)의 주체 개념을 참조한다. 알튀세르는 모든 이데올로기는 주체라는 범주의 작동을 통해서 구체적 개인들을 주체로 호명19)함을 지적한다. 알튀세르는 종교를 예로 들어 "유일하고 절대적인 대타자적 주체(Other subject), 곧 대주체(Subject)인 신이 존재한다는 절대적 조건 하에서만 수많은 종교적 주체들이 존재할 수 있다."고 설명한다. 알튀세르

15) 조한욱, 『문화로 보면 역사가 달라진다』, 책세상, 2000, 39~40쪽.
16) 박수현, 「문학연구 방법으로서의 '망탈리테'에 관한 시론적 고찰」, 『현대문학이론연구』 44권, 2011, 269쪽.
17) 김영범, 「망탈리테사 : 심층사의 한 지평」, 『사회와 역사』 31호, 1991, 267쪽.
18) 김영범(1991), 위의 논문, 271쪽.
19) Louis Althusser, 『재생산에 대하여』, 김웅권 역, 동문선, 2007, 397~400쪽.

의 대주체 개념은 인간이 상징적 질서 속으로 편입되는 과정에서 중요한 역할을 하는 라캉의 대타자 개념을 차용한 것인데, 주체를 호명하는 대주체, 즉 대타자는 결여나 비일관성을 전혀 찾아볼 수 없는 충만한 대타자이다. 이처럼 충만한 대주체를 전제하는 알튀세르는 모든 이데올로기를 현재의 지배체제를 어김없이 재생산하는 것으로 파악한다.[20]

즉 알튀세르는 주체를 호명하는 대주체−이데올로기적 국가기구의 일관성을 전제하며, 주체는 호명의 메커니즘에 철저하게 종속되어 있음을 지적한다. 국가기구에 종속, 복종함으로써 주체가 탄생하고 이렇게 탄생한 이데올로기적 주체는 생산관계의 재생산을 담보하고 '실현'한다는 것[21]이다. 하지만 지젝의 지적처럼 완전한 동일성의 확보란 불가능하며, 이 대주체(대타자)가 비일관적이고 결여되어 있다면, 사회는 기존 체제가 재생산되는 곳이 아니라 화해할 수 없는 분열된 사회적 갈등과 적대를 은폐하는 사회적 환상들의 투쟁이 벌어지는 곳[22]으로 규정된다.

물론 생산관계의 문제를 지적한 알튀세르의 논의를 40년대 연극에 직접 적용하기에는 무리가 있다. 또한 알튀세르는 개인은 자신이 이데올로기적으로 호명됨을 인식한 후에 이데올로기적 주체가 되는 것이 아니라 "항상 이미" 이데올로기적 주체라 강조[23]하는데, 이 같은 메커니즘이 해방 전후 상황과 정확히 들어맞지는 않는다. 그럼에도 불구하고 40년대

---

20) 김용규, 「지젝의 대타자와 실재계의 윤리」, 김상구 외, 『타자의 타자성과 그 담론적 전략들』, 부산대학교 출판부, 2004, 31~32쪽.

21) 박찬부, 「상징질서, 이데올로기, 그리고 주체의 문제−라캉과 알튀세르」, 『영어영문학』 47권 1호, 2001, 76쪽.

22) Slavoj Zizek, 『이데올로기라는 숭고한 대상』, 이수련 역, 인간사랑, 2002, 301쪽 ; 김용규(2004), 앞의 논문, 34쪽.

23) 양석원, 「이데올로기적 주체와 무의식적 주체−알튀세르와 라캉의 주체 이론」, 『문학과 사회』 51호, 2000, 1354쪽.

담론생산자들은 국가의 이름으로 민중을 국민, 민족 주체로 호명하고 있으며, 또한 이에 응답하는 과정이 반복되고 있음을 주목할 필요가 있다. 따라서 이 책은 알튀세르의 주체 개념을 일부 수용해 논의를 풀어 나가고자 한다.

염두에 둘 것은 대주체에 대한 반응이 반드시 호명에 대한 응답으로 정리될 수 없다는 점이다. 이정우·양일모는 식민지시기 근대적 주체의 탄생을 대타자(알튀세르의 개념으로는 대주체)와의 관련성 하에서 논의한다. 여기서 대타자란 가족이나 국가를 비롯해 개인을 둘러싸고 있는 보편자 형식의 사회적 존재들을 의미하는데, 당대 소설에서의 주체 양상은 '귀속되는 주체', '부유하는 주체', '투쟁하는 주체'로 구분될 수 있다. 식민지시기 '근대적 개인의 탄생'은 가장 강력한 대타자인 국가와의 관련 속에서 이루어질 수밖에 없었지만, 대타자와 주체의 관계는 늘 이중적이었다는 것이다.[24] 이 같은 논의에 입각하면 해방 전후 대타자(국가)와 주체의 관계는 반드시 종속적인 것이라 단정할 수 없으며, 공고한 권력 구도 안에서 나타나는 주체의 대응 또한 보다 섬세하게 고찰할 필요가 있다. 참고할 것은 주체와 권력의 관계를 탐구했던 푸코(Michel Foucault) 역시 권력의 편재성을 논의하며 권력관계는 늘 변화 가능한 것임을, 권력관계 속에는 필연적으로 저항의 가능성이 존재함을 언급했다는 것이다.[25]

이 책은 동원의 시대인 40년대에 나타난 다양한 극적 반응을 읽어내려 하기에, 탈식민주의 이론에 입각해 피지배 주체의 저항 가능성을 조명하

---

24) 이정우·양일모, 「근대적 개인의 탄생 : 일제 하 소설들에서의 '주체'」, 『시대와 철학』 17권 4호, 2006, 130~132쪽.
25) Michel Foucault, 『미셸 푸코의 권력 이론』, 정일준 역, 새물결, 1994, 114쪽.

는 논의와는 구분된다. 대신 국민, 국가 정체성을 확립하기 위해 소환되는 담론 기제들이 연극 안에서 어떤 양상으로 극화되는지를 살펴보려 한다. 일제 말기나 해방기는 연극이 정치권력의 자기장에 가장 가까이 있었던 시대[26]였으며, 40년대의 문학담론은 정치담론과 직결되었기에 연극과 지배담론을 분리하여 논의할 수는 없기 때문이다. 곧 선전도구로 간주되던 당대 연극의 특성 상, 연극 생산의 기반이 되는 정치·사회적 맥락을 배제하고 텍스트를 온전하게 읽어내는 것은 불가능하다. 따라서 이 책에서는 연극이 발표됐던 정치·사회적 정황에 주목할 것이며, 해방 전후 연극이 동원의 사명에 부응하기 위해 어떤 기제들을 소환하고 있는지를 살펴볼 것이다. 주지할 것은 극작가가 국민 정체성을 확보하기 위해 다양한 담론들을 소환하는 과정에서, 정치에 동조하는 동시에 대중의 호응도 얻고자 하는 이질적 욕망이 때로는 통합되고, 때로는 분열한다는 점이다.

정리하면 호명에 대한 극적 주체의 반응은 순응과 외면, 회의 등으로 다양하게 나타나고, 연극의 속성 상 대중의 망탈리테를 적극 반영하게 되면서 40년대 연극은 이질적 욕망들이 뒤섞인 잡종의 텍스트로 남게된다. 백현미는 악극을 예로 들어 국민적 오락을 제공하고자 하는 일제의 의도와 무관하게, 당시의 일반 관객들은 악극을 통해 삶의 위안이 되는 오락을 제공받을 수 있었음을 언급한다. 제국의 국민을 육성하려 한 일제의 헤게모니 전략은 관객 대중의 회피와 무지, 그리고 동의의 관계속에서 관철될 수 있었다는 것이다.[27] 이 같은 지적은 선전 전략과 대중의

---

26) 백승숙, 「송영의 <황혼>에 나타난 민족담론」, 『한국극예술연구』 24집, 2006, 118쪽.
27) 백현미, 『한국 연극사와 전통담론』, 『연극과 인간』, 2009, 210쪽.

26

수용 양상이 합일되지 못하면서 담론생산자와 대중의 욕망이 다층적으로 공존했던 당대 극장의 모호한 풍경을 반영하는 것이기도 하다. 영화 「심청전」을 보러 갔는데 학생들은 교육적 가치가 있는 심청의 효성보다 화면에 비치는 경치와 풍물에 취하였다는 회고[28]는 관객의 텍스트 수용에 있어 상당한 편차가 존재하고 있음을 보여준다.

이 책의 논의 대상은 해방 전후에 발표된 희곡으로, 구체적으로 미나미(南次郎) 총독의 '신체제관'이 공식 천명된 1940년부터 6·25 전쟁 발발 직전까지 발표된 극문학으로 범위를 제한한다. 먼저 연구 시작 시점의 경우 1939년 2차대전이 일어나고, 1940년을 전후해 '신체제'와 '연극'의 방향을 결부시키는 글들이 연이어 발표됐다. 같은 해 영화계에서는 조선 영화령이 공포 및 시행되고, 12월에는 조선극작가 동호회와 조선연극협회가 출범했다. 또한 1941년에는 현대극장과 국민연극 연구소 활동이 시작되고, 이듬해 7월에는 조선연극협회와 조선연예협회가 통합된 조선 연극문화협회가 출범하며, 9월부터 국민연극 경연대회가 개최됐다. 따라서 전시의 '새로운' 연극의 경향을 파악하기 위해 40년 이후의 국민연극을 대상으로 삼는 것에는 무리가 없을 것이다. 또한 해방기를 어디까지 규정할 것이냐에 따라 연구 종결 시점이 달라질 수 있는데, 이 책에서는 해방기를 1945년 8월 15일부터 6·25 전쟁 발발 직전까지로 규정한다. 해방기의 종결 지점을 단독정부 수립으로 보느냐 6·25로 보느냐에 따라 연구자들의 의견이 엇갈리지만, 단독정부 수립 후 남북한에서 진행된 문학 활동이 정부 수립 이전 좌익과 우익의 이념태를 그대로 계승한 것이었다는 점에서 6·25 이전까지를 '해방기'로 규정할 수 있을 것이다.

28) 김진수, 「심청전 구경」, 『조광』, 1940.06, 86쪽.

2. 1940년대 연극을 읽는 키워드 : 역사, 지정학, 청년

이 책에서는 40년대 연극을 읽는 주제어로 '역사', '지정학', '청년'을 설정할 것이며, 이 주제어는 극 텍스트에 내재한 극작가의 공적 욕망 및 사적 욕망과 결부된다. 먼저 극작가의 공적 욕망은 시국에 대한 편승 욕구와 직결된다. 2장에서 확인하겠지만 전시동원기 극작가들은 총독부의 지원으로 연극의 돌파구를 찾았던 만큼, 프로파간다의 일환으로서 연극의 역할을 적극적으로 고민하게 됐다. 이들은 '공익 우선', '국민', '건전'으로 신체제를 인식하고 이후 국민연극의 방향을 모색[29]하는데, 시국에 부합하면서 연극의 선전성을 강화하는 방안은 대동아 건설과 관련한 제국발 담론을 연극 속에서 형상화하는 것이었다. 또한 해방 이후 극작가들은 연극의 대중적 침투력을 여전히 중대하게 고려하며, 민족국가 수립과 관련한 공적 욕망을 표출하는 방법으로 담론장에서 화두가 됐던 논의들을 극화하게 된다. 여기서 역사를 구성하는 방식과 국제정세를 둘러싼 지정학, 그리고 세대론에 대한 담론들은 모두 40년대 담론장에서 중점적으로 논의된 문제들이라는 점에서 공통점을 갖는다.

먼저 역사는 해방 전후 각각 내선일체 신화, 단일민족 신화를 생산하는 과정에서 소환된 전환기의 국민 정체성을 규정하는 기저였다. 일제 말기 도쿄문단의 고전부흥론과 맞물려 조선에서는 동조동근(同祖同根)론이 부상했고, 이에 따라 역사를 거슬러 올라가 내선일체의 기원을 찾고자 하는 역사물이 창작의 주류를 형성했다. 또한 해방 이후에는 식민지시기 사라졌던 민족 개념을 복원하기 위해 과거를 소환해 단일민족주의를

---

29) 박영호, 「연극시평－아마추어 精神」, 『문장』, 1941.03.(양승국 편, 『한국근대연극 영화비평자료집』 16권, 317쪽.)

28

역설하는 역사물들이 생산됐다. 40년대부터 본격적으로 대두한 역사물은 해방 이후 양적 전성기를 맞게 되는데, 독립에 대한 감격을 표현하는 동시에 상업적 성공을 겨냥한 역사물은 영광스러운 과거를 소환해 잃어버린 민족의 자긍심을 고취하는 방향으로 나아갔다. 그 과정에서 재구성된 역사는 전환기의 민중에게 해야 할 것과 하지 말아야 할 것을 규정했고, 역사와 전통을 다룬 연극은 관객이 현재의 자기 정체성을 구축하는데 일조할 수 있었다.

공간과 정치의 관계에 대해 성찰을 보여주는 지정학은 영토를 통제하고 쟁취하려는 국가들의 행위이자 세계를 '보는' 방식[30]으로 규정된다. 이 같은 지정학은 상상이 투영된 심리적 지리 배치를 의미하는 '심상지리(imagined geography)'와 맞닿아 있는데, 전시기 일본의 지정학은 '아시아' 공간의 과학적, 합리적 개념화를 통해 대동아공영권의 과학적 이론화를 시도한 정책과학이었다. 지정학은 동아협동체론과 대동아공영권으로 연쇄하는 제국 일본의 동아시아 담론의 지적 자양분 역할을 수행했던 것이다.[31] 이 같은 제국의 지정학은 식민지 조선에도 흡수됐는데, 비단 일제 말기뿐만 아니라 해방 후 담론생산자들 역시 냉전시대 이념의 대결구도 안에 신생조선을 배치하여 국민국가의 지리적 정체성을 확정했다. 40년대 국민, 민족이라는 상상의 공동체는 급변하는 시대 상황에 맞춰 재구성됐으며, 지정학 비전은 국민 정체성 확립과 맞닿아 있었던 것이다.

마지막으로 해방 전후 대동아와 국민국가 건설이라는 과업이 대두되면

---

30) Colin Flint, 『지정학이란 무엇인가』, 한국지정학연구회 역, 길, 2007, 38~43쪽.
31) 이석원, 「'대동아' 공간의 창출-전시기 일본의 지정학과 공간담론-」, 『역사문제연구』 19호, 2008, 307쪽.

서, 세대론에 입각한 신주체-애국청년 개념이 확산됐다. 일제 말기 절연되어야 할 과거의 선조, 타파되어야 할 구태의 기억과 대비되는 청년은 미래의 '국민'이자 제국의 중추적 일분자로 자리매김하게 됐다.[32] 특히 병력자원과 노동력 확보가 절실해지면서 청년층의 중요성이 크게 대두됐고, 청년층은 황민화와 전시동원의 주된 대상으로 지목되었다. 따라서 태평양전쟁기 제국은 청년훈련소의 확충을 가속화했고, 근로보국대와 청년대 생산보국운동을 통해 청년을 강제동원 대상으로 삼아 노동력 수탈을 강화했다. 뿐만 아니라 이들에게 황국 노무자가 될 것을 요구하며 강제 동원을 합리화했다.[33] 그런데 해방 이후 담론생산자들 또한 청년에게 나라가 요구하면 다시 전지(戰地)에도 나서고 건설의 마당에도 나서라고 촉구하거나[34] 민주 조선 건국에 있어 청년의 역할을 강조[35]하며 일제 말기 동원의 논리를 계승했다. 해방 전후 청년담론은 비국민 및 반민족에 대한 국민국가 내부의 타자화를 통해 멸사봉공하는 애국자로서의 국민 정체성을 주조하는 바탕이 됐던 것이다.

이처럼 역사, 지정학, 청년을 둘러싼 담론들은 40년대의 다양한 담론 중에서도 국가기획 및 국민 정체성 수립과 맞닿아 있었으며, 실제 극 텍스트에도 빈번하게 형상화되고 있다. 극작가들은 담론장에서 화두가 됐던 문제들을 극화함으로써 시국에 편승하고자 하는 공적 욕망을 노출했던 것이다. 그리하여 1940년을 기점으로 본격적으로 대두하는 역사소재

---

32) 전규찬, 「국민의 동원, '국민'의 형성」, 『한국언론정보학보』 31호, 2005, 284쪽.
33) 최원영, 「일제 말기 청년동원정책-청년단과 청년훈련소를 중심으로」, 『한국민족운동사연구』 21집, 1999, 252, 297~298쪽.
34) 김동림, 「건국의 제일선」, 『신천지』, 1946.04, 75쪽.
35) 김일성, 「민주주의 조선 건국에 있어서의 청년들의 임무-북조선 공산당 각 도시부 청년부장과 민주청년동맹위원장 회의석상에서」, 1946.05.30.

극의 경우 해방 후 양적 전성기를 맞이하게 됐다. 이와 함께 연극주체가 국제관계를 주시하게 되면서 제국의 지정학을 반영한 연극들이 본격적으로 등장했고, 또한 해방 전후 건설의 시대적 사명에 입각해 세대갈등과 청년의 통과제의를 다룬 연극들이 꾸준히 기획됐다.

그런데 창작주체의 공적 욕망과 연극의 선전적 측면을 반영하는 이상의 주제어가 극작가들의 사적 욕망을 표출하는 기저가 될 수도 있었음을 염두에 둘 필요가 있다. 창작주체의 사적 욕망은 연극의 대중적 호소력을 강화하는 문제와 관련될 수 있는데, 특히 익숙한 역사를 극화하는 것은 연극의 계몽효과와 흥행적 측면을 동시에 강화하는 기반이 될 수 있었다. 또한 국제정세와 세대론에 대한 형상화 역시 시국에 부합하려는 공적 욕망을 드러내지만, 실제 텍스트에서 전쟁이나 국가건설 같은 시국 문제는 배경으로만 존재하는 양상이 발견된다. 창작주체는 선전의 시대 동원 논리와 결부됐던 역사, 국제질서, 세대론을 극화함으로써 때로는 이데올로기의 외피를 쓰고 극적 재미를 강화하는데 치중하기도 했던 것이다.

결론적으로 40년대 담론장의 화두이자 연극에서도 빈번하게 취급됐던 세 주제어는, 창작주체의 공적 욕망을 확인할 수 있는 기반이자 이들의 사적 욕망과도 관련지어 볼 수 있다는 점에서 주목된다. 즉 역사, 지정학, 청년의 형상화는 극작가의 공적 욕망과 사적 욕망이 혼재되는 지점을 보여주기에, 이 책은 이상의 주제어를 중심으로 40년대 극 텍스트를 구분해서 살펴볼 예정이다. 이와 함께 선전메시지가 명징하게 구현될 때 나타나는 수용의 측면과 대중적 오락성이나 호명에 대한 회피가 전면화될 때 나타나는 전유의 측면을 함께 짚어보려 한다.

먼저 II장 1절에서는 동원과 건설의 시기로 요약되는 40년대의 문화 지형도와 연극계의 움직임을 점검한다. 당대 연극의 형식적 특성을 짚어보는 2절에서는, 관객 본위의 연극36)을 구상하는 과정에서 나타난 멜로드라마적 특성을 확인한다. 이는 동원의 시대에 나타난 연극적 모색을 확인하는 것으로, 프로파간다가 구현하는 이데올로기와 멜로드라마가 반영하는 망탈리테는 텍스트 안에서 합치되기도 하며 때로는 어긋나기도 한다. 이처럼 II장에서는 40년대 문학계와 연극계의 쟁점을 파악하면서 연극에 주어진 사명을 확인하고, 이어 이 같은 상황 속에서 나타난 연극적 특성을 설명할 것이다. 당대 극계의 상황과 연극의 형식적 특징을 짚어보는 II장은 이후 진행되는 논의의 전제가 되며 40년대 연극을 조명하기 위한 발판이 될 것이다.

III장은 40년대 연극이 역사를 소환하는 방식을 논의한다. 식민지 조선에서 역사물이 본격적으로 창작된 것은 조명희의 「파사」가 발표된 1923년 이후인데, 1940년을 기점으로 그 해 상반기 주목할 만한 극계 양상이 '역사물의 대두'37)로 규정될 만큼 역사는 무대에서 빈번하게 재현되기 시작한다. 당시 실제 역사를 소재로 한 연극뿐만 아니라 경성과 동경에서 상연된 「춘향전」 또한 역사물의 일환으로 받아들여졌는데, 전통을 소재로 한 텍스트는 식민지 조선의 정체성을 규정하는 문제와 밀접하게 관련되어 있었다.

국민 정체성을 확립하는 과정에서 역사가 호출된 것은 해방기도 마찬가지였다. 해방공간에서도 역사물이 유행하면서 현재 알려진 것만으로도 대략 80여 편의 역사소재 연극이 공연38)됐는데, 이제는 '망국사'가 아닌

---

36) 이 책에서 논의하는 1940년대 관객 본위의 연극은, 1930년대 유치진이 언급한 관중 본위의 연극과는 다른 시대적 맥락에서 출발한 것이지만, 모두 폭넓은 관객의 이해와 공감을 목표로 한다는 점에서 공통점을 지닌다.

37) 김영수, 「역사물의 대두-상반기 극단 총평」, 『조광』, 1940.08, 106쪽.

38) 해방기 역사소재 연극의 공연 현황에 대해서는 장성임, 「한국 역사극 연구-1910

'항쟁사'를 다룬 연극들이 봇물을 이루면서 식민지시기와는 다른 방식으로 역사를 극화하게 된다. 역사를 다룬 연극이 범람한 이유로는 역사소재가 갖고 있던 흥행적 강점을 배제할 수 없는데, 신파극을 생산한다고 비판받았던 대중 연극인이나 새로운 민족연극을 모색했던 좌익과 우익 연극인 모두 역사를 소환해 신생조선의 정체성을 구성했다. 또한 식민지시기에 소환된 역사가 내선일체의 연원을 짚어갔던 것과 유사하게, 해방공간의 역사물은 단일민족 신화를 구현했다.

그런데 극작가의 공적 욕망과 사적 욕망이 혼재되는 텍스트 안에서 전자가 우선할 경우 역사를 통한 계몽 의도가 표출되지만, 후자가 우선할 경우 프로파간다는 배경으로 존재하고 대중적 재미나 새로운 극적 시도가 강화되는 것을 확인할 수 있다. 국민 정체성을 구성하는 과정에서 역사가 소환되지만, 선전성과 대중성의 역학관계에 따라 역사는 다층적으로 형상화되는 것이다.

이어 IV장에서는 해방 전후 연극에서 발견되는 국제정세의 극화 양상을 확인한다. 특히 이 장에서는 조선의 이데올로그들이 해방 이전 대동아전쟁을 통해 스스로를 2등 신민으로 배치했던 방식과, 해방 이후 3차대전을 통해 냉전 주체 세력으로 상정했던 방식의 연속성을 짚어내려 한다.

와카바야시 미키오(若林幹夫)는 국민이라는 등질적인 공동성의식, 이와 관련된 국토라는 등질적인 공동 공간의식의 성립이, 이념적으로 등질화된 국민을 국토라는 공간을 매개로 하여 통치하는 영역적인 국민국가 통치제도의 성립을 지탱하고 있음을 주장한다.[39] 지정학이 국민 정체성을 구성하고 국가–국토에 대한 관념이 통치제도를 지지한다는 설명은,

---

년부터 1989년까지」, 동국대학교, 2005를 참조함.
39) 若林幹夫, 『지도의 상상력』, 정선태 역, 산처럼, 2006, 242~245쪽.

민족이란 구성원 각자의 마음에 제한된 것이며, 주권을 가진 것이고, 또한 수평적 동료의식으로 상상된 공동체[40]라 간주한 베네딕트 앤더슨 (Benedict Anderson)의 논의와 관련된다. 에드워드 사이드는 '상상의 지리' 라는 개념을 통해 이분법적으로 '자기들의 공간'과 '그들의 공간'을 지리적, 심리적으로 구분하는 방식을 문제삼았다.[41] 그는 『오리엔탈리즘』 에서 재현, 지식, 권력의 관계에 문제를 제기하며 서양이 동양을 어떻게 담론적으로 구성하고 있는지에 주목한다.[42] 엠마 진후아 텡(Emma Jinhua Teng)은 사이드와 앤더슨의 개념을 빌려와 중국 청 왕조를 '상상의 공동체' 로 간주하며 제국이 '그들의 영토'를 '우리의 영토'로 바꾸고, 차이를 친숙함으로 변화시키는 과정을 고찰한다.[43] 또한 통차이 위니차쿨 (Thongchai Winichakul)은 유기적 공동체 관념을 나타내는 민족의 삶의 요소인 '지리적 신체(Geo-Body)' 개념을 고안해, 국토와 민족 정체성을 결부시킨다.[44] 이처럼 지정학과 민족 정체성은 유기적으로 작동하게 되는데, Ⅳ장에서는 이 같은 논의를 바탕으로 식민지시기 동서양 인종 대결구도가 해방기 이념 대결구도로 변형되면서, '우리'와 '그들'을 나누 는 지정학적 상상력이 반복되어 나타나는 양상을 밝히려 한다. 더불어 식민지 조선의 연극주체가 제국의 담론을 확산시키는 경우와 함께, 이에 대한 비판적 시선을 노출하면서 독자노선을 모색하는 경우를 확인하려

40) Benedict Anderson, 『상상의 공동체』, 윤형숙 역, 나남출판, 2002, 25~27쪽.
41) Edward W. Said, 『오리엔탈리즘』, 박홍규 역, 교보문고, 2000, 107쪽.
42) Valerie Kennedy, 『오리엔탈리즘과 에드워드 사이드』, 김상률 역, 갈무리, 2011, 72쪽.
43) Emma Jinhua Teng, 『Taiwan's imagined geography : Chinese colonial travel writing and pictures, 1683-1895』, Harvard University Press, 2004, 15~17쪽.
44) Thongchai Winichakul, 『SIAM Mapped : A History of the Geo-Body of a Nation』, University of Hawaii Press, 1994, 16~19쪽.

한다.

 V장에서는 해방 전후 각각 전쟁 승리와 국가 건설의 주체로 호명되는 청년에 대한 논의들을 전환기의 세대담론과 결부시켜 살펴본다. 근대 초기 창조와 파괴 및 열정의 표상으로 호출된, 미래를 담지하는 상징적 주체의 이름이었던 청년[45)]은 전시동원체제 이후 국가를 위해 몸바칠 수 있는 '애국청년'으로 소환되고, 이 이미지는 해방 이후까지 반복적으로 형상화된다. 40년대 담론장에서 청년은 구세대의 과오를 청산하고 신시 대의 건설을 이끌어갈 신주체로 지목됐던 것이다. 더불어 이 같은 세대교 체는 철저히 남성 중심적인 것이었는데, 이때 시대가 요구하는 국민상이 애국하는 남성 청년을 가리켰다는 점을 염두에 둘 필요가 있다. 특히 해방 후 신주체는 귀환한 청년으로 국한되면서, 세대론의 남성적 측면은 더욱 강화됐다.

 이처럼 40년대 연극에서는 청년이 전환기의 '신주체'로 호명되고, 이에 응답하는 양상을 확인할 수 있다. 그런데 동원의 논리에서 배제되거 나 목적 없이 부유하는 청년들이, 존재 자체로 사회 질서의 모순을 폭로하 는 경우 또한 발견된다. 국민연극에서는 개인주의를 탈피하지 못하거나 허무주의에 사로잡혀 있는 청년들이, 해방기 연극에서는 체제에 흡수되 지 못하고 방황하는 청년들이 민족국가의 허상을 현시하는 것이다. 이처 럼 신주체로 거듭나지 못하는 청년들은 질서에 불화를 초래하는 주체가 되는데, 이들은 자신들이 차별받는 현실을 폭로하면서 법질서를 문제삼 거나 혹은 국민국가의 경계를 넘나들면서 체제에서 이탈하게 된다. 그리 하여 40년대 연극에서 청년이 건설의 주체가 됨으로써 모든 산적한 문제가 해결되기도 하지만, 동시에 청년들의 정체성이 공고하게 확립되

---

 45) 소영현, 『문학청년의 탄생』, 푸른역사, 2008, 11~15쪽.

지 못하면서 가족, 민족국가 차원의 갱생이 지연되는 경우를 확인할 수 있다.

이와 같이 Ⅲ~Ⅴ장에서는 40년대 연극이 국민 정체성을 확립하기 위해 동원하는 다양한 기제들의 극화 양상을 확인한다. 극의 주체(극작가, 극의 레조네어46))는 억압적인 대주체(동원의 현실)에 완전히 귀속되기도 하고, 또는 국가의 경계에 걸쳐있거나 아예 국가기구의 호명을 거부해 버리기도 하는 것이다. 더불어 주체는 부정적 타자의 반대항으로 구성되는데, 타자의 실체가 분명하지 않다면 주체의 위치도 흔들리게 된다는 것을 주목할 필요가 있다. 즉 Ⅲ장에서는 역사의 부정적 측면이, Ⅳ장에서는 외부의 적대적 대상이, Ⅴ장에서는 내부의 특정 집단이 타자화되는데, 타자의 실체가 모호하다면 주체의 정체성 또한 불명확해지는 것이다. 앞으로 편의상 각 절의 1항에서는 주체가 현실에 귀속되면서 식민성을 수용하는 양상을, 2항에서는 주체가 동원의 질서 바깥을 배회하게 되면서 식민성을 전유하는 양상을 살필 것이다. 이 같은 식민성의 대응양상은 Ⅱ장에서 설명할 40년대 연극의 형식적 측면, 즉 프로파간다와 멜로드라마의 역학관계와 결부되어 있다.

이어 결론에서는 본론의 분석을 기반으로, 텍스트 안에서 선전성과 대중성이 맞물리며 빚어내는 식민성의 수용과 전유 양상을 검토한다. 이를 위해 40년대 연극이 반영하는 대중의 정서를 살펴보고, 이 같은 양상이 이데올로기적 효과를 뒷받침하거나 혹은 잠식하는 지점을 종합적

---

46) 이석만은 해방 직후 소인극에 저자를 대변하는 인물인 레조네어가 등장하고, 이 레조네어의 말에 각 작품의 주제가 내포되어 있음을 지적한다.(이석만, 「해방 직후의 소인극운동 연구」, 『한국 극예술연구』 3집, 1993, 167~168쪽.) 그런데 작가의 레조네어가 극의 메시지를 발화하는 것은, 비단 해방기 연극뿐만 아니라 선전성이 강한 40년대 연극의 일반적 특징으로 간주할 수 있을 것이다.

으로 짚어보려 한다. 이어 40년대 연극의 의의와 한계를 파악하고, 30년대 대중극, 50년대 반공주의극, 사실주의극과의 관련성 속에서 해방 전후 연극을 검토함으로써 그 연극사적 의의를 확인하려 한다.

Ⅱ. 1940년대의 문화 지형과 관객 본위의 연극

1. 동원의 시대와 프로파간다로서의 연극

식민지 조선의 경우 전시체제로 돌입하고 전쟁과 일상생활이 본격적으로 연계되기 시작한 것은 중일 전쟁을 전후한 시점으로, 이 시기부터 전시 통제 경제에 대한 글들이 봇물을 이루고, 문화 전반을 잠식한 동원의 논리는 해방 후까지 이어진다. 흥미로운 것은 일제 말기 담론생산자들은 동아신질서가 구상되는 상황을 '전환기'로 명명했는데, 해방 이후 건국의 과도기적 상황 역시 '전환기'로 간주됐다는 점이다. 이처럼 40년대 조선에서는 대동아 공영권-신생국가 건설과 관련하여 두 번의 거대한 전환이 이루어졌고, 유력한 선전 수단인 연극에도 역사적 사명이 부여됐다.

1940년을 전후한 조선의 상황을 살펴보면, 중일 전쟁 발발과 함께 전시 하의 일상통제가 시작되고, 식민지 조선인을 전선(戰線)과 총후(銃後)에 동원하려는 움직임이 본격화됐다. 먼저 1938년 4월부터 조선교육령이 대폭 개정되면서 미나미 총독의 교육정책이 실시됐다. 교육문제는 지원병제와 징병제의 전제조건으로 여겨졌는데, 총독부는 교육령을 개정함으로써 내선의 평등한 교육 기회를 선전했다. 38년 지원병 제도 실시가 공포된 데 이어, 징병제 실시는 태평양전쟁 발발 이듬해인 42년 5월에 공포됐다. 징병제 시행을 둘러싸고 조선인을 내지인과 동등하게 대우할 것인가에 대해서는 내지에서도 많은 논란이 있었는데, 결국 전황이 악화되고 병력 부족으로 상황이 절박해지면서 징병제는 예정보다 빨리 도입됐다.[1]

본격적인 전시체제에 돌입하면서 제국은 만주사변과 중일 전쟁, 그리고 태평양전쟁에 이르는 일련의 과정이 정당하고 필요한 자기 방어였다고 선전했다. 일본에서는 이 같은 프로파간다가 상당한 설득력을 갖고 있었기에,[2] 프로파간다라는 용어 사용을 지양했던 서구와 달리 적극적으로 프로파간다 담론을 생산했다.[3] 이처럼 일본이 선전효과를 중요하게 간주하면서, 식민지 조선에서도 언론과 문학이 프로파간다의 일환으로 적극 활용됐다. "영화고 연극이고 그 질적인 향상과 보조를 함께 해서 성장하려면 선전이 우선해야 하며, 이것이 문화인의 상식이자 전략"이라는 인식[4]이 형성된 것이다.

연극계의 시국 편승은 30년대 후반부터 본격화되는데, 이제 선전도구로서 연극의 역할이 모색되기 시작한다. 1938년 극예술연구회는 당국에 의해 강제로 전문극단 극연좌로 전환한 뒤 재정난으로 곧 해산하고, 대중극의 공세 속에 신극의 설 자리는 더욱 좁아졌다. 김영수는 1939년 극계를 회고하면서 신극단체의 붕괴, 침체와 함께 새롭게 궐기한 협동예술좌를 언급하며, 이를 "금일의 시국과 정세를 가장 충분히 인식하고,

---

1) 최유리, 『일제 말기 식민지 지배정책연구』, 국학자료원, 1997, 187~188쪽.
2) John W. Dower, 「Japan'Beautiful Modern War」, Jacqueline M. Atkins, 『Wearing Propaganda』, Yale University Press, 2005, 94쪽.
3) Barak Kushner(2006), op.cit, 4~7쪽.
4) 김영수, 「영화 연극의 선전은 문화인의 상식적 전략」, 『매일신보』, 1941.04.12.

나아가서는 이 같은 시국과 정세에 가장 적합한 연극부대로서 확호한
슬로-간과 기치를 선두에 내걸고 진행을 선언한 신집단"으로 규정한다.
또한 협동예술좌의 선언을 "제국 신민으로서의 시대적 인식을 공고히
하는 동시에, 여기에 상응하는 각본을 준비하고 무대를 꾸미자"는 것5)으
로 정리한다. 그런데 조선신극의 대동단결을 제창하며 나섰던 협동예술
좌도 유종의 미를 이루지 못한 채 분산되고, 연극인들은 그 원인 중
하나를 재정문제에서 찾으며 "돈도 없고 사람도 없는 현실"을 개탄하게
된다. 협동예술좌가 초지(初志)를 스스로 꺾게 된 것도 따져 보면 재정적
파탄 때문이었고, 낭만좌가 각본을 준비해 가지고도 부민관에 날짜를
못 잡는 것은 수중에 현금이 없기 때문이라는 것이다.6) 총체적인 위기
속에서 신극인들은 흥행극에 대항해 미디어의 스폰서십을 받으려 했는
데, 이 같은 타협적 자세는 국가의 호명에 응답해 신체제라는 시대 논리를
수용하는 것으로 이어진다.7)

  1940년 한 해는 연극인들에게 신체제로의 전환기로 인식됐으며, 따라
서 지금까지의 불건전한 오락성과 저속한 애욕 중심의 신파비극적인
요소와 흥행관념을 일소하고, 연극의 신체제를 위하여 진실한 국민생활
의 감정을 토대로 한 연극 기획이 필요하다는 의견8)이 제기되기 시작한다.
국민연극의 개념에 대한 논의를 짚어보면 유치진에게 국민연극은 곧
시국극(時局劇)9)을 의미했으며, 국민연극연구소 소장을 지냈던 함대훈은

---

 5) 김영수, 「극계의 일년간」, 『조광』, 1939.12, 146쪽.
 6) 김영수, 「연극시평」, 『문장』, 1940.05.(양승국 편, 『한국근대연극영화비평자료집』
    16권, 99쪽.)
 7) 권두현, 「연극경연대회의 제도화」, 『한국극예술연구』 31집, 2010, 42~48쪽.
 8) 이민, 「신체제와 연극」, 『인문평론』, 1940.11.(양승국 편, 『한국근대연극영화비평
    자료집』 16권, 216~218쪽.)
 9) 유치진, 「국민예술의 길」, 『매일신보』, 1940.01.02.

보다 구체적으로 국민연극을 다음과 같이 규정한다. "첫째, 근대극에서 일보(一步)를 진(進)하여 국가이념을 굳세게 무대에 표현할 것 둘째, 근대극의 민중이라는 너무나 막연한 대상을 여기서는 국가정신을 참으로 이해하는 민중으로 고쳐야 할 것 셋째, 제재도 민중 속에서 구하되 총후의 민중이라는 것을 염두에 두어야 할 것 넷째, 구체제와 신체제에 대한 변모를 명확히 할 것 다섯째, 개인보다 공익 우선이라는 것을 이해할 것"10) 등의 강령을 따르는 것이 국민연극이라는 것이다. 한민은 국민극의 역할을 "국가적 행동에 민중 계몽을 요청하는 것"이라 규정한다. 또한 극작가는 "국가의 위대한 정치적 태도에서 개인(個)을 떠난 전체(全)라는 곳에 작가라는 것이 존재한다는 것"을 자각해야 한다고 주장한다.11) 이 같은 논의들을 종합할 때, 국민연극은 신체제 국가이념을 극화해 민중을 계몽하는 극으로 규정할 수 있다.

1941년 잡지 『삼천리』는 조선연극협회 결성을 기념해 「연극과 신체제」 특집을 마련하는데, 이 특집에서 박송은 "구주의 신질서 건설의 미증유의 전환과 병행해 대동아공영권의 확립에 매진하려는 국가의 이념을 표현하는 것이 총후극작가의 임무"임을 역설한다.12) 또한 유치진은 "상업주의를 배격하고, 민중의 연극을 지향한다는 점에서 신극의 근본 이상과 국민극의 그것은 일치된다"며 신극과 국민극의 연관성을 설명한다.13) 정리하면 유치진에게 국민극은 신극이 전진한 형태로, 타락한 상업주의

---

10) 함대훈, 「국민연극의 현단계」, 『조광』, 1941.05, 77쪽.
11) 한민, 「국민극과 희곡의 실제 - 작가의 실천방향」, 『매일신보』, 1942.02.24.(양승국 편, 『한국근대연극영화비평자료집』 17권, 213쪽.)
12) 박송, 「신체제와 극작가의 임무」, 『삼천리』, 1941.03.(양승국 편, 『한국근대연극영화비평자료집』 16권, 337쪽.)
13) 유치진, 「신극과 국민극 - 신극운동의 금후 진로」, 『삼천리』, 1941.03.(양승국 편, 『한국근대연극영화비평자료집』 16권, 330쪽.)

극에 대항해 민중을 위한 공익 우선을 제창하는 연극이었다. 함세덕
역시 이와타 토요오(岩田豊雄)의 말을 빌려 "국민연극이야말로 최고의
신극"이라며, "신극은 최고 목표를 예술 지상주의에 두었고, 국민연극은
국민의 이념에 두기에 국민연극의 진정한 영구적 수립을 위해서는 종래
자유주의적, 예술지상주의적 예술관을 청산하고 무대를 통하여 국민적
이념에 집중해야 할 것"이라 주장한다. 이와 함께 "국민극의 백년대계적
이론의 수립과 실천에는 연극에 대한 체계적 이론을 가졌고 내면적인
배우술과 절대 우수한 무대 기술을 가진 신극인들이 가장 적합한 인물이
라는 것"을 강조함으로써 신극과 국민연극 사이의 연속성을 찾고, 대중극
에 대한 신극의 비교 우위를 확보한다.14)

　모두 5편의 국민연극이 상연된 제1회 연극경연대회에 대해서는 호평이
주를 이루었다. 함대훈은 1회 연극경연대회에 출품된 작품들에 대해
모두 국민연극의 소재와 전시 하 국민이념을 가졌으면서도 시국편승적은
아니었고, 예술적 향기를 가진 연극이라 관객이 연극을 보고 즐길 수
있었으며, 또한 거기서 국민이념을 부지불식간(不知不識間)에 감득시켰다
고 볼 수 있기에 이 대회는 여러 가지 의미로 성공했다고 평한다.15)
송영 역시 연극경연대회가 대성황리에 폐막됐었다며, 연극단체의 태도
가 일치한 점이 좋았고, 대회 진행도 순조로웠음을 높이 평가한다. 또한
이 대회가 남긴 흥분이 극계의 향상을 부추겨 전 동양적 수준까지 도달하
리라고 진단한다. 그러나 동시에 연극인들이 대회 현장에서만 진실한
노력을 기울이고, 보통 때는 "대중의 값싼 눈물이나 내주고 박수나 받고

---

14) 함세덕, 「신극과 국민연극」, 『매일신보』, 1941.02.11.(양승국 편, 『한국근대연극
　　영화비평자료집』 16권, 315~316쪽.)
15) 함대훈, 「연극경연 성과」 2, 『매일신보』, 1942.12.06.(양승국 편, 『한국근대연극영
　　화비평자료집』 17권, 304쪽.)

입장료나 만히 들어오면 고만이지하는 주□□를 배제할 수 없다"며 우려를 표한다.16) 이 같은 송영의 고민은, 경연대회의 가시적 성공이 국민연극의 원활한 발전을 보장해주지 못했음을 의미한다.

또한 경연대회 참가작에 대해 호평만이 있었던 것도 아니었다. 채정근은 경연대회를 보고 나서 "유니폼을 입은, 말하는 기계가 등장한 듯한 감이 있는 작품도 있었다"고 지적한다. "처음부터 환희를 예지(豫知)케 하고 나아가는 안이성"이 작품 속에 나타나고 있었다는 것이다.17) 임화는 유치진의 「대추나무」에 대해 희곡의 주제를 전제로 설정하면서 극적 발전의 자연성을 해치고 있다고 설명한다.18) 이처럼 대회의 목표에 충실하다보니 도식성이 두드러진 것과는 별개로, 때로는 그 의의를 간과한 경우도 나타났는데 김건은 임선규의 「빙화」가 멜로드라마를 강조하다보니 이번 제전의 의의를 소원히 했다19)는 점을 지적한다.

이상의 논의들을 통해 시국성만이 두드러진 국민연극은 당대에도 비판의 대상이 됐으며, 경연대회 참가작이라도 선전성보다 대중성이 부각되는 일이 빚어졌음을 확인할 수 있다. 또한 국민연극경연대회가 성황을 이루어도 대회 밖에서는 극단이 대중의 취향에 부합하는 저속한 연극을 양산할 것이 우려되는 상황에서, 일제 말기의 극장이 시국색으로 일관하고 있었다고 단정하는 것은 무리가 있다.

그렇다면 해방공간의 연극주체들은 민족국가의 성스러운 호명에 대해 어떤 식으로 반응하고 있는가. 주지할 것은 해방 전후 연극주체들의

16) 송영, 「극계의 총관」, 4, 『매일신보』, 1942.12.19.(양승국 편, 『한국근대연극영화비평자료집』 17권, 309쪽.) □는 판독 불가 글자.
17) 채정근, 「연극시평―기획의 윤리성」, 『조광』, 1943.02, 77~78쪽.
18) 임화, 「연극경연대회의 인상」, 『신시대』, 1942.12, 90~95쪽.
19) 김건, 「제1회 연극경연대회 인상기」, 『조광』, 1942.12, 133쪽.

면면이 동일하다는 점이며, 따라서 이들이 설파하는 논지도 어휘만 달라졌을 뿐 내적 구조는 유사하게 반복됐다는 것이다.

당대 사회상을 먼저 살펴보면 '해방이라는 위대한 민족의 혁명'을 당하여 민족에게 건설의 의무가 부과[20]됐고, "서로 다른 사회적, 정치적, 문화적 경험들이 서로 연결되는 상상의 장"으로서 민족[21]이라는 구호가 강력한 파급력을 갖게 됐다. 그런데 민족 정체성을 규정하는 일련의 과정 속에서 이념의 적은 민족 통합을 저해하는 적으로 지목됐다. 김준현이 지적하듯이 '민족적인 것'과 '반민족적인 것'을 구별하려는 정치적 담론 투쟁 속에서, "민족적인 것을 어떻게 수립할 것인가"라는 방향으로 해방공간의 담론은 분화되어 갔던 것이다.[22]

이 같은 양상은 남북한에 단독정부가 수립된 이후에도 반복되는데, 박명림의 설명처럼 '일민족 일국가'라는 명제는 한국인들에게 역사였으며, 이승만과 김일성 모두 단일민족주의를 제창했다.[23] 그런데 단일민족주의는 남한의 경우는 반공, 북한의 경우는 반미 제국주의의 논리적 기반이 됐고, 어떤 희생을 감수하고라도 통일을 이루겠다는 근본주의적 민족주의는 상대의 절멸 위에서만 실현 가능한 것이었다.[24] 흥미로운 것은 민족을 인종과 종족의 견지에서 이해한 이광수의 민족 개념(『조선민족론』(1933))이 해방 후 남북한의 민족 개념을 결정했다는 점이다. 남북한

---

20) 『신천지』, 1946.03, 276쪽.

21) G. Cubitt, 『Imagining Nations』, Manchester University Press, 1998, 1쪽.(Tim Edensor, 『대중문화와 일상, 그리고 민족 정체성』, 박성일 역, 이후, 2008, 21쪽에서 재인용.)

22) 김준현, 「1940년대 후반 정치담론과 문학담론의 관계」, 『상허학보』 27집, 2009, 62~71쪽.

23) John L. Gaddis, 『새로 쓰는 냉전의 역사』, 박건영 역, 사회평론, 2003, 129쪽.

24) 박명림, 『한국전쟁의 발발과 기원』 2권, 나남, 1996, 547~551쪽.

해방공간의 연극. 위에서부터 시계 방향으로 자유극장의 「정열지대」(1946), 서울예술극장의 「독립군」(1946), 예술극장의 「남곽전선」(1946), 혁명극장의 「님」(1946)

모두 이광수의 민족 개념과 마찬가지로 민족을 유기적이고 집단적인 용어들로 이해했으며, 같은 혈통과 선조를 특징으로 하는 선천적인 존재나 운명으로 간주했다.25) 이와 같이 해방공간을 이해하기 위해서는 '민족' 구호를 둘러싼 논의들에 주목할 필요가 있는데, 각각 '인민 민주주의'와 '자유 민주주의'를 내세웠던 좌익과 우익은 공통적으로 제국주의 청산을 통한 민족의 완전한 독립과 통합을 부르짖었다. 따라서 좌익의 찬탁과 우익의 반탁운동은 모두 민족의 이름으로 행해졌고, '민족'이라는 수사는 각각의 행동에 정당성을 부여하는 기저가 됐다.

이제 문화계 상황으로 시선을 돌려보면, 좌익 측에서는 '민족의 해방과 국가의 완전 독립 및 토지 문제의 평민적 해결의 기초 위에서 통일된

---

25) 신기욱, 『한국 민족주의의 계보와 정치』, 창비, 2009, 86~87쪽, 155~156쪽, 166쪽.

민주주의적 민족문화', '민주주의 문화인 동시에 인민의 문화로서의
민족문화'[26]를 제창했다. 반면 '순수'와 '민족'을 내세운 우익 측에서는
민족혼과 민족의식을 고취시키는 민족문학의 필요성[27]을 역설하거나,
계급의식을 내세워 민족문화를 파괴하는 이들에 대항해 민족의식을
고취시킴으로써 주체를 되찾고 새로운 문화를 건설[28]할 것을 주장했다.

요약하면 해방 이전의 문학운동이 국민문학의 수립으로 모아졌다면
해방 이후에는 민족문학 수립으로, 연극인들에게 부과된 과제도 국민연
극의 수립에서 민족연극의 수립으로 전이됐다. 그런데 해방 이후 담론생
산자들의 목표는 혈연민족주의에 기반한 국민국가의 수립이었으며, 연
극인들이 모색한 연극 역시 국민국가의 지배 논리를 정당화하는 것이라는
점에서, 실상 민족연극은 국민연극의 변형태였다.

서론에서 언급했듯이 해방기에는 연극의 전성기라 할 만큼 많은 연극이
발표됐고, 희곡은 해방기 문학의 주도적 위치를 점유하게 됐다. 특히
"연극의 정치성과 예술성을 발휘해서 민족문화전선의 무기로써 투쟁할
시기가 왔으며, 신극이란 고상한 이념에서 민족애와 애국지정을 표현하
는 전환기의 사명이 다해야 한다",[29] "민주주의 조선 건설에 있어 문화는
건국의 토대가 되고, 연극예술이야말로 가장 대중성을 띠고 있는 만치
대중에 속 깊이 들어가야만 될 것"[30]이라는 발언들은 국가 건설에 있어

26) 조선공산당 중앙위원회, 「조선 민족문화 건설의 노선」, 『신문학』, 1946.04.(양승
　　국 편, 『한국근대연극영화비평자료집』 18권, 264쪽.)
27) 박종화, 「민족문학의 원리」, 『경향신문』, 1946.12.05.(신형기 편, 『해방 3년의
　　비평문학』, 세계, 1988, 207~208쪽.)
28) 조지훈, 「민족문화의 당면과제-그 위기의 극복을 위한 의의의 反求에 대하여」,
　　『문화』, 1947.04.(신형기 편(1988), 위의 책, 379~380쪽.)
29) 박송, 「민족연극수립에의 제의 : 주로 「김좌진 장군」 극화의 소감」, 『영화시대』,
　　1947.11.(양승국 편, 『한국근대연극영화비평자료집』 19권, 319, 321쪽.)
30) 홍종길, 「연극의 사회성」, 『영남일보』, 1947.05.09.(양승국 편, 『한국근대연극영

46

연극의 중요성에 대한 당대인들의 인식을 짐작케 한다. 양훈은 "극장은 민중의 교실"이라 일컫는데,[31] 연극의 계몽적 효과는 좌우익 연극인 모두 통감하는 것이었다.

이처럼 연극의 전환기이자 전성기로 규정할 수 있는 해방기, 연극인들의 지향점은 모두 '민주주의 민족연극론'의 수립으로 모아졌다. 그렇다면 같은 테제를 내세우고 있음에도 불구하고 이들이 지향했던 연극의 형태는 어떻게 구분될 수 있는가. 김태진의 경우 민족연극의 지향점을 대중화 실천으로 규정하며, 봉건유제 청산과 계급의식 각성을 위한 정치적 성격의 민족연극을 모색한다.[32] 반면 이진순은 "민족정신을 보지(保持)하는 것이 민족연극"이라는 모호한 규정을 내세우는데, 그 민족 개념을 순수하게 음미해야 한다며 정치와 분리된 인간 정신의 구현을 제창한다.[33]

이 외에도 좌익 측에서는 "민족연극의 기초란 봉건 경제의 근대화 개편에의 일반 문화 투쟁과업과 일치한 것이며 그 정신적 근거인 농민, 근로계급으로써 이 사업의 영도적(領導的) 지위에 대한 자각 계몽운동 외에 따로 잇슬 수 업다"[34]거나 "민족연극의 발전은 제국주의, 봉건주의와의 야합이 재래하는 정치반동과의 단호한 투쟁 가운데서만 가능하다"고 주장했다.[35] 반면 우익 측에서는 '계몽적 순수 연극론'에 입각해

화비평자료집』 19권, 253쪽.)
31) 양훈, 「조선연극건설에의 길」, 『우리공론』, 1947.04.(양승국 편, 『한국근대연극영화비평자료집』 19권, 47쪽.)
32) 김태진, 「연극운동의 방향 전환」, 『경향신문』, 1946.11.07.
33) 이진순, 「민족연극의 체계를 세우자」, 『경향신문』, 1950.01.01.
34) 김태진, 「민족연극기초」, 『자유신문』, 1946.11.18.
35) 안영일, 「연극계」, 『예술연감』, 1947.05.(양승국 편, 『한국근대연극영화비평자료집』 19권, 121쪽.)

연극이 정치 도구화되는 것을 경계하고, "민족연극은 민족의 비참한 현실을 그려야한다"36)거나 "봉건주의적 잔재를 청산하고 독재정치의 유산으로부터 벗어나 자유주의를 전취(戰取)하기 위해 투쟁해야 한다"37)는 당위적 목표들을 설정했다. 이처럼 좌익 연극인이나 우익 연극인 모두 해방 후 민족연극의 수립을 탐색했는데, 우익은 좌익의 연극이 정치화됐다는 사실을 비판했지만, 그들의 연극운동도 정치논리와 밀접하게 결부되어 있었음을 염두에 둘 필요가 있다.

해방 전후 연극인들은 각각 전시체제로의 진입과 식민 상태의 해방이라는 시대적 사명에 입각해 새로운 연극을 구성하고자 했고, 그것이 계몽성이 전면화된 프로파간다 연극으로 나타났다. 그런데 해방 전 국민 연극론과 해방 후 민족 연극론은 모두 연극의 선전적 효과와 함께 대중적 파급력을 인식하고, 대중을 선동하는 것을 목적으로 한다는 점에서 내적 구조는 흡사했다. 국민 연극론을 마련했던 연극주체들이 해방 후 민족 연극론을 설파하면서, 연극을 통해 대중을 동원한다는 기본 전제는 동일하게 작동했던 것이다. 또한 40년대 연극은 선전적 효과를 창출하는 과정에서 대중성의 강화를 모색했는데, 멜로드라마 요소를 적극 차용한 국민연극의 형식은 해방 후 좌익과 우익의 연극에서도 반복되었다.

36) 함대훈, 「조선연극을 위하야-기본연구의 길로 도라가라」, 『새한민보』, 1947. 09.(양승국 편, 『한국근대연극영화비평자료집』 19권, 290~291쪽.)
37) 오영진, 「민족연극의 新題」, 『서울신문』, 1949.11.05.(양승국 편, 『한국근대연극영화비평자료집』 20권, 369쪽.)

2. 연극의 대중화와 멜로드라마 구조

전시동원기 일본의 프로파간다가 아시아의 근대적 리더로서 일본의
이미지를 창조하는 데 주력했다면, 조선의 프로파간다는 대동아공영권
의 중추적 역할을 담당할 일본과 조선의 이미지를 창출해냈다. 이러한
상황 속에서 문화 방면 역시 선전전에 적극적으로 동원되는데, 당대
문학의 방향은 국책잡지『국민문학』편집요강에 규정된 것처럼 "국민
사기의 진흥을 위해 신체제 하의 국민생활에 상응하지 않는 비애, 우울,
반항, 음탕 등 폐퇴적 기분을 일소할 것", "웅혼, 명랑, 활달한 국민
문화의 건설을 최후의 목표로 하는 것" 등으로 요약될 수 있다.[38] 이
같은 문학의 방침은 선전효과가 막대하다고 간주된 연극, 영화 방면에도
그대로 흡수됐는데, 영화가 전장이나 훈련소에서의 생활을 스펙터클한
형태로 그렸다면, 연극은 스펙터클한 무대에 함께 장막 멜로드라마의
형식을 빌려 전시체제를 미화시키는 것에 주력했다.[39]

그렇다면 국민연극에서 선전은 어떤 양상으로 구체화되는가. 일반적
으로 선전에 자주 쓰이는 주제별 유형은 영웅과 순교자, 투쟁과 갈등,
속죄양, 예언, 죄와 벌, 초자연적 현상, 자기희생, 유머 등[40]으로, 총력전
시기 연극에서도 영웅의 순교, 적에 대한 투쟁, 고결한 희생, 코믹 릴리프
등의 요소가 반복적으로 드러난다. 특히 대다수 국민연극에서는 영웅이
집단을 위해 희생을 감수하면서 숭고함은 극대화되고, 그 와중에 끼어드
는 멜로드라마와 유머가 경직된 극의 분위기를 이완시킨다. 일본의

---

38)「朝鮮文學の現段階」,『국민문학』, 1942.08, 역락, 2007, 231~232쪽.
39) 국민연극의 무대에 대해서는 노승희,「해방 전 한국 연극 연출의 전개 양상
　　연구」, 동국대학교 박사학위논문, 2004 참조.
40) 유일상·목철수 편저,『세계 선전 선동사』, 이웃, 1989, 159~163쪽.

군국주의 코미디가 멜로드라마 요소를 통해 관객의 일상에 침투했던 것[41]처럼, 조선의 국민연극도 눈물과 웃음을 교직하는 방식으로 관객에게 다가갔던 것이다. 문제는 관객의 흥미를 끌기 위한 멜로드라마가 프로파간다를 뒷받침하지 못하고, 오락성이 선전성을 압도할 경우 국민연극 본연의 선전 목적은 구현될 수 없었다는 것이다.

해방기 연극은 식민지시기 연극에 종언을 고하며 시작됐고, 당대 연극인들은 이념의 성향을 막론하고 봉건 잔재와 제국주의 타파를 내세웠기에 부정적 의미가 침투된 '선전'이라는 용어는 자제하는 경향을 보인다. 그럼에도 연극의 대중적 교화력과 계몽적 효과는 여전히 중요하게 인식되면서, 해방 후 이념극은 국민연극과 마찬가지로 동원과 계몽을 위한 프로파간다로 기능하게 된다. 국민연극이 전시 현실을 심미화시켜 정치논리를 예찬했던 것과 달리 좌우익 이념극은 자기 집단 논리의 정당성을 확보하는 데 주력하지만, 도덕적 양극화에 입각한 프로파간다 전략은 40년대 내내 지속됐던 것이다. 더불어 해방된 조선의 연극은 식민지시기 연극과 차별화를 꾀하지만, 대중성 확보를 위한 멜로드라마 요소를 적극적으로 활용한다는 점에서 국민연극과 공통항을 갖고 있었다.

즉 경직된 이데올로기를 전달해야 하는 프로파간다 연극은 관객이 이를 거부감 없이 수용하게 해야 하는 과제 또한 떠안고 있었다. 따라서 함대훈은 전체 대중을 열광시켜야 하는 국민연극이 대중성을 확보해야 함을 강조하는데, 그는 국민연극의 구체적인 방법론에 있어서도 관객층의 지지를 고려했다.[42] 함대훈의 경우 신체제 이후의 국민연극은 대중과

---

41) Barak Kushner(2006), op.cit, 106~116쪽.
42) 함대훈, 「국민연극의 방법론―書簡形의 ―隨相」, 『춘추』, 1941.12.(양승국 편,

지식인을 아우르는, 전체 관객을 대상으로 하는 연극이어야 한다고 주장한다. 또한 대중을 아우를 수 있고 이상을 무대화해야 한다는 점에서 국민연극을 기존의 신극과 구분하는데, 그가 국민연극의 방법론으로 가장 중시하는 것은 대중성의 강화이며, 이는 국민연극의 형식이 멜로드라마라는 것[43]과 관련지어 볼 수 있다.

그런데 국민연극이 대중성을 수용해야 한다는 함대훈의 방법론은, 양승국의 지적처럼 과거 흥행극(대중극)적 성격을 지닌 단체들이 상업성을 추구하기 위한 좋은 빌미[44]가 될 수 있었다. 그 외에 송영 또한 국민극 희곡의 조건으로 자연스러움과 대중성을 언급[45]하는 등 국민연극에는 시국성 못지않게 대중성이 요구됐다. 이는 당시 신극인들은 국민극을 현실의 돌파구로 인식했지만, 실상 국민연극 경연대회의 주축이 된 것은 신극인 중심의 현대극장이 아니라 아랑, 고협 등의 대중극단이었다는 사실과 관련지어 볼 수 있다.

그렇다면 당대 연극인들은 관객-대중층을 어떻게 간주하고 있는가. 이해랑은 관객의 본 이름은 "군중"이며, 그들은 "큰 어린애"에 지나지 않는다고 평가한다. 더불어 연극에 천박함과 열광을 요구하는 관객의 오락적 태도가 오늘의 상업주의 연극의 성황을 이끌고 연극을 비속하게 만들었으며, "비속성을 극복하고 예술적 환상에 의하야 현실의 피안(彼岸)으로 무대를 전개시키며 관객을 이끌어가는 것이 연극이자 예술극"[46]이라고 정리한다. 비속성을 타파하고 예술성을 강화하자는 이해랑의 입장

『한국근대연극영화비평자료집』 17권, 169~171쪽.)
43) 서연호, 『식민지시대 친일극 연구』, 태학사, 1997, 160~163쪽.
44) 양승국, 『한국현대희곡론』, 연극과 인간, 2001, 323쪽.
45) 송영, 「國民劇戱曲選後感-戱曲的이다 요소의 부족」, 『매일신보』, 1941.10.21.
46) 이해랑, 「비속성의 극복」, 『조광』, 1941.07, 113~115쪽.

은 관객 전체를 열광시킬 수 있는 국민연극을 제창한 함대훈의 논의와 구분되며, 대중화된 국민연극의 타락을 한탄하는 한노단의 글과 관련지어 볼 수 있다.[47]

한노단은 신극을 대중화시킨 「어밀레종」과 상업극을 예술극시킨 「빙화」가 국민극의 두 가지 태도를 보여주고 있다고 논한다. 한노단은 「빙화」의 시도를 상대적으로 높이 평가하지만, 신파성이 강한 「어밀레종」에 대해서는 혹평하며 국민극이 신파의 극작술을 모방하는 것에 대해 부정적인 입장을 취한다. 국민연극의 대중화를 비판하는 한노단의 글은, 신파를 부정하는 데서 출발한 국민연극이 실상 신파양식과 얼마나 닮아있었는지를 보여준다는 점에서 주목된다. 국민극은 대중성을 확보하겠다는 의도 하에 과거 흥행극의 극작술을 답습하고 있었던 것이다. 이와 함께 시국편승조로 일관함으로써 예술성을 상실한 국민연극을 경계하는 입장도 등장했다. 대표적인 이가 박영호인데, 그는 이념만이 전경화된 국민극의 한계를 지적하며 연극이 예술적으로 고양될 필요성을 강조한다.[48]

저속한 시국극이 이념을 강요하는 것을 비판하는 이상의 논의는, 국민연극이 국가이념을 발양하려면 인간 본능의 고뇌 속에서 차차 국가의 대이념에 근접해 가야 한다[49]는 견해와 상통한다. 박영호는 생경한 이념만이 전면화된 선동적 연극을 경계하는 것이다. 물론 국민연극의 예술성을 강조하는 글들 역시 국가 이념을 선전하는 연극의 역할을 중시한다는 점은 분명하다. 하지만 시국성과 대중성, 예술성을 함께 갖출 것이 요구됐

---

47) 한노단, 「연극시평－국민극의 재검토」, 『신시대』, 1943.06, 94~95쪽.

48) 박영호, 「예술성과 국민극」, 『문장』, 1941.04, 206~207쪽.

49) 「반도의 국민문화운동」 성과보고－신극 「흑룡강」 공연보고」, 『삼천리』, 1941.07. (양승국 편, 『한국근대연극영화비평자료집』 17권, 84쪽.)

던 국민연극은, 세 요소가 공명하지 못할 때 정체성이 불분명한 모호한 텍스트로 남게 된다. 논자별로 우선순위를 어디에 두느냐에 따라 차이는 있지만, 국민연극의 개념이 명확히 규정되지 못한 상황에서 극작가가 세 요소 중 무엇을 강조하느냐에 따라 연극의 양태가 상이하게 드러나는 것은 필연적인 결과였다.

앞서 살펴본 것처럼 해방 후 좌익 연극인들의 최대 관심사는 연극운동의 대중화 문제였으며, 자립극의 활성화 역시 대중화 전략과 결부되어 있었다. 안영일은 조선보다 문화 수준이 높은 소비에트 연극을 사례로 들어, "대중을 위한 연극이 아니라 대중 자신의 연극"이라는 점에서 교훈을 얻어야 할 것을 역설한다. 이어서 그는 민족연극의 대중화를 위한 과제로 연극애호가집단의 조직화를 요청하는데, 이 집단이 연극계몽, 선전사업을 구체화하고 대중화하는 기본적인 근거지라 규정한다. 또한 연극애호가집단의 사명은 "연극으로 하여금 직접 인민 속으로 들어가게 하고, 그것이 곧 새로이 건설되는 민족연극의 추진력이 되고, 그것을 심화하는 대중적, 인민적 기초를 건립하는 데 있는 것"이라고 설명한다.[50] 나웅 역시 연극의 대중화 문제를 논하며, "연극이 대중 속에 뿌리깁게 침투식히기는대도 대중이 무었을 요구하고 잇는가를 아러야 할 것이며 그러기 위하여서는 대중 속으로 쮜여들어야 하며 싸라서 대중의 소리를 성실히 듯기에 주저(躊躇)치 말어야 할 것"이라 주장한다.[51] 당시 좌익 측에서는 소극장 운동의 필요성을 강조하는데, 그 주요 동기 역시 연극 대중화라는 운동성에 의거한 것이었고, 조선연극

---

50) 안영일, 「연극운동의 대중화 문제」, 『조선주보』, 1946.10.20.(양승국 편, 『한국근대연극영화비평자료집』 18권, 358~360쪽.)

51) 나웅, 「연극의 대중화 문제에 대하야」, 『영화시대』, 1946.04.(양승국 편, 『한국근대연극영화비평자료집』 18권, 230쪽.)

동맹은 관료적인 대극장제의 타파를 외치며 소극장 운동-자립연극의 방향을 모색했다.52)

　물론 대중이 주체가 된 연극을 목표로 하는 좌익의 연극대중화전략은, 일제 말기 함대훈이 언급한 전체 관객층을 아우른다는 의미의 대중성 확보와는 다른 차원의 문제다. 하지만 연극의 대중화, 곧 인민을 포섭하겠다는 궁극적 목표는 대중적 감상주의와 진보적 이데올로기를 조합한 연극의 고안53)으로 이어졌다. 즉 좌익연극의 내용은 민주주의 국가 건설을 위한 내용과 신파극의 대중적 요소를 변증법적으로 통일시킨 자립연극 형태54)로, 진보적 리얼리즘과 함께 대중에게 호소할 수 있는 감상적 요소가 결합됐다. 좌익 연극인들은 관객추수주의와 대중화전략을 구분지었지만, 그들 역시 연극 창작에 있어 대중의 취향을 배제할 수 없었던 것이다. 결과적으로 대중을 포섭해 인민의식을 고취한다는 조선연극동맹의 선전 전략은 대중적 요소의 적극적 활용으로 이어졌다.

　주지하듯이 우익 연극인들은 순수를 표어로 내걸었음에도 불구하고, 우파의 연극 역시 당대의 정치 상황을 반영하면서 소련과 좌익 세력에 대한 비판으로 점철되어 있었다. 유치진 작 「자명고」는 우익연극의 선전성을 보여주는 대표적 사례가 될 수 있는데, 함세덕은 이 작품을 '반동연극'으로 규정했다. 「자명고」의 한나라는 소련을 상징하면서 남한에 의해 북한이 흡수돼야 한다는 편협한 사고가 기저에 깔려있다는 것이다.55)

---

52) 양승국, 「해방공간의 진보적 민족연극운동」, 『해방공간대표희곡』, 예문, 1989, 370~372쪽.

53) 박명진, 「해방기 조영출의 공연희곡 연구-「위대한 사랑」을 중심으로」, 『한국극예술연구』 32집, 2010, 234~236쪽.

54) 이석만, 『해방기 연극연구』, 태학사, 1996, 51쪽.

55) 함세덕, 「자명고를 보고」, 『독립신보』, 1947.5.18.(양승국 편, 『한국근대연극영화비평자료집』 19권, 255쪽.)

54

함세덕의 악평은 유치진에 대한 반감에 기반한 것이지만, 극 중 한나라는
소련을, 낙랑은 북한을 환기하면서 흡수통일에 대한 욕망이 내재되어
있음은 부정할 수 없는 사실이다. 또한 극 중 공주와 호동, 한나라 장수를
둘러싼 삼각관계 및 활극적 요소들은 대중연극의 오락적 설정과 구분되지
않는다. 「자명고」는 좌익극단의 정치성과 상업극단의 흥행성을 비판한
우익 연극인들이, 실상 정치성과 흥행성 모두를 배제하지 못하고 있음을
보여주는 텍스트로 보인다.

　이처럼 해방 후 좌익 연극인들은 신파극을 비판하지만 마찬가지로
대중적 감상주의에 기대어 있었고, '순수'를 기치로 내건 우익연극 역시
좌익의 정치적 목적성과 대중극의 흥행요소를 모두 포함하고 있었다.
연극의 대중성 확보라는 목표 하에 해방 전후 연극은 흥행극적 요소를
적극적으로 반영하게 됐고, 40년대라는 상황 속에서 연극의 대중예술적
측면은 더욱 중시된 것이다.

　당시 연극인들은 흥행극(대중극)을 신파연극과 동일시하는데, 이운곡
은 신극인의 입장에서 관객의 취향에 영합하려 하는 흥행극(신파)을
비판한다.56) 그런데 "웃음과 눈물로 현실 조건을 은폐"하는 신파는
대개 멜로드라마와 깊은 상관성을 가진 것으로 여겨진다. 유민영은
연정과 의리, 인정이 정서의 바탕이 되고, 좋은 자와 나쁜 자를 분명하
게 갈라놓으며 이들의 쟁투에서 선의 승리로 끝맺는 신파극의 특성이
멜로드라마의 정형과 동일하다고 설명한다.57) 유민영이 지적하듯이 과
잉의 파토스와 비고전적 내러티브를 특징으로 하고, 보수적 이데올로기
를 생산한다는 점에서 신파와 멜로드라마는 공통항을 갖는다.

---

56) 이운곡, 「조선연극운동의 당면과제」, 『조광』, 1937.02, 165~166쪽.
57) 유민영, 『한국근대연극사 신론』 상권, 태학사, 2011, 336~337쪽, 360쪽.

기존의 논의들을 종합하면 여주인공의 수난사를 통한 연민과 눈물, 도덕적 양극화에 입각한 계몽주의를 통해 한국 신파극의 특징을 가늠해 볼 수 있다. 그런데 이 같은 신파극의 극적 특성이 30년대 이후 대중극, 그리고 해방 이후 연극에도 꾸준히 변주되고 있음을 염두에 두어야 할 것이다.

그렇다면 신파양식은 식민지 현실 속에서 어떤 변화 과정을 거치는가. 강영희는 1910년대 신파극의 대표격인 「장한몽」에서 번안자 조일제는 심순애의 자살로 끝을 맺는 원작을 이수일과 심순애의 행복한 결합으로 변개시키는데, 이는 독자들의 취미에 영합하려는 의도를 반영한 변개였다고 설명한다. 이어 「사랑에 속고 돈에 울고」 등 1930년대 고등신파계열 작품이 '행복한 결말'로 되어 있지 않다는 점을 주목하는데, 여기서 '행복한 결말' 못지않은 통속성을 지닌, 주인공의 비극적 몰락과 '운명의 장난'을 강조하는 패턴이 이후 신파 작품에서 하나의 유형이 됐음을 지적한다.[58] 정리하면 선과 악의 대립구도가 분명하고, 해피엔딩으로 마무리됐던 1910년대의 신파극과 달리, 1930년대에 이르면 상황을 타개하지 못하고 주저앉는 인물들의 비극적 결말을 강조하는 방식으로 대중극의 통속성이 강화된다. 그런데 관객이 선호했던 30년대 대중극의 통속성이, 동원의 시기인 40년대까지 이어져 해방 전후 건전한 시국상과 대치되면서 연극의 이데올로기적 효과를 저해했음을 염두에 둘 필요가 있다.

즉 40년대 연극은 급변하는 시대 상황에 입각해 전쟁, 건설의 이데올로기를 전면화하며, 또한 관객에게 호소하기 위해 대중극의 멜로드라마 요소를 차용했다. 멜로드라마의 형식적 요소[59]는 '권선징악'과 '행복한

---

58) 강영희, 「일제강점기 신파양식에 대한 연구」, 서울대학교 석사학위논문, 1989, 34~36쪽, 44~45쪽.

결말'에 대한 차이를 제외하고, 전환기 이전과 이후의 연극에 반복적으로 드러난 것이다. 문제는 한 편의 연극 안에서 프로파간다의 명료한 주제의 식과 멜로드라마의 도덕적 이분구도가 합치될 경우 극은 지배담론을 뒷받침하지만, 30년대 신파양식의 비극성이 강화될 경우 프로파간다 본연의 기능이 저해될 수 있었다는 점이다.

이상 살펴본 바와 같이 동원의 시대인 40년대 연극의 목표는 관객의 포섭과 동원이었고, 그 과정에서 대중이 선호하는 멜로드라마 요소가 적극적으로 활용됐다. 국민연극의 경우 멜로드라마 구조 안에 전시 이데 올로기를 용해시켰고, 해방기 연극은 좌우익의 이데올로기와 멜로드라 마적 감상주의를 절충했던 것이다. 이처럼 40년대 극계를 파악할 때 선전성과 대중성은 분리해서 간주할 수 없는 것으로, 두 가지 특성이 한 편의 연극 안에서 합치되거나 혹은 어긋나면서 발생하는 다양한 효과들에 주목할 필요가 있다. 따라서 프로파간다와 멜로드라마의 결합 을 40년대 연극의 내적 특성으로 규정하고, 한 편의 희곡에 극작주체의 선전 의도와 대중화 전략이 맞물리면서 빚어내는 다각적인 효과들을 짚어보고자 한다.

---

59) 서연호는 감각적인 자극, 과격한 행위, 아기자기한 줄거리, 감미로운 멜로디,
    화려한 치장, 눈물과 웃음, 권선징악, 행복한 결말 등을 통해 멜로드라마의
    특성을 설명한다.(서연호(1997), 앞의 책, 160~163쪽.)

Ⅲ. 역사소재의 형상화와 전환기의 인식

'과거 사건의 상상적 재건(imaginative reconstruction)'인 역사의 가치는 인간이 무엇을 하였으며, 결과적으로 인간이 무엇인가를 가르쳐 주는 데 있다.[1] 이 같은 역사를 소재로 한 연극의 경우 과거 사건을 무대화하여 관객의 '자기인식'을 일깨우는데, 40년대 발표된 역사소재극은 역사를 재구성함으로써 전환기에 합당한 국민 정체성을 주조해냈다. 관객에게 익숙한 역사를 차용한다는 것은 대중성 확보 측면에서 유리했으며, 동시에 역사의 교훈을 강조함으로써 극작가가 목표한 계몽성을 수월하게 성취할 수 있었던 것이다. 그리하여 역사를 극화한 40년대 연극은 소재 빈곤을 넘어 대중성을 확보하고, 또한 현재의 관객−독자가 해야 할 것과 하지 말아야 할 것을 규정함으로써 교시성을 강화할 수 있었다.

그런데 국민 정체성을 확립하는 과정에서 과거의 역사가 소환돼도, 역사를 다루는 창작주체의 태도는 단일하지 않은 것이기에 역사를 통해 드러내고자 했던 방점은 각기 다른 곳에 찍히게 된다. 구체적으로 국민연극에서 역사는 지배 이데올로기에 입각해 심미화되는 한편 역사의 실패를 되돌아보며 허무의식을 부각시키는 경우도 확인할 수 있다. 또한 해방기

---

1) R. G. Collingwood, 『역사철학론』, 문학과 사회연구소 역, 청하, 1986, 25~34쪽.

연극에서는 역사를 선정적으로 재현하거나 혹은 멜로드라마 요소는 유지하되 기록성을 강화하는 등, 40년대 연극이 역사를 구성하는 방식을 단적으로 규정하는 것은 불가능하다.

따라서 이 장에서는 당대 연극이 역사를 소환함으로써 전환기의 집단정체성을 구성하는 방식들을 읽어보려 한다. 1절에서는 해방 전 망국사라는 역사가 소환되면서, 역사소재 멜로드라마가 시국을 옹호하거나 이와 불협화음을 빚는 양상을 규명한다. 또한 2절에서는 해방 후 항쟁사를 다루는 연극에서 오락적 요소가 부각되거나, 다큐멘터리 수법이 도입되어 객관적 시각이 확보되는 경우를 살펴봄으로써 40년대 연극이 역사를 취급하는 다양한 태도를 읽어보기로 한다. 김성희의 경우 식민지시기 역사물이 "신파적 성격이 짙은 멜로드라마"였다는 점을 지적[2]하는데, 대중적 호응을 고려한 멜로드라마 요소는 해방 후 역사 레퍼토리에서도 반복된다. 그런데 연극에 삽입된 멜로드라마의 활용 양상에 따라 텍스트의 성격도 구분되기에, 3절에서는 이 같은 복합적 측면을 지적하기로 한다.

본격적 분석에 앞서 '역사극'의 개념에 대해 살펴보면 일반적으로 역사를 소재로 하거나 역사 속 인물이 등장하는 연극을 역사극으로 규정한다. 최근의 역사극 개념을 확인하면, 이상우는 "특정한 역사적 사건과 인물에 대한 해석을 둘러싸고 벌어지는 기억의 담론투쟁 장"으로, 김기봉은 "현재와 과거의 대화로서 역사의 소통을 연극으로 하는 것"이라 정의한다. 또한 백소연은 역사극을 특정한 미학적 기반을 갖는 장르로 보는데 무리가 있기에, 역사극이 소재적 차원에서 넓은 범주로 규정될

---

2) 김성희, 「한국 역사극의 기원과 정착—역사소설/야담과의 교섭과 담론적 성격을 중심으로」, 『드라마연구』 32호, 2010, 107~108쪽.

필요가 있음을 역설한다.3) 이 같은 논의들을 참조할 때 역사극을 미학적
공통성에 기반한 특정 양식으로 간주하기는 어려운 것이 사실인데, 40년
대 논자들이 규정하는 사극(史劇) 혹은 역사극(歷史劇)은 역사적 사건을
소재로 하거나 역사적 인물이 등장하는 연극을 지칭하고 있다. 따라서
기왕 역사극의 개념을 넓혀야 한다면 '극작가의 역사의식'을 통해 역사극
과 아닌 것을 구분짓기보다4) 역사소재의 취택을 기준으로 범위를 확장하
는 것이 합당할 것이다.

　그런데 식민지시기에는 시대극과 역사극을 구분하여 허구성이 강하
고, 작품의 수준이 낮은 것을 '시대극'이라 지칭했다. 김동인은 동아일보
에 발표했던 장편소설『젊은 그들』(1930~31)에 대해 배경을 역사에 두고
역사상 인물을 주요 줄거리에 집어넣은 '내지의 시대물' 같은 것이라
설명하며, 이는 역사소설은 아니라고 규정한다. 작품에 등장하는 인물이
대원군 외 한두 명을 제외하고는 모두 가공의 인물이며, 작가가 생활고에
시달리던 상황에서 통속적 요소에 주안점을 뒀다는 것5)이 이유였다.
반면『조광』에 발표한『제성대』(1938~39)의 경우 마찬가지로 흥미 위주
로 윤색됐지만, 편집진은 이를 '장편역사소설'로 구분한다. 또한 1929년에
『학생』지에 발표된 김진구의 「대무대의 붕괴」는 시대극으로 명명되지만,
30년대 이후 발표된 역사소재 연극은 허구성이 강하더라도 대개 역사극으
로 규정된다. 인정식의 경우 1940년 시점에서 지난 사회를 반영한 연극을

---

3) 역사극 개념에 대한 논의로는 이상우, 「김옥균의 문학적 재현과 기억의 정치학」,
　동북아시아문화학회 발표문, 2010, 118쪽 ; 김기봉, 「역사극, 무대로 나온 역사」,
　『드라마연구』32호, 2010, 9쪽 ; 백소연, 「1970~80년대 역사극 연구」, 이화여자
　대학교 박사학위논문, 2010, 13~14쪽 참조.

4) Georg Lukacs, 『역사소설론』, 이영욱 역, 거름, 1987.

5) 김동인, 「처녀장편을 쓰던 시절-「젊은 그들」의 회고」, 『조광』, 1939.12, 228~229
　쪽.

'시대극'으로 칭하며, 조선의 시대극과 내지의 시대극을 비교함으로써 사회사의 본질을 파악할 수 있다고 설명한다.6) 이 같은 사실을 참조할 때 식민지시대 역사극과 시대극을 구분하는 기준은 모호했음을 알 수 있으며, 따라서 역사의 가공 정도를 불문하고 역사적 사건이 삽입되거나 역사 속 인물이 등장하는 연극을 모두 '역사소재극'으로 통칭하기로 한다.

1. 망국사 복원과 내선일체 신화의 극적 대응

2차대전 시기 나치는 대규모의 당대회를 하나의 미술 양식으로 승화했는데, 대회장 전면에 장식된 무대 그 자체가 극적 효과를 일으켰다. 뉘른베르그의 히틀러 구경거리는 연극의 범주에 포함되는데, '장관(壯觀)'은 신뢰감을 증대시킴과 동시에 공포심과 복종심을 불러일으키는 효과를 갖고 있었다.7) 나치가 당 대회를 스펙터클한 연극무대로 꾸며 대중을 현혹시켰던 것처럼, 역사를 소재로 한 국민연극에서도 장관의 형성은 관객의 경외감을 자아내는 방편으로 사용됐다. 스펙터클이 강화된 극으로는 함세덕의 「낙화암」과 「어밀레종」, 박영호의 「김옥균의 사」 등을 들 수 있는데, 이들 작품에서는 대극장 무대가 구현할 수 있는 최대치의 볼거리가 등장한다. 역사소재 국민연극 무대는 군중 장면의 역동성과 관객의 심금을 울릴 정도의 시각적 볼거리를 부여8)하면서

---

6) 인정식, 「시대극 잡감」, 『박문』, 1940.06.(양승국 편, 『한국근대연극영화비평자료집』 16권, 124쪽.)

7) 유일상·목철수 편저(1989), 앞의 책, 103, 202쪽.

8) 노승희, 「이해랑의 낭만적 사실주의 연기술의 정착과정 연구」, 『한국극예술연

관객들에게 시각적 쾌감을 제공했던 것이다.

이 같은 연출적 특징 외에 소재적 측면에서 국민연극은 주로 망국사를 취하고 있으며, 과거의 국가가 패망하는 이야기는 식민지인이 스스로를 나약한 민족으로 신화화[9]하는 데 기여할 수 있었다. 염두에 둘 것은 역사 레퍼토리에서 멜로드라마의 권선징악적 결말과 도덕적 절대주의가 식민지배질서와 합치될 수 있었다는 점이다. 스펙터클한 무대와 멜로드라마로 구성된 역사가 만나면서 연극은 관객의 순응과 복종심을 이끌어낼 수 있었던 것이다. 그런데 역사소재는 때로는 제국의 지방인 조선이 아니라 조선적 특수성을 '과도하게' 드러내고, 또 한편으로는 역사의 비극성을 강조하고 전시체제에 대한 회의감을 표출하면서 지배담론과 거리를 두게 된다. 조선의 로컬리티는 동양적 보편성 안으로 흡수되지 못하고, 역사에 대한 허무의식은 명랑한 세계관과 대치되면서 동원의 논리와 어긋나는 것이다.

1) 동양적 보편성 지향과 역사의 낙관적 재현

신극의 적통과 국민연극의 기수를 표방한 현대극장은 1942년 연극경연대회에 「대추나무」를 출품하지만, 정작 식민당국이 높이 평가한 것은 아랑과 고협 등 대중극단의 연극이었다.[10] 이후 절치부심했던 현대극장은 1943년 함세덕의 「황해」를 2회 국민연극 경연대회에 출품하고, 역시 같은 해에 함세덕 작 「어밀레종」을 공연한다. 『국민문학』 1943년 1~2월호

구』 33집, 2011, 95쪽.
9) 이화진, 「일제 말기 역사극과 그 의미」, 『한국극예술연구』 18집, 2003, 152쪽.
10) 이덕기, 「일제 말 극단 현대극장의 국민연극 실천과 신극의 딜레마」, 『어문학』 107집, 2010, 315~316쪽.

에 게재된 「어밀레종」은 현대극장에 의해 초연된 이후 북선 순연에 이어 4차례 재공연될 만큼 관객의 호응을 얻었다. 당시 한노단은 「어밀레종」에 대해 "희곡 자체가 문학성보다 연극성 흥행성을 목표로 한 작품이오 연출에 있어도 흥행성 오락성만을 꾀하려는ー종래 상업극에서도 볼 수 없을 만한 비속성을 부끄럼 없이 털어내놨고, 연기에 있어서도 종래 신파 연기의 모방에서 일보(一步)도 안나왔다. 대중성 획득에 성공하고 예술성 문화성에 실패한 연극이다"라는 평가를 내렸다.[11] 한노단은 「어밀레종」이 신파 수법을 모방하면서 대중성만을 추구했다는 점을 문제로 지적하지만, 총력전시기의 관객은 바로 그 비속성ー오락성에 환호했다. 대중극으로 방향을 전환하여 재정 위기를 타개하려 했던 현대극장의 자구책이 관객의 호응으로 이어졌던 것이다.

박노현은 국민연극이 역사를 소환해 재구성하면서 근대의 초극이라는 신화를 발현하고자 했음[12]을 지적하는데, 당나라의 간섭으로 통치의 자주성이 침해받던 통일신라시대를 배경으로 한 「어밀레종」 역시 내선일체를 역사적으로 정당화시킨 사례로 간주할 수 있다. 작가는 『대동아』에 발표한 「어밀레종」 소개 글에서, 극작의도를 다음과 같이 밝힌다.

문화를 통한 內鮮一體의 역사적 고찰을 해볼려고 했다. 신라시대 문물이 백제와 함께 大和에 수입된 것이 1000년 후 오늘날 我國이 대동아공영권의 盟主로 나서게 되는 한 素因이 되지 않았을까? 희곡이 실로 연극적 매력을 못 가져 연출자의 식욕을 끌지 못하는 듯하다. 그것은 사건에 치중하므로 줄거리를 끌고 가기에 급급한 탓인 듯하다. 나는 당시의 內鮮 勅使 往來와 鑄鐘資材 運搬, 鑄鐘樣相 등을 전면에 내고 妓工의 勞心과

---

11) 한노단(1943), 앞의 글, 94~95쪽.
12) 박노현(2005), 앞의 논문, 94쪽.

로-맨스 또한 구전되는 전설을 調味로 하야 실로 연극적 희곡을 써보고저
한다.13) (고딕 글씨는 필자 강조)

신체제의 도래 이후 지식인들 사이에서 조선의 진로는 내선일체뿐14)이
라는 공감대가 확산되는 가운데, 함세덕은 「어밀레종」에서 내선일체에
대한 역사적 고찰을 시도한다. 극은 신종 건립을 둘러싼 암투 및 주종
검교부사(鑄鐘 檢校副使)인 미추홀과 신라의 공주 시무나의 애정을 두
축으로 삼고 있다. 함세덕은 극작의도에서 밝힌 것처럼 로맨스를 강화해
연극적 재미를 배가시키고, 당나라의 왕자 범지를 안타고니스트로 설정
해 애정문제를 당대 시국과 병치시킨다. 「어밀레종」에서 신라가 넘어서
야 할 당나라는 현실 세계에서 동아의 단결을 방해하는 서구로 환치되는
데, 작가는 신종 주조 과정에 여러 일화들을 삽입하면서 가까운 나라들끼
리 연대해 서양주의를 극복할 것을 강조한다.

따라서 「어밀레종」에서는 신라인과 일본인이 적극적으로 교류하는
모습이 비쳐진다. 미추홀의 경우 '족속이 다른 당나라 사람'이 신종
건립에 참여하는 것에는 부정적이지만 일본인들에게는 개방적 태도를
보이며, 공주 시무나와 미추홀의 신분을 초월한 사랑에 대한 조력자로
야마토국(大和國)에서 온 유학생 무라사키가 등장한다. 특히 「어밀레종」
에서는 민족이 다른 무라사키와 시무나가 맺는 자매애가 내선일체의
이상태로 제시되는 점을 주목할 필요가 있다.

「어밀레종」에서는 국경을 넘어선 두 여성의 우정이 비중있게 묘사되는
데, 흥미로운 것은 서로에게 절박하게 의지하는 시무나와 무라사키의

---

13) 함세덕, 「역사극 5막-어밀레종」, 『대동아』, 1942.03.
14) 天野道夫, 「동아연맹론의 대두와 내선일체운동」, 『조광』, 1940.07, 212쪽.

64

모습이 마치 연인처럼 그려진다는 점이다. 이는 내선연애와 결혼이 권장[15])돼도 정작 문학에서 내선결혼을 형상화하는 것은 어색하게 느껴지는 상황[16])에서, 시무나와 무라사키의 자매애를 통해 시국 정책을 자연스럽게 표현하려는 의도가 반영된 것으로 보인다.

더불어 「어밀레종」에서 주목할 것은 신분을 초월한 사랑을 나누는 미추홀과 시무나의 유토피아가 신라 외부, 바로 일본으로 제시된다는 점이다. 두 사람은 "까다로운 제도와 속박이 없는" 일본을 동경하고, 미추홀이 대업을 완수한 후에 신라 내에서도 부부로 인정받을 수 있음에도 불구하고 바다 건너 일본으로 떠나기로 결정한다. 여전히 그들이 발딛고 서있는 신라는 당의 영향력을 벗어날 수 없고, 시무나 또한 공주라는 신분에서 자유로울 수 없기에 새로운 유토피아로 이주할 결심을 하는 것이다. 이처럼 주동인물이 지향하는 진정한 유토피아가 천황이 있는 일본-야마토(大和)로 제시되면서, 동아공영권의 중심은 일본임이 재확인된다.

「어밀레종」에서 신라인들은 일본정신을 체현하고 일본문화를 향유하는데, 이를 통해 보편으로서의 동양은 일본임이 강조된다. 특히 대아(大我)를 위해 소아(小我)를 희생시키는 일본 파시즘 사관은 극 곳곳에 배치된다. 종이 소리를 내지 않자 할복을 선택하는 주종사의 결정이나, 신종의 완성을 위해 어린 아이의 목숨을 희생시킬 수 있다는 논리가 고귀한 희생정신이라는 명목으로 포장되는 것이다. 또한 주종작업에 딸을 바치는 문제로 갈등했고 아이의 울음소리 같은 종소리가 듣기 싫어 타종식을 방해했던 이화녀는, 결국 미추홀이 울리는 종소리에 의해 쫓겨나듯이

15) 「내선일체와 신동아건설」, 『조광』, 1940.01, 119쪽.
16) 문경연 외 공역, 『좌담회로 읽는 국민문학』, 소명출판, 2010, 493쪽.

퇴장한다. 국가적 사업을 방해했던 이기적 개인이 영웅 미추홀에 의해
축출되는 것이다. 그 외에도 미추홀과의 사랑을 위해 자신의 얼굴을
화젓깔로 지지는 시무나나, 시무나의 아름다운 모습을 간직하기 위해
스스로 눈이 멀기를 택하는 미추홀의 극단적인 선택은 궁극적 합일을
이루기 위한 과정으로 미화된다. 미추홀과 시무나의 자기 파괴적인 사랑
이 심미화되면서 국가를 위한 희생 논리를 뒷받침하게 되는 것이다.

그런데 극 중 내선일체 구호가 면면에 표출되어도, 대동아 안에서 민족
차별이 없는 일본은 이상향, 조선은 2등 국가로 남게 되면서 내선 간의
위계질서는 지워지지 않는다. 또한 '족속이 다른 사람'이 주종 작업에 참여할
수 없다는 미추홀의 발언은 표면적으로 당나라인들을 향한 것임에도 일본에
대한 불신으로 읽힐 여지를 갖고 있다. 그 외에 『만엽집』에 실린 단가를
부르면서 애정을 드러내고, 궁지에 몰릴 때 할복을 택하는 등 내지인을
과장된 양상으로 모방하는 행동들이 자연스럽게 극 안으로 녹아들지 못한다.
내지인과 '똑같이' 행동하는 조선인들의 면면이 어색함을 노출하고, 따라서
민족적 차이를 무화하는 동양적 보편성은 실현될 수 없는 구호로 느껴진다.
제국을 과잉 모방하는 식민지인들의 행동이 오히려 완전히 같아질 수
없다는 차이를 드러내는 것이다. 게다가 타종을 방해하다 미추홀에 의해
축출되는 이화녀의 존재는 부정적으로 형상화되지만, 강한 모성을 드러내는
이화녀는 실상 미추홀보다 식민지 관객이 감정이입하기 좋은 대상일 수
있다. 이처럼 함세덕은 「어밀레종」을 통해 적극적으로 내선일체 신화를
구현하지만, 여전히 텍스트에는 봉합되지 않는 균열이 산재해 있다.

그러나 이 같은 균열지점에도 불구하고, 작가가 창조한 역사가 내선일
체를 정당화시키며 극 중 멜로드라마 코드는 총력전시기 제국의 구호를
순화시켜 전달하고 있음은 분명해 보인다. 국민연극이 호출한 역사는

시국에 맞춰 멜로드라마로 가공되는 것인데, 멜로드라마의 낙관적 세계관은 미추홀과 시무나가 왕의 승인을 얻어 내지로 떠나는 마지막 장면에서 표출된다. 함세덕은 두 주인공이 신라를 벗어나 이상향으로 이주할 것을 예고하면서 미래에 대한 불안감을 걷어내는데, 주지할 것은 극작의도에 드러난 결말과 실제 「어밀레종」 결말의 간극이다.

42년에 표된 극작의도에서 공주와 미추홀은 결국 거제도로 귀양갈 것이 명시되는 반면, 실제 대본에서 두 사람은 귀양길에 오르는 대신 왕의 용서를 얻어 야마토(大禾)—미치노쿠에서 새 삶을 시작하게 된다. 그리하여 야마토로 건너갈 연인은 '다민족 국민국가'의 일부가 되고, 궁극적으로 제국이라는 보편성 안으로 수렴된다. 이처럼 미추홀과 시무나가 보다 나은 유토피아, 보편성의 세계로 떠날 것이기에 결말부에 이별의 안타까움이 교차돼도 극은 낙관적 전망으로 마무리된다. 두 사람이 야마토로 이주할 것으로 결말이 수정되고, 개인이 축출되고 성스러운 국가사업이 완수되는 순간에 극이 종료되면서 「어밀레종」은 숭고미가 극대화된 시국극의 면모를 구축하게 되는 것이다. 「어밀레종」이 제시하는 낙관적인 국민의 길과 보편적 세계에 대한 희구는, 멸망사 속에서 다양한 개인의 목소리를 비추었던 「낙화암」과 비교할 때 보다 분명하게 드러난다.

함세덕의 「어밀레종」이 일본이라는 유토피아에 대한 열망과 일본을 주축으로 한 동양적 보편성을 극화했다면, 송영은 「신사임당」을 통해 동양적 어머니상의 표본을 구축한다. 전시동원기 어머니의 책무는 "사랑과 정성과 지혜로 훌륭한 호국용사를 길러내기 위해, 어려서부터 가르치고 지도하는 것", "책임있는 내 자식을 훌륭한 황국신민으로써 폐하의 방패로 돌려 바치기 위해 책임있는 가정교육을 할 것"[17] 등으로 규정됐다. 제3회 연극경연대회 참가작인 「신사임당」은 총력전시기 시국색이 전면화된 경우로 보기는 어렵지만, 44년부터 시행된 징병제와 맞물려 바람직한 모성상을 형상화하고 있음은 분명해 보인다. 송영은 남편의 부재 속에서 아들들을 훌륭하게 키워낸 어머니의 모습을 부각시키고 있기 때문이다. 또한 「신사임당」에서 주목할 점은 신사임당을 "전 동양 모성의 귀감"으로 묘사하겠다는 작의에 따라 조선적 특수성은 후경화되고, 신사임당 가족의 이야기는 동양 전체의 이야기로 확대된다는 점이다.

　작의에서 밝힌 것처럼, 송영은 신사임당을 동양 모성의 귀감으로 극화하는 데 치중한다. 정호순은 「신사임당」에 대해 "조선민중에게 익숙한 '양처현모론'을 내세워 아들을 전장에 내보내는 '모성(母性)'을 효율적으로 교육시키기 위한 작품"[18]으로 평가하는데, 이 같은 지적처럼 「신사임당」이 총력전체제 하에 구성된 '국모(國母)'의 이미지를 재현하고 있음은 분명해 보인다. 주지할 점은 조선의 역사 속 인물들이 소환되고 특정한 역사적 시점이 배경이 되지만, 당대 정치 사회 상황과 유리되어 있는 인물들은 조선의 로컬리티 대신 동양적 보편성을 구현한다는 점이다. 극 중 주요 갈등이 이원수의 가족 문제로 집약되어 나타나면서, 「신사임당」은 동양의 보편적인 가족 이야기로 받아들여질 수 있었던 것이다.

　극은 이원수가 서울로 출타한 10년간의 이야기를 담고 있는데, 신사임당은 떠나지 못하는 남편에게는 자신의 머리카락을 잘라 주는 결연한

---

17) 奈良武次, 「일본부인의 책무」, 『신시대』, 1943.06, 117~121쪽.
18) 정호순, 「국민연극에 나타난 모성 연구 : 송영의 <산풍>, <신사임당>을 중심으로」, 『어문연구』 33권, 2005, 339쪽.

의지를 보이지만, 하인들에게 관대한 태도를 보인다. 또한 부재한 남편을 대신해 자식 교육에 심혈을 기울인다. 반면 기생집에서 지내며 친척 어른의 이름을 빌려 위세를 부렸던 이원수는, 자신을 찾아온 아들 율곡의 직언 앞에 마음을 돌리게 된다. 이후 부부가 헤어진 지 10년 되는 해 신사임당 아버지의 생일 축하연이 벌어지는 날, 율곡은 사람들의 조소가 싫어 떠나려는 형 사행을 붙잡고, 이어 방황하던 이원수가 감사가 되어 당당한 모습으로 돌아온다. 이원수는 모든 공을 아내 신사임당에게 돌리고, 신사임당이 감격의 눈물을 훔치는 가운데 율곡 형제의 경서 읽는 소리가 들린다.

이원수의 출타와 타락 및 그의 귀환과 가족 상봉이라는 10년간의 가족사를 순차적으로 그려내는 「신사임당」에서, 율곡 형제가 올바르게 성장하고 이원수가 회개함으로써 신사임당은 지난날의 노고를 보상받는다. 극 중 신사임당과 대조되는 경박한 그녀의 동생들은 조카 사행과 하인 문보에게까지 비판의 대상이 되면서 신사임당의 현숙함을 부각시키는 역할을 한다. 송영은 신사임당의 배려로 면천한 문보의 딸 오월, 서자 출신으로 무과에 급제해 오월과 결혼한 귀동의 이야기를 삽입해 계급 사회에 대한 비판의식을 드러내고, 관직을 얻기 위해 이원수에게 아부하는 무리들의 이야기를 통해 조선조의 타락상을 담아낸다. 하지만 당시의 시대적 정황에 대한 묘사는 부분적으로만 등장하며, 주요 줄거리는 가족의 갈등과 화해로 요약되기에 이원수의 가족사는 조선이라는 특수성을 넘어 보편으로 확대될 수 있다. 실상 극은 '신사임당', '율곡' 등 실존인물의 이름이 삭제되고 구체적 시공간이 사라져도 무리 없이 진행될 수 있지만, 역사 속 배경과 인물들이 소환되고 거기에 허구가 가미되면서 이야기는 친숙함과 함께 신빙성을 갖게 된다.

그런데 「신사임당」의 경우 예정된 해피엔딩으로 나아가는 과정에서 극의 도식성이 두드러지는 것을 확인할 수 있다. 극 중 신사임당은 초지일관 인내하는 모습을 보이는 반면, 신사임당의 국모적 면모를 부각시키며 낙관적 결말로 귀결되는 과정에서 이원수의 성격은 급변한다. 그런데 신사임당이 극적 갈등을 해결하는 주체가 되지 못하면서 주인공으로서의 역할은 축소된다. 또한 신사임당의 존재는 관념적이며, 그녀의 국모로서의 면모가 극의 전제로 주어짐으로써 연극은 서스펜스를 잃게 된다. 오히려 「신사임당」에서 대중극으로서의 재미가 확보되는 지점은 기방에서 이원수에게 아부하는 무리들을 통해 풍자효과가 극대화되는 2막이다. 반면 신사임당을 둘러싸고 빚어지는 주요 갈등은 극이 건전한 시국으로 나아가는 과정에서 극적 긴장감을 상실한다.

송영은 율곡의 유년시절을 극화하며 자식을 훈육하는 어머니의 역할을 강조하는데, 가공된 신사임당의 일화가 조선적 특수 상황에만 국한되지 않기에 전시 하 총후부인의 이상적 면모로 확장될 수 있다. 총력전시기에 이르러 재구성된 신사임당의 이미지 속에서 조선색이 약화되면서, 신사임당은 동양 보편의 이상적 어머니로 현현할 수 있었던 것이다. 즉 「신사임당」에서는 국책이 전면화되지는 않지만, 조선적 전통은 동양주의 안으로 수렴되는 동시에 보편적 세계에 대한 갈망이 드러나 있다. 또한 수난당하던 주인공이 노력을 보상받는 결말을 통해 낙관적 세계의식이 표출된다. 전황이 급격히 악화되고 논리적으로 승리를 뒷받침하는 것이 불가능한 시점에서, 동양정신의 우월성과 낙관적 세계관은 창작주체가 기댈 수 있는 마지막 보루였던 것이다.

2) 조선적 특수성 유지와 역사의 비관적 재현

2항에서는 멸망사 속에서 허무의식이 표출되고, 조선적 특수성이 동양적 보편성으로 함몰되지 않는 국민연극을 살펴본다. 당시 로컬리티에 대한 문제는 연극계보다 영화계에서 활발하게 논의됐다. 프로듀서 이창용은 해외진출 열의 속에서 조선영화라는 작품의 특색, 곧 로컬컬러를 도외시 하면 안 될 것[19]을 역설하는데, 허영의 영화 「너와 나」(1941)에서 한복과 김치, 부여로 구현되는 조선은 완벽하게 제국의 일부로서 로컬리티를 드러낸다.

오태영은 일제 말기 로컬리티를 둘러싼 논의가 결국 제국의 경계를 넘지 못했지만, 조선문화의 '독창성'에 대한 강조를 단순한 지배담론의 재생산으로 폄하할 수는 없음을 지적한다.[20] 2항에서는 이 같은 입장의 연장선에서, 조선적 특수성이 두드러지거나 제국과 조선의 합일될 수 없는 차이를 부각시키는 국민연극을 살펴본다. 특히 이들 연극에서는 비극적 결말을 통해 허무의식이 전면화된다는 점을 주목할 필요가 있다. 함세덕은 「어밀레종」 보다 앞서 발표한 「낙화암」에서 시국에 대한 비관적 전망을 제시한다.

엇던 밤 물길 속에 곡소래 나드니
꽃가튼 궁녀들이 어데로 갓느냐.
님 주신 비단치마 가슴에 안고서
泗沘水 깁흔 물에 던진단 말이냐.

---

19) 이창용, 「고려영화의 금후」, 『조광』, 1939.11, 222쪽.
20) 오태영, 「'朝鮮' 로컬리티와 (탈)식민 상상력」, 동국대학교 문화학술원 한국문학연구소 편, 『제국의 지리학, 만주라는 경계』, 동국대학교출판부, 2009, 413~414쪽.

落花岩, 落花岩 웨 말이 업느냐.21)

「낙화암」 프롤로그와 에필로그에는 이광수가 잡지『삼천리』에 발표한
기행문 「문인의 반도기행 제 1편, 아아 낙화암」의 일부가 게재되어 있다.
이광수의 기행문은 백제의 역사를 예찬하면서 고려와 조선의 역사를
부정하고, 오늘날 삼국시대 정신이 부활해야 할 필요성을 강조하고 있는
글로, '건전하고 숭고했던 과거'에 대한 회고적 시선이 드러난다. 함세덕
의 「낙화암」은 이광수의 기행문 일부를 삽입해 고대 역사를 환기하는데,
실상 작가가 형상화하는 백제의 역사는 이광수가 회고하는 것처럼 미화되
어 있지 않다. 대신 백제가 멸망하게 된 정황이 흥미 위주로 재편성되어
있다.

『조광』1940년 1월부터 4월에 걸쳐 게재된 「낙화암」의 실제 공연은
1944년에 이루어졌다. 안영일 연출, 김일영 장치로 무대화된 「낙화암」은,
같은 해 장소를 달리해 두 번 더 공연될 정도로 관객의 호응을 얻었다.
「낙화암」은 익숙한 소재와 잘 짜여진 극적 구조, 극적인 멜로드라마,
스펙터클한 무대가 어우러지면서 역사를 다룬 연극이 만들어낼 수 있는
다양한 쾌감을 관객에게 제공하는 극으로, 전체 4막으로 구성돼 있다.

함세덕은 백제가 멸망하기까지 약 한 달간의 사건을 무대화하는데,
막이 열릴 때부터 망국의 전조는 드러나 있으며, 왕의 무지와 오만함으로
인해 백제는 수많은 희생을 내고도 예정된 멸망의 길을 걷게 된다. 극의
주인공인 셋째 왕자 륭은 부정한 아버지와 대립하며 백제를 구원하고자
하지만, 결국 예정된 질서를 거스르지 못하고 포로의 신분이 된다. 따라서
륭은 영웅이라기보다 폭정의 희생양으로 드러나며, 백제 왕실을 따라

---

21) 이광수, 「文人의 半島八景紀行 第一篇, 아아·落花岩」,『삼천리』, 1933.04, 60쪽.

사비수에 몸을 던진 삼천 궁녀 역시 몰락한 역사의 희생양이 된다.

「낙화암」에 대한 기존 연구자들의 논의는 다음과 같이 변별된다. 이화진은 「낙화암」의 식민성을 지적하는데, 애상적인 백제 멸망사의 반복 재현은 스스로를 '끊임없이 외침에 시달려온 한의 민족'으로 신화화하고 종국에는 일제의 식민통치를 체념적으로 수긍하도록 만들었다고 설명한다. 또한 삼천 궁녀의 '성스러운' 이야기는 전선에 나선 제국 일본의 '국민'이 나아가야 할 방향을 제시하는 것으로 읽힐 여지가 있다[22]고 주장한다. 반면 이상우는 작품 속에 민족담론과 식민담론의 양가성이 교차하고 있다며 역사소재 연극에 나타난 '조선적인 것'은 동양담론 안에 지방적인 것으로 포섭되어 식민담론으로서 기능하는 한편, 일본과 다른 민족 정체성을 구성하여 저항하는 측면도 있다고 설명한다.[23]

함세덕은 해방 후 출간한 희곡집에서 일제 말기 자신의 역사극이 민족주의적 주체 구성의 욕망에서 비롯된 것이라고 밝힌다. 복잡 정교한 일제의 검열망 안에서 「무영탑」, 「낙화암」, 「어밀레종」 등의 낭만극으로 향수와 회고적인 민족 감정에 호소함으로써 일제에 소극적이나마 반항했다는 것이다.[24] 물론 아무리 고군분투해도 거스를 수 없는 운명에 대한 시각이 가시화된다는 점에서, 극은 파시즘적 성격을 내재한다. 하지만 함세덕의 자기 변명적 회고를 전부 받아들일 수는 없어도, 극 중 선택의 기로에서 끝까지 갈등하고 회의하는 희생양(륭, 궁녀)의 모습이 바람직한 국민의 길을 제시한다고 보기 어려운 것은 사실이다. 그 외에 「낙화암」의 양가적 성격을 지적한 이상우의 논의는 극의 본질을 짚어낸 것이지만,

22) 이화진(2003), 앞의 논문, 144~151쪽.
23) 이상우, 「표상으로서의 망국사 이야기」, 『한국극예술연구』 25집, 2007, 70쪽.
24) 함세덕, 「<동승>을 내놓으며」, 『동승』, 1947.(노제운 편(1996), 『함세덕 문학전집』 2권, 524쪽에서 재인용.)

여기서 민족담론과 식민담론이 상반되는 것인지에 대해서는 더 고민해 볼 필요가 있다. 일제 말기 민족담론은 식민담론 안으로 재수렴될 수 있는 논리였으며, 극 중 백제가 조선을 비유한다면, 침략자인 '동족' 신라는 어떻게 규정해야 할 것인지에 대한 문제가 남는다. 따라서 이 책은 「낙화암」에 나타난 비극적 멜로드라마의 성격과 인물들의 머뭇거림 이라는 측면에 대해 주목해 텍스트를 읽어보고자 한다.

작가는 「낙화암」에서 멜로드라마 구조를 적극 활용하는데, 얽히고설 킨 애정관계와 가족 내 갈등이 극을 추동한다. 태자 륭과 련히의 사랑, 의붓아들 륭에 대한 시나라의 짝사랑, 시나라에 대한 의자왕의 진심, 그리고 련히에 대한 간신 임자의 탐욕 등 「낙화암」에는 여러 애정문제들 이 중첩되어 있으며, 그 복잡다단한 갈등이 백제의 국운을 결정하게 된다. 의자왕은 시나라의 마음을 얻기 위해 국정을 내팽개쳤고, 신라 왕실은 시나라의 죽음 이후 백제에 더욱 앙심을 품게 됐으며, 련히에 대한 탐욕이 임자의 모략질을 재촉하는 등 어긋난 애정 관계가 백제의 멸망을 앞당기는 것이다. 또한 「낙화암」에서는 의자왕과 륭의 부자갈등, 륭과 태의 형제갈등 등 가족문제가 표출되는데, 가족구성원 간의 갈등 역시 백제의 멸망을 재촉한다.

그런데 극 중 멜로드라마 구조가 계몽의도와 별도로 극적 흥미를 강화하고 있음을 주목할 필요가 있다. 곧 시나라에 대한 의자왕의 마음이 그가 정사를 멀리하는 원인이 됐지만, 의자왕의 진심이나 윤리를 초월한 시나라의 감정이 극 중 부정적으로만 간주되는 것은 아니다. 또한 위기 속에서 굳어지는 륭과 련히의 사랑은 연극이 상연되는 시국과 맞물리는 대신 그 자체로 절절하게 묘사된다. 즉 「낙화암」의 멜로드라마는 시국과 별개로 오락성을 갖게 된다.

74

그 외에 전시 상황 하에서 강요된 희생이 자발적이고, 강렬한 의지의 표명인 것에 반해, 「낙화암」에서 륭의 무리, 그리고 궁녀들의 희생은 상황에 휩쓸려 초래되는 측면이 강하다. 륭은 정사는 배제하고 학문 연구에만 열중하는 첫째 왕자 효, 질투에 눈이 멀어 나라를 판 둘째 왕자 태와 달리 국가의 안위를 위해 죽음을 각오하는 인물이지만, 그 역시 절망적 상황에서는 늘 주저하게 되면서 계백과 같은 영웅으로 거듭나지 못한다. 결국 백제가 무너지는 것을 막지 못하고 영웅으로 자결할 수 있는 기회마저 놓친 륭은, 신라 군사들에 의해 십자가에 못 박히게 된다. 이처럼 십자가에 매달려 채찍질당하는 륭의 결말은, 영웅적 국민이기보다 역사의 희생양으로서의 의미를 가시화한다. 또한 신라 왕자 법민 앞에서 내뱉는 륭의 대사, 당나라로 규정되는 '바다 건너 이민족'에 대한 경계는, 작가가 해방 후 밝힌 것처럼 소극적이나마 극이 이중적으로 읽힐 여지를 남겨둔다.

3막까지 궁궐 안팎을 배경으로 진행되던 연극은, 4막에서는 피난 장면을 담게 되면서 배경이 궁성에서 떨어진 구릉(丘陵)으로 바뀐다. 함세덕은 왕궁을 벗어나는 시점에 이르러 이제 왕가의 인물이 아닌 궁녀들과 백성들을 조명하는데, 백성들은 국난을 초래한 왕에게라도 충성을 드러 내고, 궁녀들은 정절을 지키기 위해 사비수에 몸을 던진다. 수십 명의 궁녀들이 사비수에 몸을 던지는 마지막 장면은 연극이 보여줄 수 있는 스펙터클이 극대화된 장면으로, '백제의 꽃'들의 마지막 몸부림이 극의 마지막을 장식한다. 그런데 궁녀들의 자결 장면은 꽃들의 낙화로 심미화 되기보다 그 처참함이 강조된다는 점에서 주목된다. 게다가 함께 백제 왕실을 따르자는 근향의 선동 앞에서, 궁녀들은 마지막까지 회의하고 두려워한다.

결말부에서 어린 궁녀는 죽음을 두려워하고, 늙은 궁녀는 죽기 전에 곡을 한다. 궁녀들은 정절을 지키기 위해 자발적으로 희생하지만, 동시에 마지막까지 원통함과 두려움을 드러낸다. 또한 궁녀들 무리가 몸을 던지는 장면에서는 비바람과 물로 뛰어드는 소리의 청각적 효과가 극대화되면서 그 처참함이 부각된다. 궁녀들에게 제시되는 것이 국민의 길이지만, 궁녀들은 국민이자 역사의 희생양으로 남게 되고, 이를 극화하는 작가의 시선에는 안타까움이 깔려있다. 「낙화암」의 식민성은 이처럼 비극적 정서가 고조되고 역사에 대한 허무의식이 강화되는 지점에서 파열된다.

이 외에도 극 중 스펙터클은 다양한 장면에서 구현된다. 신라와 백제 사이의 전쟁이 무대화되지는 않지만, 련히가 무곡에 맞춰 검무를 추다 임자를 암살하는 장면, 시나라가 연못으로 뛰어드는 장면, 그리고 룽의 무리가 십자가에 매달리는 장면들이 볼거리를 만들어낸다. 또한 작자 부기에 표기된 것처럼 화려한 백제의 복색과 다양한 악기가 시청각적 재미에 일조한다.

그런데 국민연극이 구현하는 스펙터클은 관객을 현혹시키며 경외감을 불러일으킬 수 있지만, 「낙화암」의 스펙터클은 극적 긴장감을 높이거나 희생의 처참함을 부각시키는 기능을 한다. 게다가 국민의 길을 따른 이들이 역사의 희생양으로 형상화되어 관객의 연민을 불러일으키면서, 결국 망국사에 대한 안타까움과 허무의식이 극을 지배하게 된다. 당시 「낙화암」이 관객의 성원 속에서 재차 공연될 수 있었던 이유로는, 오락적 요소의 강화 외에도 30년대 대중극의 비극적 정서에 익숙한 관객의 망탈리테를 반영한 것을 지목할 수 있을 것이다.

임선규의 「동학당」은 동학농민운동이 실패하기까지의 과정을 극화함으로써 좌절감과 허무의식을 표출한다. 흥미로운 점은 작가가 국민연극시기에도 연인이 헤어지는 비관적 결말로 구성되는 30년대 대중극의 특징을 고수한다는 점으로, 「동학당」 역시 비극으로 마무리된다. 역사적 사건과 멜로드라마적 요소가 잘 어우러진 「동학당」은 극단 아랑에 의해 공연되어 41년 초연 당시 부민관에서 성공적으로 공연을 마쳤고, 순회공연을 하면서 전국 각지에서 크게 환영받았다.[25]

작가는 「동학당」에서 일본의 침략 정책을 의식해 전 민족의 참여를 유도한 근대 민족운동[26]인 동학농민운동의 성격에 주목한다. 조선사에서 가장 혁명적이면서도 비극적인 사건을 극화해 역사적 특수성을 부각시키는 것인데, 주지할 점은 동학농민운동이 외세, 특히 일본에 대한 적개심을 가진 민족주의 운동이었다는 점이다. 게다가 농민봉기가 진압되는 과정에서는 일본이 결정적인 역할을 했으며,[27] 극의 결말은 바로 이 지점을 언급하고 있다. 특히 수만의 형인 수영의 발화에서 청국병과 왜병은 조선의 타락한 위정자들과 함께 농민군이 타도해야 할 적대적 대상으로 분류되며, 농민군이 진압되는 결말부에는 총을 든 일본군이 등장한다.

박달을 선두로 해서 동학도인들이 포승줄에 묶여 등장하오. 앞뒤는 총을 든 일본 무장군이 끌고 가오 끌려가면서 일동이 시천주조화정 영세불망만사지를 우렁차게 부르며 고개를 넘어가오.(60) (고딕 글씨는 필자 강조)

연극에 대한 통제가 강화되는 상황에서 일본군을 부정적으로 묘사한

25) 이재명, 「임선규 작 <동학당>에 대하여」, 『현대문학』 468호, 현대문학사, 1993, 116~117쪽.
26) 황선희, 『동학 천도교 역사의 재조명』, 모시는 사람들, 2009, 244~248쪽.
27) 최기성, 『동학농민혁명운동 연구』, 서경문화사, 2006, 216~220쪽.

「동학당」이 검열을 통과한 것에 대해, 이승희는 다음과 같은 두 가지 해석을 제시한다. 삭제된 것으로 알려진 2막에 일본군의 공권력이 과시된 부분이 있거나, 해방 이후 마지막 장면의 내용상 변개가 이뤄졌을 수 있다는 것이다.[28] 현재 전해지는 「동학당」 대본은 필사본으로 임선규의 원 대본을 47년 재공연 때 함세덕이 부분적으로 개작한 것이며, 함세덕은 2막 부분을 개작한 것으로 명기되어 있다. 당시 일본 검열관 지시로 수영이 서울에서 일본인들과 어울렸다는 내용이 있는데 함세덕은 그 장면만 제외하고 원래 모습과 거의 같게 손질하였다는 것이다. 고설봉은 1941년 초연 내용과 47년 재공연 내용이 거의 다르지 않다고 술회하는데, 실상 2막의 일부가 생략됨으로써 남아있는 대본의 민족주의적 색채는 강화된 것으로 보인다. 그런데 현존 필사본에 남아있는 임선규와 함세덕의 필적이 다르고, 인물표기 방식 및 사용 원고지에는 차이가 있는 것[29]으로 알려진다. 따라서 1941년 공연 대본의 정확한 확인은 불가능해도, 고설봉의 증언과 필사본의 성격을 고려할 때 작품 줄거리는 크게 다르지 않음을 추측할 수 있다. 「동학당」은 민족 정서를 건드리는 측면이 있지만 표면적으로는 조선시대 계급 사회를 비판하고 있기에, 조선의 부정적인 면을 부각시킨다는 측면에서 검열망을 통과했음을 짐작할 수 있는 것이다.

---

28) 이승희, 「국민연극의 단층과 임선규의 전략」, 『상허학보』 29집, 2009, 196~197쪽, 204쪽.

29) 필사본에는 임선규와 함세덕의 필적, 인물 표기방식, 사용 원고지 등의 차이가 드러나고, 초연 연출자 박진과 해방 후 연출자 안영일이 삭제한 부분이 여러 곳에 남아 있다. 이를 감안하면 1막은 4쪽부터 56쪽까지, 2막은 63쪽까지 임선규의 것이 이어지며, 이후 함세덕이 개작한 부분 16쪽이 첨부되어 있다. 또한 3막은 85쪽부터 113쪽까지이고, 4막은 114쪽부터 139쪽까지이다. 「동학당」의 경우 검열은 통과했지만, 공연 도중 공연자들이 경찰서에 불려 다니는 곤욕을 치르기도 했다.(이재명(1993), 앞의 글, 118~120쪽 참조.)

이 같은 정황을 고려해 「동학당」의 멜로드라마적 측면에 주목해 보면, 극 중 연인의 사랑에 대한 방해자는 타락한 조선사회를 대변하는 양반 김성현이다. 김성현은 수만으로 인해 목숨을 건지지만 상황이 바뀌자 그를 다시 외면하면서, 연애의 진행을 방해하는 동시에 종국에 주인공의 의지를 좌절시킨다. 즉 극 중 안타고니스트의 역할이 김성현 개인에게 집중되면서, 혁명의 실패에 있어 일본과 청이 나눠가져야 할 책임이 상대적으로 경감된다. 또한 이야기의 주축이 되는 수만과 윤주의 비극적 사랑이 표면적으로 조선의 계급사회를 공격하게 되면서, 작품 속에 내재한 제국주의에 대한 부정적 시선은 희석된다.

결말부에 모든 것을 잃게 된 수만의 절규는 계급사회에 대한 비판30)으로 한정된다. 그러나 연인이 맺어지지 못하고 주동인물이 무너지는 결말은, 관객이 당면한 현실에 대한 비극적 인식을 심화시킨다. 또한 30년대 대중극에서부터 이어지는 임선규 특유의 신파성은 명랑함과 건전성이 강조되는 전시동원체제와 불협화음을 빚어낸다. 작가는 거짓 환상을 불어넣는 대신 관객의 눈물샘을 자극함으로써 식민지 현실에 대한 허무의식을 심화시키는 것이다. 결국 「동학당」의 멜로드라마는 문제의 소지가 될 수 있는 민족의식을 이면으로 밀어 넣고, 혁명과 사랑이 모두 좌절되는 비극적 결말을 통해 식민지 현실에 대한 비관적 전망을 드러낸다. 여기서 「동학당」이 보여주는 스펙터클, 관군과 외국군대가 동학군을 진압하는 장면이 구체적으로 묘사될수록 당대 관객을 자극할 수 있었다는 점이 흥미로운데, 곧 「동학당」의 스펙터클은 관객을 도취시키는 대신 각성시

---

30) 수만 : (비틀비틀 이러스며) 형님! 나는 인제야 깨달엇소. 方方谷谷에 흩어져있는 김성현 물이를 없새 버려야겟소. 그래서 우리 앞에 새 세상이 온다. 새 세상이 ……. (웃둑 선 채) (60)

키는 방향으로 기능했으리라 추측해 볼 수 있다.

　낙랑의 멸망사를 다룬 이동규의 「낙랑공주」는 1945년 작품집 『낙랑공주』에 발표된 희곡[31]으로, 1941년 신향 악극단에 의해 순회 공연됐다. 호동왕자와 낙랑공주 이야기는 식민지시대 야담의 주요 소재가 됐으며, 해방 후에는 유치진의 「자명고」의 모티브가 됐다. 여기서 「낙랑공주」와 「자명고」의 차이점을 짚어보면, 전자가 낙랑의 멸망 과정과 공주의 죄책감을 부각시키는 데 주력하는 반면, 후자는 당나라에 대한 항쟁적 측면을 강화하면서 외세 의존적인 낙랑의 멸망을 시대적 필연으로 간주한다.

　「낙랑공주」를 발표한 이동규는 30년대 초반 사회주의 리얼리즘 계열 소설을 창작했고, 이후 역사 희곡집 『낙랑공주』와 장편소설 『대각간 김유신』을 출간한다. 해방 후에는 월북해 북한 문단의 중심으로 활약했고, 6·25 당시 남부군 빨치산 활동 중 숨을 거둔 것으로 알려진다. 노동소설에서 출발했던 작가는 역사 레퍼토리를 통해 대중에게 호소했는데, 「낙랑공주」 외에 고구려 시대를 배경으로 한 「낙화도」를 발표했다. 익숙한 설화에 충실한 「낙랑공주」에서는 총력전시기 연극의 계몽의도를 발견할 수 없다는 점이 특징적인데, 극은 아버지와 연인 사이에서 갈등하는 낙랑공주에 초점을 맞추고 있다.

　「낙랑공주」에서 관객이 이입할 만한, 상대적으로 도덕적인 국가는 낙랑으로, 평화와 공존을 모색하는 낙랑의 왕과 달리 고구려 왕은 아들을 희생해 "천하의 큰 나라"를 만들겠다는 욕망에 사로잡혀 있다. 이 같은 야심가의 탐욕은 결국 청춘들의 희생을 부르게 되고, 이 비극적 결말의 책임은 고구려 왕에게 돌아간다. 1막에서 "백성의 격양가 소리 높고 조정에는 일이 없"었던 낙랑은 고구려 왕의 계략으로 몰락의 길을 걷게

---

31) 이재명 편, 『해방 전 공연희곡집』 4권, 평민사, 2004, 318~319쪽.

되고, 두 주인공은 영토 확장의 희생양이 되는 것이다. 주지할 점은 아버지와 연인 사이에서 갈등하는 호동과 낙랑에게 국가에 대한 책임보다 중요한 것은 개인의 감정이며, 두 청춘은 애국청년이 아닌 멜로드라마의 주인공으로 기능한다는 점이다.

해방 후 유치진이 호동왕자와 낙랑공주 설화를 철저하게 좌우 이데올로기에 입각해 재구성한 것과 달리, 이동규는 시국성을 배제하고 멜로드라마적 측면을 강화한다. 극의 실질적 주인공인 공주가 아버지 대신 호동을 선택한 것은 역사의 흐름에 수긍했기 때문이 아니라 그만큼 사랑의 감정이 깊었기 때문이다. 또한 대다수 국민연극에서 국가의 길과 개인의 길은 종국에 합치되는 반면, 낙랑을 얻게 된 호동은 공주를 잃게 되면서 정사에서 손을 떼게 된다. 국가와 개인의 합일은 불가능한 것으로 그려지는 것이다. 그 외에 국가의 멸망을 앞에 두고 울부짖는 궁녀들의 모습은 「낙화암」의 마지막 장면을 연상시키는데, 「낙랑공주」의 궁녀들은 자결과 같은 극단적 방법으로 충성을 맹세하지 않는다.

마지막으로 살펴볼 것은 공주의 죽음과 나라의 멸망, 궁녀들의 눈물과 호동의 절규가 교차되는 결말이 멸망사 소재가 가질 수 있는 허무의식을 극대화시킨다는 점이다. 이동규는 역시 멜로드라마 구조를 차용한 역사 소재극 「낙화도」에서 저항운동의 실패를 다루며 패배의식을 드러내는데, 「낙랑공주」에서도 사랑의 비극적 결말을 통해 좌절감을 심화시킨다. 극 중 대국을 욕망하는 고구려 왕의 발화를 식민지시기 제국 담론과 병치해서 읽기에는 무리가 있지만, 「낙랑공주」가 위정자의 확장 욕망 속에 희생된 청춘의 비극을 다루고 있음은 분명해 보인다.

박영호의 「김옥균의 사」는 『조광』 1944년 3월~5월까지 게재된 작품으로, 1945년 극단 성군에 의해 박진 연출, 김운선 장치로 공연됐다. 박영호는 부기에 "귀중한 사료를 제공해 주신 팔봉(八峯) 김기진 형께 감사하며 그 외에도 참고문헌으로 나카무라 기치조(中村吉藏) 씨의 「도야마(頭山滿)」, 시노부 준페이(信夫淳平) 씨의 「한반도(韓半島)」, 조용만 씨의 「배 안(船の中)」, 마쓰모토 마사즈미(松本正純) 씨의 「김옥균상전(金玉均詳傳)」 등"을 참조했음을 밝힌다. 앞서 살펴본 것처럼 김영수는 역사물에 있어 고증의 중요성을 역설하는데, 박영호는 「김옥균의 사」가 철저한 고증에 입각한 작품임을 내세우고 있다.

박영호에게 자료를 제공한 김기진은 1936년에 「청년 김옥균」을 발표했고, 『조광』 1941년 11월호에 「대아세아주의와 김옥균 선생」을 게재한다. 여기서 김기진은 『고균』을 자세히 인용하며, 김옥균이 살해된 것이 일청 전쟁 개전으로부터 10일 전 일이고, 그의 죽음이 조선에 전해지자 동학당의 난이 창궐을 극(極)하면서 개전의 단서가 됐다고 적고 있다. 또한 김기진은 삼화주의(三和主義)를 "교육과 생활을 신장하고, 동양 삼국이 서로 싸우지 말고 상호 제휴하여 구미 열강의 침입을 방어함에 있어 비로소 아세아는 융흥(隆興)할 것이라는 정신"으로 규정하고, 지금은 김옥균이 남긴 삼화주의－대아세아주의가 시대의 필연성에 따라 진전되어 동아신질서가 수립되어 가는 과정이며 이를 "역사의 필연"이라 설명한다.32) 김기진의 글이 실린 『조광』 1941년 11월호는 '동양의 선각자 김옥균' 특집을 다루고 있는데, 필자로는 김기진 외에 「대무대의 붕괴」로 조선에서 김옥균을 처음 극화한 김진구(岩田和成),33) 조선사에 정통한 내지 언론인 기쿠치 겐조(菊池謙讓) 등이 참여했다. 제국이 진주만 공습을 목전에 둔 시점에서 갑신정변을 주도했고, 삼화주의를 제창하다

---

32) 팔봉, 「대아세아주의와 김옥균 선생」, 『조광』, 1941.11, 64~73쪽.
33) 김진구의 창씨명.

타살된 김옥균은 대동아공영권의 영웅으로 소환되기에 적절한 대상이 었던 것이다.

김옥균에 대한 김기진의 평가를 상당 부분 반영한 「김옥균의 사」는 이 같은 집단적 추모 열풍의 중심에 있는 작품이다. 극은 갑신정변부터 김옥균의 죽음까지 10년의 세월을 연대기적으로 다루며, 갑신정변 이후 김옥균의 방황, 그리고 영광스러운 최후까지를 순차적으로 따라간다. 박영호는 김기진의 논지에 입각해 삼화주의-아세아주의를 규정하고, 김옥균의 죽음에 역사적 의미를 부여한다. 그런데 김옥균의 일대기가 느슨하게 연대기적으로 구성되다 보니 막과 막 사이의 시간적 거리가 확대되면서 관객이 감정이입하기가 어려워지고, 김옥균의 내지 생활을 상세히 묘사하는 과정에서 일본 정부의 애매모호한 태도와 이에 대한 개화당의 좌절감이 표출된다는 점이 흥미롭다.

「김옥균의 사」는 1945년 2월 8일 3회 연극경연대회 참가 작품으로 상연됐으나 2월 10일 각본 검열 각하로 상연이 중지됐다.[34] 이는 극 중 검열을 맡은 당국의 심기를 거스를 수 있는 요인들이 내재해 있음을 입증하는데, 양근애는 박영호가 김옥균이라는 위인을 전유해 식민지 조선을 제국에 편입시키려는 욕망을 드러내지만, 그럴수록 제국에 완전히 동화될 수 없는 차이가 발생[35]한다고 설명한다. 또한 극 중 국어-조선어가 어우러지지 못하고 이질적으로 층위를 형성하는 양상에 대해 주목한다. 이상우는 식민지시대 김옥균 담론을 거시적으로 조명하며, 「김옥균의 사」에 동양평화의 추구라는 이념이 강조되는 동시에 일본의 어정쩡한

---

34) 박제홍·김순전, 「일제 말 문학작품에 서사된 김옥균상」, 『일본어교육』 48권, 2009, 184쪽.

35) 양근애, 「일제 말기 역사극에 나타난 '친일'의 이중성-박영호의 「김옥균의 사」를 중심으로」, 『한국현대문학연구』 25집, 2008, 510쪽.

태도에 대한 비판이 담겨있음을 지적한다.[36]

이상의 연구가 언급한 것처럼 「김옥균의 사」에서는 다케조에 공사와 스지 선장, 일본 정부와 도야마 등 개화당에 대한 내지 측 인사들의 상반된 태도를 주목할 수 있다. 그리고 일본을 끝까지 믿으려는 김옥균에 대해 "전적으로 의지하려고 달라붙으면 내팽개치"는 제국의 태도는 결코 합치될 수 없는 내선 간의 차이를 환기시킨다. 이와 함께 극에서는 인물들의 머뭇거림 및 진정성과 숭고함의 훼손이라는 문제를 염두에 둘 필요가 있는데, 박영호가 묘사하는 김옥균이 끊임없이 회의하고 의심하며, 또한 주색에 심취한 인물로 묘사된다는 점이 주의를 요한다.

「김옥균의 사」는 2막까지 빠른 호흡으로 전개된다. 민비, 수구당, 원세개, 그리고 아라사에 대한 투쟁을 다짐했던 갑신정변이 3일 천하로 끝나버리자, 조선을 탈출한 개화당은 스지 선장의 도움으로 일본에 도달하게 된다. 그런데 이 과정에서 개화당의 무기력한 일면이 드러난다. 그들은 애초 창대한 목표를 내세웠지만, 청군이 나라를 장악하자 후일을 도모한다는 명목으로 자신들을 붙잡는 고종을 버려두고 일본행 배를 탄다. 배 안의 김옥균은 정변의 실패 원인을 그간 일본을 의심해왔던 자신의 태도에서 찾지만, 일본에 대한 신의 부족을 뉘우치는 김옥균의 발화 직후 다케조에는 개화당에게 배에서 내릴 것을 권고한다. 이 같은 일련의 흐름 속에서 개화당은 희화화될 소지를 갖게 되는데, 김옥균의 신뢰는 3막 이후에도 번번이 배반당한다.

3막의 배경은 동경의 감옥정(紺屋町)으로, 개화당은 수년 동안 글과 글씨를 팔아 술과 도박을 하며 허송세월을 한다. 김옥균은 자신에 대한

---

36) 이상우, 「김옥균의 문학적 재현과 기억의 정치학」, 동북아시아문화학회 발표문, 2010, 120쪽.

내부 반발이 표출되는 가운데도 여전히 실력양성론을 내세우며, 일본에 대한 믿음과 함께 삼화협력을 주장한다. 이후 일본 정부는 다시 김옥균의 기대를 배반하고 귀향 처분을 내리는데, 김옥균은 흥분한 동료들을 자제시키고 어쨌든 일본에서 버티겠다며 상부의 명령을 따른다. 이처럼 무기력하던 김옥균이 본격적으로 행동하게 되는 것은 4막 이후로, 그는 상해에 가서 이홍장과 협상을 하겠다고 하며, 자신이 희생양이 되어 일청 전쟁을 도발하기로 결심한다. 결국 김옥균은 상해에서 홍종우가 쏜 총에 맞아 목숨을 잃는데, 숨이 끊어지는 순간까지 일청 전쟁을 외친다.

「김옥균의 사」는 일본 정부에게 번번이 배반당하던 김옥균이 끝까지 신의를 버리지 않고 아시아를 위해 희생하는 이야기로 요약할 수 있다. 극이 종결될 때까지 일본 정부는 구원의 손길을 내밀지 않기에 김옥균은 자기희생이라는 극단적 방법을 선택하는 것이다. 그런데 메이지 17~27년 사이에 벌어진 과거 사건을 객관화시킬 수 있는 소화 20년의 관객은, 김옥균의 죽음과 일청 전쟁 사이의 직접적 상관관계를 비판적으로 평가할 수 있는 거리를 확보하고 있다. 그리고 그 연관성 사이에 의문이 생길 때 극 중 김옥균의 죽음이 갖는 진정성도 사라지게 된다. 게다가 극이 느슨하게 연대기적으로 구성되어 있어 극적 상황에 대한 몰입이 어려워지기에, 관객은 김옥균이라는 인물에 대해 감정이입하기보다 그를 객관화시켜 평가할 수 있다.

한편 「김옥균의 사」에서는 주색을 가까이하는 김옥균의 모습이 반복되는데, 다른 역사소재 국민연극과 같이 애정문제가 전면화되는 것은 아니지만, 도야마와 김옥균이 기생들과 갖는 친분이 4막에서 비중있게 묘사된다. 김옥균이 도야마에게 전쟁을 위해 죽겠다는 숭고한 의지를 밝힌 후, 두 사람은 기생을 불러 마지막 식사를 함께 한다. 그 와중에 도야마의 애인인 오쓰마가 기요모토를 부르고, 김옥균이 흡족해하는 가운데 술자리는 계속 이어진다. 이후 김옥균의 정부인 오타마가 술에 취해 등장해 오쓰마와 함께 있는 김옥균을 오해하여 투기를 하고, 그 모습을 보며 일동은 웃음짓는다. 그런데 김옥균이 죽음을 각오하고 지나에 간다는 소식이 알려지면서 갑자기 분위기는 숙연해지고, 김옥균과 오타마는 서로를 끌어안는다. 이어 도야마는 예기에게 샤미센 연주를 요청하고, 전쟁에 대한 투지를 불태운다. 그런데 웃음과 눈물이 함께 섞여 비중있게 묘사되는 이 주연 장면이, 오히려 영웅의 자기희생이 가져올 수 있는 숭고함을 반감시킨다는 점을 주목할 필요가 있다.

죽음을 무릅쓰고 상해로 떠나는 김옥균은 오쓰마의 자태에 반하는데, 오쓰마를 질투하는 오타마로 인해 비장미가 극대화되어야 할 상황은 어수선해진다. 일동은 그런 오타마를 보며 즐거워하다가 다시 숙연해지고, 곧이어 도야마가 '피바다'를 외치지만 앞서 이완된 상황은 완전히 수습되지 않는다. 김옥균의 인간적 면모가 극대화되는 4막이 영웅의 희생이 지니는 숭고함을 희석시키는 것이다. 결국 극이 진행되는 내내 소극적으로 머뭇거리고, 줄곧 술에 취한 모습으로 등장하는 김옥균은 미화되는 동시에 희화화되며, 따라서 당대의 관객이 거리를 두고 김옥균을 평가하는 게 가능해진다.

김옥균   또 잠깐…….

뽀이   용건이……. 많으시네요.

김옥균   많아서 미안하지만 가는 김에 호궁 연주자가 있으면 한
　　　　사람 불러 주게.

뽀이   호궁 연주자요? 그게 뭔가요? (350)

86

김옥균은 절명 직전 청나라 뽀이에게 호궁 연주자를 불러줄 것을 요청한 후, 연주를 들으며 애조에 잠겨 있다가 벌떡 일어나 이홍장을 비난한다. 이후 홍종우는 김옥균에게 방아쇠를 겨누는데, 흥미로운 것은 극 중 뽀이에게 김옥균은 아시아의 영웅이 아니라 요구 사항 많은 손님일 뿐이라는 사실이며, 뽀이는 호궁 연주가 무엇인지도 알지 못한다는 점이다. 이처럼 4막에 잠시 등장하는 뽀이의 반응은 김옥균에 대한 희화화에 일조한다. 특히 일본에 대한 변함없는 신뢰를 제창하고, 극 곳곳에 내지 문화가 삽입되는 「김옥균의 사」에서, 김옥균 그리고 일본 문화에 대한 뽀이의 덤덤한 반응은 극화된 김옥균을 보는 조선 관객의 반응과 동궤에 놓일 수 있다. 김옥균의 일생을 조명하며 고증에 충실하려 했던 의도가 오히려 극의 비장미를 격감시키면서 관객의 감정이입을 저해하는 것이다. 따라서 김옥균의 죽음을 통해 형성되는 관객의 정서는 숭고함이라기보다 관조적인 허무의식과 맞닿아 있으리라 여겨진다. 박영호가 재전유한, 영웅성이 약화되고 인간성이 부각된 김옥균 표상이 역사의 심미화를 방해하는 것이다.

이상 1절에서는 역사소재 연극이 동양적 보편성에 함몰되어 제국의 일부분으로서 조선의 지방성을 강조하거나, 혹은 조선적 특수성이 보편으로 수렴되지 못하고 실패한 역사에 대한 허무의식만을 드러내는 경우를 살필 수 있었다. 극 중 삽입된 멜로드라마 요소가 전시 이념을 뒷받침하는 한편 계몽효과를 저해하기도 하는 것이다. 염두에 둘 것은 조선적 특수성과 동양적 보편성이 반드시 대치되는 개념은 아니라는 점이다. 백현미의 지적처럼 일제 말기 전통을 소재로 한 작품이 민족 정서를 고취시켰다고 단적으로 평가하는 것은 문제의 일면을 호도하는 것이며, 전통 소재 작품들은 일제 식민통치 전략의 내면화를 용이하게 하는 기능37)도 수행했다. 이 같은 견해를 수용하면 역사를 소환하고 조선적 전통을 부각시켰다 해서 이를 저항으로 규정할 것이 아니라, 극 중 삽입된 조선의 역사-전통이 제국과의 관계 속에서 어떻게 배치되고 있는가를 살펴볼 필요가 있다. 따라서 역사소재 국민연극에서 시국에 대한 낙관적 인식과 계몽의도가 명시되는 경우와 함께, 보편과 괴리된 특수성과 현실에 대한 허무의식이 표출되는 경우를 확인했다. 이제 해방 후 역사소재극에 나타난 국민연극의 잔영 및 새로운 시도에 대해 짚어보려 한다.

2. 항쟁사 복원과 단일민족 신화의 극적 대응

인종주의에 입각해 다민족을 동아라는 이름으로 흡수했던 총력전시기를 넘어, 해방 후 조선의 담론장에서는 민족국가를 건설하는 문제와 관련해 민족의 범주를 어떻게 규정할 것이냐는 문제가 집중적으로 논의됐다. 동양적 보편성을 강요했던 시기를 지나, 신생조선은 탈식민적 입장에서 조선 민족의 단일성을 모색하기 시작했던 것이다. 당시 이병도는 민족과 국민, 민족과 인종 사이의 차이를 논하며, 민족은 "특수 문화(언어, 풍습, 사상, 신앙, 도덕, 미술, 문학 등)의 공동체인 동시에 역사공동체"라고 정의한다. 이어 민족의 단일성이 사대주의와 영합할 우려를 제기하면서 "이러한 비상시를 당할 때일수록 단결과 독자적 의식을 굳게 가져야 한다"는 결론으로 나아간다.38) 국어학자 이희승은 언어민족주의를 주창

---

37) 백현미(2009), 앞의 책, 211쪽.
38) 이병도, 「조선민족의 단일성」, 『신천지』, 1946.09, 8~10쪽.

하며, "언어는 한 개의 민족을 이룬 성원 사이의 거멀못"이고 "한 민족은
혈통, 역사, 풍속, 습관, 생활감정이 같다는 조건과 더불어 동일한 언어를
가졌다는 것이 무엇보다 현저한 특징"이라 설명한다.[39] 이병도와 이희승
은 특수 문화의 공통성을 기준으로 민족을 구분하는데, 오장환의 경우
"민족 문화 환경으로서의 국토" 관념에 입각해 "인간(민족)은 자연적
지리 한계에 의존해 발생, 성장한 것"이라며 민족과 자연 환경 사이의
상관성을 논한다.[40] 이처럼 탈식민 상황에서 민족을 규정하고자 하는
움직임은 지속적으로 이어졌는데, 민족은 때로는 좌우익의 국가만들기
와 결부되어 집단의 정당성을 확보하는 기저가 됐다. 그리하여 우익은
찬탁운동을 벌였던 좌익에 대해, 좌익은 미군정과 결탁한 우익에 대해
'반민족'이라는 낙인을 찍었다. 그러나 민족을 제창한 좌익과 우익 모두
혈연에 기반한 집단적 단일민족 신화에 기대고 있다는 점은 동일했다.

　내용적 측면에서 해방기 역사소재극의 특징은 일제 말기 부정되었던
조선시대가 소환되고, '망국사' 대신 '항쟁사'가 주를 이루게 되었다는
것이다. 항쟁사를 다룬 연극은 일본에 대항하는 민족의 집단적 움직임을
무대화했는데, 3·1절 기념공연 상연작 외에 김태진과 조영출이 각각
임진왜란 당시 이순신과 논개의 업적을 조명해 관객의 성원을 얻었고,
안종화는 독립군 전투를 다룬 시나리오를 썼다. 침략자 일본에 대항했던
민족의 역사는 해방공간의 관객에게 호응을 얻으면서 그들의 민족의식을
고취시킬 수 있는 소재였기에 빈번하게 호출될 수 있었던 것이다.

　해방기 역사 레퍼토리는 30년대 야담의 문법을 계승하면서 선정성을
강화해 오락성을 극대화하는 경우, 그리고 멜로드라마적 파토스와 역사

---

39) 이희승, 「언어와 민족」, 『신천지』, 1946.02, 133쪽.
40) 오장환, 「국토의 자연환경이 민족문화에 미친 영향」, 『신천지』, 1948.09, 164쪽.

에 대한 객관적 시각을 함께 표출하는 경우로 구분된다. 이때 전자가 영웅의 애정-가정문제를 극화한다면, 후자는 민중의 수난사를 보여준다. 염두에 둘 것은 좌우익 극작가들이 창조해낸 역사소재극은, 정도의 차이는 있지만 모두 정치담론과 결부되면서 국민연극의 선전성을 반복하고 있었다는 점이다. 그럼에도 기법적 측면에서 총력전시기와 구분되는 해방기 역사소재극의 특징을 찾아볼 수 있는데, 이를 통해 40년대 역사 레퍼토리의 극화 추이를 조명하는 것이 가능하다.

1) 좌우이데올로기의 전경화와 역사의 선정적 재현[41]

1946년 5월 『신세대』에 실린 3·1절 기념공연 관련 좌담회에서, 참석자들은 조영출의 「독립군」에 대해 "로만틱한 점이 만은 것 같"고, "센치멘탈한 점이 있어 영탄(咏嘆)에 빠지기 쉬운 작품"이라는 데 동의한다.[42] 당시 함세덕은 대중극단 청춘극장이 "「안중근사기」, 「김상옥 사건」, 「단종애사」 등의 시선극(時宣劇)으로 대중을 낚고 『손수건을 가지고 오시오』 식의 선전문 아래 이서구의 신파를 상연하야 연일 초만원을 이루는 기현상"[43]을 지적하는데, 실상 진보적 민족연극론을 주장했던 좌익 연극인들도 대중 침투를 위해 감상적인 요소를 배제하지 않았다. 그리하여 좌익극단의 역사소재극은 대중극과 마찬가지로 강한 대중지향성을 갖게 됐고, 우익극단 역시 상업주의 연극에 대한 반감을 드러내지만 마찬가지로 오락적 요소를 강화했으며, 극계 주도권을 잡는 과정에서 상업극단과

---

41) 1항은 전지니, 「해방기 역사소재 대중극 연구」(『한국연극학』 44호, 2011.)를 수정하였음.

42) 「좌담회-3·1절 기념공연과 연극의 긴급문제」(1946), 276쪽.

43) 함세덕, 「연극의 1년 보고」, 『신천지』, 1946.08, 143쪽.

제휴했다.

　이 항에서는 식민지시기 야담의 특성과 신파성을 계승하고, 국민연극의 극적 구성을 대중성을 강화하는 방향으로 발전시킨 해방기 역사소재극을 살펴본다. 고은지에 따르면 역사적 사실은 1930년대의 문화상품으로서 매력을 갖추기 위해 당대적 맥락 속에서 변형되었는데, 야담은 부각될 만한 연애담이 없는 역사에 새롭게 인물과 사건을 첨가해 '새로운 역사'가 만들어지는 데서 대중적 통속물의 특징을 지닌다. 이 과정에서 역사적 사실은 주변으로 밀려나고 청춘남녀의 비극적 연애담이 중요한 비중을 차지하게 됐다.[44] 곧 야담은 역사를 당대 독자, 관객의 취향에 맞게 변형함으로써 호응을 얻을 수 있었는데, 해방기 역사소재극은 대중성 확보를 우선시하는 과정에서 야담적 성향을 내재하게 됐다. 앞으로 좌우익의 역사 레퍼토리 외에 김춘광을 주축으로 한 대중극단의 역사물도 분석 대상으로 삼을 것인데, 이를 통해 국민연극과의 연관성 속에서 해방 후 역사소재 연극의 특징을 파악하기로 한다..

　조영출[45] 작, 안영일 연출, 채남인 장치로 공연된 「위대한 사랑」은 해방 후 대중을 선동하고자 했던 진보적 연극운동의 일환으로 공연됐다. 「위대한 사랑」은 제2회 3·1 기념공연 참가작으로, 멜로드라마 구조와 선전성을 효과적으로 접합시키면서 관객의 호응을 얻었다. 박명진은 이 작품이 조영출이 일제 말기 '조명암'이라는 이름으로 발표했던 「현해탄」의 멜로드라마 구조를 반복[46]하고 있음을 지적하는데, 이를 통해

---

44) 고은지, 「1930년대 오락물로서 역사의 소비−야담방송과 '월간야담'을 중심으로」, 『대중서사연구』 19호, 2008, 211~212쪽.

45) 작가는 해방 전에는 조명암이라는 필명을, 해방 후에는 조영출이라는 본명을 사용한다. 이 책에서는 다소 혼란이 있더라도 작가가 발표 당시 사용했던 이름을 작품에 따라 달리 게재하기로 한다.

대중성 확보를 위해 멜로드라마 요소를 활용한 조영출의 극적 전략을
엿볼 수 있다.

「위대한 사랑」은 고전 춘향전을 동학농민운동이라는 역사 속에 배치하
면서 계급의식과 대중성을 모두 담아내고자 한 작품이다. 조영출은 양반
의 아들 정도령과 기생의 딸 학선의 로맨스를 전면에 배치하고, 그들의
사랑을 방해하는 부정적 현실―불평등한 사회상을 문제시한다. 이같이
도덕적 양극화에 입각해 선과 악의 이분 구도가 분명해지고, 주인공들을
탄압하는 부정적 세력의 타락상이 극에 달할수록 관객의 감정은 고조되는
데, 로맨스에 대한 지지는 인민의 계급투쟁에 대한 지지로 확산된다.
박로아의 「녹두장군」에서 실제 전쟁이 무대화되지 않으면서 계급성이
상대적으로 약화된 것과 달리, 「위대한 사랑」에서는 인민들의 반란이
가시화되면서 볼거리를 만들어 내고 계급의식을 고취시킨다. 즉 무대
밖에서 벌어지는 전쟁이 소리로만 환기되는 것이 아니라, 농민의 반란과
숭고한 희생이 시각적으로 재현된다. 또한 정도령의 죽음으로 마무리되
는 결말은 관객의 눈물을 자아내면서 비극적 멜로드라마의 재미를 제공하
는 동시에, 관객이 처한 현실에 대한 문제의식을 심화시킨다.

「위대한 사랑」에서 정도령과 학선의 멜로는 철저하게 진보적 인민의식
을 뒷받침한다. 우선 이들의 관계는 정치를 개혁하고자 뜻을 모았던
부모 세대의 연으로 시작할 수 있었으며, 정도령과 학선의 첫날밤은
동학농민운동의 과업으로 인해 번번이 좌절된다. 또한 혁명 과정에서
정도령이 죽음을 맞으면서, 학선은 순결한 몸으로 남아 죽창을 들고
정도령의 뜻을 따르게 된다. 곧 「위대한 사랑」은 청춘 남녀의 로맨스가
극적 재미를 구축하는데, 파토스를 강화하는 비극적 결말을 통해 치열한

---

46) 박명진(2010), 앞의 논문, 248~250쪽.

92

인민의식이 환기되면서 멜로드라마 구조는 계급투쟁을 뒷받침하게 된
다. 따라서 대중을 포섭해 인민의식을 고취한다는 조선연극동맹의 선전
전략은 효과적으로 수행될 수 있었으며, 대규모 시위 소리와 군중의
노래가 관객의 오감을 자극하면서 연극은 효율적 선전 매체로 기능하게
된다.

　박로아[47]의 「녹두장군」은 1946년 말 상연됐는데, 10월 인민항쟁과
동학농민운동을 결부시킨 것으로 보이는 이 작품은 역사 속에 남조선의
현실을 투영하면서 좌익 문단의 찬사를 받았다.[48] 부패한 권력에 항거하
는 전봉준의 영웅적 행위를 포착함과 동시에 "뿌리 뽑을 수 없는" 민중의
식을 강조했다는 점에서였다. 함세덕은 「녹두장군」에 대해 "대중에게
올바른 역사극의 방향을 제시해 주었다"고 평가하지만, 그 결함으로
농민들이 궐기하지 않을 수 없었던 사회적, 정치적, 경제적 억압이 설명으
로만 처리된 점 등을 지적한다.[49] 실상 「녹두장군」은 계급 문제를 다루긴
했어도 해방기 인민의 민주정신이 효과적으로 표출된 연극으로 보기는
어려운데, 그 이유는 함세덕의 평처럼 동학농민운동의 배경이 설명으로
만 처리되며, 극은 전봉준과 기생 향월, 전봉준의 문하생인 조성국과
관노의 딸인 최옥분 사이의 로맨스를 주축으로 전개되기 때문이다. 조영
출과 마찬가지로, 박로아 역시 국민연극의 멜로드라마 구조를 계승해
연극의 대중성을 확보하는 데 활용한 것이다.

<hr>

47) 작가는 해방 전에는 조천석이라는 필명을, 해방 후에는 박로아라는 본명을
　　사용한다. 이 책에서는 다소 혼란이 있더라도 작가가 발표 당시 사용했던
　　이름을 작품에 따라 달리 게재하기로 한다.
48) 정영진, 「극작가 박로아의 무상한 변신」, 『현대문학』 455호, 1992, 394쪽.
49) 함세덕, 「연극평 – 녹두장군」, 『독립신문』, 1946.12.22.(양승국 편, 『한국근대연극
　　영화비평자료집』 18권, 396쪽.)

「녹두장군」의 1막은 폭정에 대한 묘사가 주를 이루며, 그 과정에서 전봉준이 정치 일선에서 밀려난 대원군의 후원을 받고 있음이 암시된다. 한편 관노인 옥분은 성국을 사랑하지만 어머니에 의해 전라 감사에게 강제로 팔려 가게 되고, 때를 기다리던 전봉준은 대원군의 하교를 받자 난을 일으키기로 결심한다. 2막의 배경은 전주 감영(監營)으로, 동학군의 승전보가 전해지는 가운데 전라 감사 김문현은 기생 향월과 옥분을 데리고 술을 마신다. 옥분은 수청을 들라는 감사의 명령을 거절하는데, 이때 성국이 등장해 백성을 수탈하는 탐관오리들을 비판한다. 감사가 옥분과 성국을 고문하려 할 때 전봉준이 당도해 부패한 관리들을 징벌하고, 전봉준을 부모의 원수라 여기는 향월의 오라버니는 향월에게 감영에 머물며 전봉준을 주시할 것을 명령한다. 그러나 향월은 전봉준의 인품에 감화되면서 그를 죽이기를 포기한다. 한편 전황이 동학군에게 불리하게 돌아가면서 연이어 비보가 들려오고, 어린 성국이 전사해 돌아오면서 슬픔이 고조된다. 결국 상황은 비극으로 치달아 지원병을 요청하러 갔던 옥분은 관군의 총에 맞아 죽고, 향월은 전봉준을 지키려 자신의 오라버니를 찌른 후 자결한다. 이어 결박당한 전봉준이 백성들의 정신은 영원하다고 부르짖는 가운데 막이 내린다.

「녹두장군」에서는 전쟁 장면의 스펙터클이 제시되지 않고, 대신 모든 상황이 대사로 전달된다. 이는 극의 용이한 상연을 위한 장치로 보이는데, 실례로 주요 인물인 조성국의 전사 장면이 생략되어 있으며 전봉준의 활약상도 무대에서 재현되지 않는다. 대신 극의 볼거리는 로맨스에서 생겨나는데, 「춘향전」을 연상케 하는 옥분의 수청 거절 장면이나 전봉준을 살해하기 위한 향월의 검춤 등이 시각적 즐거움을 제공한다. 적장을 살해하려는 기생의 검춤은 작가의 다른 역사소재 연극 「사명당」에도 등장하는 것으로, 화려하면서도 위태로운 검춤이 전쟁 장면이 제공하지 못한 스펙터클을 만들어낸다.

> 춤을 추면서 두어번 숙의 목을 찌를듯이 겨누고, 돌아갔다 왔다 홱 돌아섰다 한다. 그럴 때마다 노래소리가 속으로 들어간다.…… 여전히 찌를 듯이 숙을 겨누고 돌아가더니 그만 숙의 앞에 푹 쓰러지면서 업드려 운다. 일동 놀랜다.(199)

계급을 초월한 성국과 옥분의 사랑, 부모의 원수인 전봉준에 대한 향월의 사랑 등 작가의 상상력에 의해 고안된 로맨스는 극의 갈등을 추동하는데, 이는 작품 속에서 관군과 동학군이 직접 부딪치지 않기 때문이다. 그리하여 전라 감사와 성국이 충돌하는 장면이 등장하기는 해도, 동학농민운동의 제반 상황이 설명으로만 처리된 「녹두장군」이 인민의 현실을 효과적으로 역사화시킨 극이라 보기는 어렵다. 대신 박로아가 좌익 이데올로기를 표출하는 방법은 멜로드라마 안에서 도덕적 이분구도를 확립하는 것으로, 타락한 위정자들이 극의 안타고니스트 역할을 수행하면서 계급사회의 문제점을 드러낸다.

물론 박로아가 좌익 측의 강령에 입각해 인민의 투쟁의식을 고취시키고자 노력했다는 점은 간과할 수 없다. 작가는 일청 양국이 점령한 조선의 현실을 문제 삼으면서 해방기 남북한에 단독정부가 수립된 상황을 상기시키고, 이를 통해 실력양성론을 역설한다. 또한 손병희의 대사로 동족끼리 싸우면 안 된다는 견해를 피력하며, 성국과 옥분의 사랑을 통해 계급사회를 문제시하기도 한다. 이 외에도 마지막 전봉준의 절규는 백성의 민중의식이 동학농민운동의 실패 이후에도 지속될 것임을 강조한다. 그럼에도 극에서 대중적 감상주의가 두드러지는 것은, 당대 조선의 부패상과 사회상이 예각화되는 대신 관객의 흥미를 자극하는 로맨스가 주축이 됐기 때문이다. 즉 동학농민운동의 역사적 의미보다 관객에게 호소할 수 있는 선정적 요소들이 부각되기에, 「녹두장군」은 보다 대중지향적인 연극으로 간주할 수 있다.

박로아의 「사명당」은 임진왜란 당시 사명대사의 활약을 다룬 연극이다. 해방 정국에서 임진왜란은 외세에 대한 경계심을 일깨우고 사대주의를 배격한다는 명목으로 빈번하게 소환됐는데, 이 같은 분위기에 조응해 「사명당」, 「논개」, 「임진왜란」 등의 연극이 상연됐다. 「사명당」의 경우 구국영웅인 사명당의 영웅적 행위 외에, 그의 제자인 법상과 그를 사랑하는 귀동의 이야기가 비중있게 묘사되면서 멜로드라마 요소가 강화된다. 그런데 전지전능한 사명당 외에도 이름없는 민중들 역시 부각되는 것을 확인할 수 있다. 박로아는 「사명당」을 통해 인민들의 역사를 조명하는 동시에 흥행성 역시 놓치지 않으려 했던 것으로 보이는데, 이를 위해 금봉의 어머니 임씨를 사명당의 배다른 누이로 설정하거나 극 초반 절 내부의 타락상을 비중있게 그리면서 극적 흥미를 배가시킨다.

「사명당」에서 조선 내부 상황은 적국인 왜국의 침입보다 문제시되며, 무기력한 왕 선조, 당파싸움에만 집중했던 신하들, 복수에만 눈이 멀어 민족을 외면했던 귀동의 어머니 등이 비판의 대상이 된다. 특히 국난 상황에서 무기력하게 울면서 명나라의 지원만 기다리는 선조는 왕답지 않은 왕으로 묘사되고, 사명당은 그런 왕을 대신해 백성이 나아갈 방향을 제시한다. 또한 적극적으로 위정자들을 비판하는 백성들은 사명당에게 호응해 의병에 자원하여 역사의 주체가 되고자 한다.

그러나 작가가 인민의 역사를 조명하고자 했음에도 불구하고, 실제 극에서 모든 갈등은 사명당 개인의 능력으로 해소되며, 사명당과 민중이 함께 싸워 나가는 모습은 생략되어 있다. 따라서 「녹두장군」에서와 마찬가지로 진보적 민주주의 세계관을 형상화하겠다는 작가의 의도는 효과적으로 구현되지 못한다. 「사명당」의 경우 정각의 방해 아래 싹트는 법상과 귀동의 사랑, 사명당과 임씨의 오누이 관계, 왜장의 노리개가 된 기생 채란과 금봉의 비극 등 관객의 흥미를 배가시키기 위한 요소들이 전면적으로 배치되어 있으며, 강력한 선악 이분구도가 극을 지배한다. 따라서 박로아의 역사소재극이 비교적 사실(史實)에 충실하려 했지만 권선징악, 개과천선 등이 강조되면서 천편일률적인 신파극에 그쳤다는 비판50)은 일면 수긍 가능한 것이다.

또한 왜병에게 노출되어 농락당하는 귀동의 육체는 침략당한 조선의 현실을 반영할 뿐만 아니라, 전쟁 장면처럼 대단한 스펙터클이 없는 연극에서 하나의 볼거리가 된다. 그 외에도 5막에서 왜장의 목을 노리는 기생 채란의 검춤은 극의 흐름과는 상관없이 삽입된 것으로, 전체 구조와는 별개로 볼거리를 조성한다. 당시 대중극회에서 상연하기로 했던 「사명당」이 승려들의 부패상을 너무 노골적으로 표현했다는 이유로 상연이 중단된 사건은, 이 같은 선정적 특성과 관련지어 생각해 볼 수 있다. 작가는 위정자들의 타락상을 선정적으로 형상화하여 계급사회를 문제삼지만, 그 안에서 인민의 능동성과 적극성을 구체적으로 포착하지는 못하고 있는 것이다.

이상 국민연극의 멜로드라마 구조를 선정성을 강화하는 방향으로 계승한 좌익의 역사소재극을 확인했는데, 우익의 유치진 역시 형식적 수법과 무대뿐만 아니라 일제 말기와 유사한 동원논리를 펴면서 국민연극

---

50) 유민영, 『한국 현대희곡사』, 새미, 1997, 401~402쪽.

시기의 극작 방식을 이어간다. 작가는 삼국시대를 배경으로 한 「자명고」
(1947)와 「원술랑」(1950), 그리고 시대 상황이 구체적으로 드러나지 않는
「별」(1948)을 통해 해방된 민족의 원형성을 더듬어 가는데, 심리적으로
가까운 역사를 소환하는 좌익극작가들과 달리 고대 혹은 시간성이 거세된
세계를 소환한다.

그런데 작가가 자신의 과오가 남겨진 식민지시기를 의도적으로 외면하
려는 태도는, 부일 협력에 대한 책임을 회피하는 행위였다는 점에서
주의를 요한다. 또한 미군정의 탄압으로 좌익 문인들이 대거 월북하고
남한에서 우익이 주도권을 확보하는 시점이 되면, 유치진 희곡에서도
우익의 이데올로기가 전면화된다는 점을 주목할 필요가 있다. 해방 이후
이승만 일파는 반민족(친일) 대 민족(항일)의 문제를 좌파 대 민족의
문제로 대치시켜 친일 대 항일의 위치를 역전51)시키는데, 유치진의 극에
서도 좌파를 배제한 배타적 민족주의의 양상이 드러나는 것을 확인할
수 있다. 작가는 고대사 속의 사대주의와 해방공간의 찬탁론, 그리고
단일민족주의와 반탁론을 동일 선상에 두고 외세를 배척한다는 측면에서
반탁론의 민족주의적 성격을 역설했다. 이처럼 좌익이라는 타자를 배척
하며 우익의 도덕적 우위를 주장하는 행위는 지난 날 자신의 과오를
지우고, 해방 이후의 행보를 정당화시키는 합리화의 과정이라는 점에서
주목을 요한다.

작가는 「자명고」에서 고구려가 낙랑을 무력으로 포섭한다는 줄거리의
정치성을 삼각관계라는 멜로드라마적 설정을 통해 유화시켜 전달한다.

---

51) 이명찬, 「해방기 김기림 시론에 나타난 민족주의의 성과와 한계」, 서울시립대학
교 인문과학연구소, 『한국 근대문학과 민족－국가담론』, 소명출판, 2005, 308~
309쪽.

극에서는 이루어질 수 없는 연인들의 사랑이 전면에 배치되지만, 실상 그 이면에는 흡수통일의 필수불가결함이 드러나는 것이다. 「자명고」가 발표된 시대적 맥락을 보면 당대의 화두는 신탁통치로, 제2차 미소공동위원회의 개최를 둘러싸고 그 진행 여하에 당대의 관심이 모아졌다.[52] 그 와중에 유치진은 '우리 민족'이 분열되어 있었던 고대 역사를 소환해 단일민족 통합을 역설한 「자명고」를 무대에 올리게 된다.

「자명고」가 공연된 후, 함세덕은 이남(以南)의 애국자인 호동이 북으로 쳐들어가 소련군을 물리치고 남북통일을 하자는 것이 유치진의 의도[53]라고 비판한다. 함세덕의 평은 다소 감정적이지만 일면 수긍 가능한 것인데, 극 중 역사의 당위성을 가진 나라는 고구려이며 발화의 권위를 갖고 있는 것이 호동임을 고려할 때, 한나라를 끌어들인 낙랑은 소련 세력에 의탁한 좌파를 환유한다고 보는 것이 타당하다. 작가는 이처럼 고대사를 소환해 현재의 문제인 신탁통치를 반대하고, 냉전적 세계관에 기반해 이념의 적인 한나라-낙랑 왕조를 야만적, 부정적으로 재현한다.

유치진은 호동의 발화 안에서 민족통일의 필요성에 대해 재차 강조하고, 이를 통해 신탁통치 반대를 위해 투쟁하겠다는 우파의 의지를 표명한다. 극 중 소련을 환기하는 한나라는 겨레의 절대적 투쟁 대상으로 지목되는데, 최씨 일족에 대한 부정적 시각은 신탁통치를 찬성하는 좌익에 대한 비판으로 귀결된다. 게다가 공주가 호동에게 설득당하면서 낙랑 곧 좌익의 모순은 극대화되며, 우익은 좌익에 대해 이념의 우위를 확보하게 된다. 그 외에 「자명고」에서 유의해서 볼 것은 모든 희생을 무마시킬

---

52) 1차 미소공동위원회가 결렬된 이후 47년 5월 21일부터 2차 미소공동위원회가 재개됐다.

53) 함세덕, 「자명고를 보고」, 『독립신보』, 1947.5.18.(양승국 편, 『한국근대연극영화 비평자료집』 19권, 255쪽.)

수 있는 단일민족의 논리다. 공주는 호동이 내세우는 민족지상주의 앞에 설복되고, "나라를 위하여 죽을 각오"를 한다는 말에 감명받는다. 여기서 호동의 발언은 무력통일도 불사하겠다는 우익 측의 의지를 내비치는데, 이를 통해 식민적 동원논리의 폭력성이 애국심이라는 명목으로 정당화되는 양상을 파악할 수 있다. 또한 작가가 계몽 의도를 유화시켜 전달하기 위해 국민연극 시기와 마찬가지로 삼각관계, 활극적 장면 등 멜로드라마 요소를 활용하는 것이 주목된다.

「별」은 대한민국 단독정부 수립을 전후하여 『평화신문』에 연재된 5막의 희곡으로, 「자명고」와 같이 멜로드라마와 이데올로기가 융합된 구조를 취하고 있다. 「별」의 경우 시간적 배경이 명기되어 있지만 인물 구성이나 전개는 온전히 작가의 상상력에 의존하고 있는데, 극 중 붕당 싸움은 해방공간의 좌우익 대결 구도를 비유하면서 연극이 생산된 시대 상황을 환기한다. 「자명고」에서 좌익에 대한 배타적 시선을 드러낸 유치진은, 「별」에서는 우익 측 승리의 필연성을 강조한다.

부모세대의 악연으로 얽힌 젊은이들의 사랑을 다루고, 남장 여인 모티브가 활용된다는 점에서 「별」은 당대 관객에게 익숙한 셰익스피어의 연극을 모방한다. 또한 이승에서 이룰 수 없는 사랑 때문에 괴로워하는 연인들의 이야기 안에 탐욕스러운 선생 같은 인물들이 배치되고, 그 외에도 거짓과 오해, 고백과 희생 등 우연들이 중첩되면서 극적 재미가 구축된다. 하지만 「별」의 대중성은 결국 우익의 정당성을 획득하기 위한 기반이라는 점에서, 극은 경직성을 탈피하지 못한다.

「별」에서는 정도령과 구슬아기의 시작과 끝이 '운명'으로 정해져 있다는 점에 주목할 필요가 있다. 극 중 정도령은 첫 만남부터 남장한 구슬아기에게 호감을 갖는데, 두 사람은 사랑할 운명으로 정해져 있기에 사랑에 빠지게 되는 과정 자체는 중요하지 않으며, 동반 자살하는 결말 역시 주어진 운명에 의한 것이다. 그러므로 구슬아기는 주어진 현실 속에서 대안을 모색하기보다 삶과 죽음의 극단적 기로에서 죽음을 택하고, 정도령 역시 구슬아기의 뜻을 따른다. "아버지의 붕당싸움에 희생된 정도령과 구슬아기의 슬픈 이야기"라는 작가의 설명처럼, 구슬아기와 정도령은 부정한 현실을 정화시키는 희생양이라는 운명에서 벗어나지 못한다.

작품의 제목인 '별'은 두 사람에게 주어진 희생양의 운명을 암시하고, 결말부에서 젊은이들의 비극을 통해 조선시대 붕당싸움의 폐해가 드러난다. 이 같은 결말은 궁극적으로 연극이 상영되는 해방기의 이념 갈등을 비판하려는 의도를 반영하는데, 부모 세대의 그릇된 유산을 교정하려 했던 청년들이 죽음으로 부모의 죄를 대속하게 된다. 그리하여 구슬아기는 원수의 자식을 사랑한 것에 대해, 정도령은 죽은 아버지의 죄를 사하기 위해 기꺼이 죽음을 받아들인다.

결말부에서 눈여겨 볼 것은 유령의 모습으로 등장하는 김판서로, 감옥에 갇힌 딸 앞에 등장하는 김판서는 정도령을 사랑하는 구슬아기의 죄책감을 자극한다. 김판서의 유령은 막이 내리기 직전 다시 한 번 무대에 등장하는데, 독약을 먹은 구슬아기와 정도령은 유령의 모습으로 김판서의 뒤에 숨어 버린다. 그렇게 정도령이 죽어서도 아버지 대신 김판서를 따르겠다는 의지를 천명하면서 김판서의 승리는 재확인된다. 붕당정치를 비판하는 유치진은 도덕적 양극화에 입각해 모든 파국의 책임을 정판서에게 돌리는 것이다. 막이 내리기 직전 무대에는 정판서만이 홀로 남겨지는데, 죽은 자들은 추앙받지만 살아남은 자에게는 오욕만이 남겨진다. 결국 작가가 마지막 장면을 통해 관객에게 제시하고자 했던 것은 정판서 곧 좌익의 패배로, 대한민국 단독정부가 수립되는 상황에서 멜로드라마의 이분구도에 입각해 우익의 우위가 재확인된다. 따라서 정도령과 구슬아기가 희생되는 결말에서는 슬픔이 고양되기보다, 승리에 대한 자신감이 강하게 표출된다.

이후 유치진은 국립극장 개관작인 「원술랑」에서 공산주의에 대한 경계심을 더욱 적극적으로 표출한다. 특히 「원술랑」은 애국의 길을 지나치게 강조하여 "쇼비니즘적 국민극"의 요소를 지닌다[54]는 점에서 국민연극 시기의 작가적 성향을 되풀이하고 있다. 「원술랑」의 시대적 배경은 신라가 삼국통일의 과업을 이룬 직후인 문무왕 통치기로, 당이 신라를 침략했던 시점이다. 동맹국의 탈을 쓰고 통일신라와 전쟁을 일으키려는 당의 부정적 이미지는 「자명고」의 한나라와 겹쳐지는데, 외세에 대한 부정적 묘사는 소련에 대한 작가의 비판적 인식을 반영한다. 또한 극 중 백제와 고구려는 신라와 한 민족으로 간주되며, 이는 「자명고」의 호동이 낙랑을 '우리 겨레'로 간주했던 관점과 유사하다. 유치진은 「원술랑」에서도 멜로드라마적 설정을 활용해 반공 의도를 순화시켜 전달하고 있다.

전체 5막으로 구성된 「원술랑」에서 2막 이후는 화랑의 계율을 어긴 원술의 내적 고뇌 및 부자 갈등이 다루어지고, 사건의 발단이 되는 1막은 통일신라의 상황 묘사가 주를 이룬다. 작가는 백제와 고구려를 '우리 민족'으로 포섭하는 동시에 당나라를 당면한 적으로 두면서, 이들이 척결된다면 민족의 문제 또한 사라질 것이라 예견한다. 이처럼 삼국통일 후에도 진정한 통일을 성취하지 못한 고대의 역사는, 소련이라는 외세에 의해 민족 해방이 이루어지지 않은 현재를 환유하면서 냉전적 세계관을 재생산한다. 특히 당나라 군사가 신라에 주둔하는 상황은 신탁통치 상황

54) 이상우, 『유치진연구』, 태학사, 1997, 169~170쪽.

을 환기하며, 타자인 당나라군은 야만적인 방식으로 재현된다. 작가는 이 같은 인식에 기반해 타자에 대한 이념적 우위를 확보하고, 소국(小國)이 대국(大國)을 '우리 국토'에서 몰아냈던 역사를 소환해 자신감을 드러낸다.[55]

유치진은 신라가 당나라에 대항할 수 있고, 당나라가 민족의 통일을 우려하고 있다는 설정을 통해, 당대의 관객들에게 독립된 국가에 대한 긍지를 불어 넣는다. 전시동원기 희곡에서 동양이 서양의 우위에 있다고 간주됐던 것처럼, 이제는 단독정부가 수립된 남한이 이념의 우위를 토대로 공산주의를 물리칠 수 있다는 자신감이 표출되는 것이다. 「원술랑」에는 단일민족 신화와 더불어 국민 정체성과 결부된 국토 관념이 등장하는데, 신라는 단일민족 관념에 기반해 국토를 통일하고 당나라를 몰아내야 할 당위성을 갖게 된다. 그렇게 작가는 민족, 국토의 통일을 신생국가의 우선 과제로 제시한다.

화랑도가 재차 강조되는 「원술랑」에서, 원술은 전장에서 화랑도를 지키지 못했다는 이유로 아버지와 국가로부터 부정당하지만, 종국에 화랑도를 체현하면서 구국 영웅으로 추앙받게 된다. 작가는 원술이 왕의 인정을 받고 영웅으로 승격되는 지점에서 극을 마치는데, 결말부에 신라의 태평성대를 제시한 것은 민족국가의 미래에 대한 낙관적 전망을 반영한 것으로 보인다. 여기서 김유신이 역설하는 화랑도의 신조는 신생 대한민국의 국시(國是)가 되며, '우리 겨레', '우리 국토', '우리 동족',

---

55) 작품 도입부에는 '나당교전사(羅唐交戰史)'에 대한 부기가 붙어 있다.
"(전략) 石城戰이 있은 이후 문무왕 16년 伎伐浦(白江)戰에 이르기까지 한강 하류를 끼고 凡大小 百餘戰! 그 중에도 兩方 운명을 결정지은 최대결전은 買肖城(楊州)의 총공격이다. 이 싸움에 있어 적군 20만이 패주하고, 戰馬 3만 3백 8십 필을 획득하였으며, 其餘 兵杖도 이만큼 많이 획득하였다. 하니 신라 측의 大戰捷임을 알 것이다. ─(湖岩全集에서)" (259)

'우리 나라'를 강조하는 발화 안에서 대아(大我)를 위한 소아(小我)의 희생이 정당화되는 전체주의적 사고가 발현된다. 일제 말기 천황을 위한 동원논리가 해방 이후에는 국가라는 절대 심급을 위한 동원논리로 지속되는 것이다.

지금까지 해방공간에서 대중성을 확보하기 위해 멜로드라마 구조를 활용한 좌익과 우익의 역사소재극을 확인했다. 앞서 언급한 것처럼 좌우익 연극인들은 상업주의 연극에 대한 혐오감을 드러내면서 차별화를 모색하지만, 실상 그들이 내세운 진보적 민족연극, 순수연극 역시 대중극과 상당 부분 공통항을 갖고 있었다. 해방공간의 대표적 대중극단으로는 김춘광이 이끌었던 청춘극장을 들 수 있는데, 김춘광은 식민지시기 야담과 역사소설을 극적으로 재구성함으로써 관객으로부터 큰 호응을 얻었다.

김춘광 작, 안종화 연출로 공연된 「대원군」(1946)은 구한말 구국영웅 대원군의 면모를 부각시킨 스펙터클한 연극56)으로, 그 전개는 상당 부분 김동인의 「운현궁의 봄」(1933)에 의존하고 있다. '상갓집 개'로 폄하되던 이하응이 왕의 아버지로 입궐하며 종결되는 결말 및 민소녀(훗날 명성황후)와의 일화, 대비와의 밀약관계 등이 소설을 따르고 있는 것이다. 김춘광은 「단종애사」(1946), 「미륵왕자」(1946) 등에서도 식민지시기 장편 역사소설을 차용해 소재 고갈을 극복하려 하는데, 같은 이야기라도 무대로 옮겨지면서 복잡한 인물구도는 단순화되고, 갈등은 집약된 형태로 표출

---

56) 당시 청춘극장 창립 1주년 기념공연이었던 「대원군」의 광고는 다음과 같다. "우리가 李朝 五百年史를 도리켜 볼 때 흥선 이하응과 같은 큰 英傑이 없다고 생각한다! 淸國을 꺽고 佛蘭西와 이웃나라를 號令하였으니 과연?……" 이 광고는 영웅의 일대기를 다룬 것과 더불어 "총 등장 인원이 이백명"이라는 문구를 삽입해 연극의 민족주의적 성격과 스펙터클한 면을 강조한다.(『영화시대』, 1946.10.)

104

된다. 대신 김춘광은 직선적 사건 전개와 인물의 평면적 특성이라는 단점을 보완하기 위해 많은 인원을 무대에 등장시키고 선정적으로 장면을 구성해 시각적 볼거리를 강조한다.[57]

「대원군」은 전형적인 영웅 드라마의 구조를 따르고 있고, 목숨을 부지하기 위해 능력을 감춰야 했던 이하응이 역경의 시간을 견뎌내고 실권을 잡아 화려하게 등극하는 지점에서 종결된다. 연극의 흥행성을 중시했던 김춘광에게 대원군이라는 민족 영웅의 수난사는 해방기 관객의 취향에 부합할 수 있는 소재였던 것으로 보이는데, 주인공이 당하는 수난이 강도 높게 묘사될수록 관객은 인물의 운명을 동정하고, 그의 행보에 적극적으로 호응하게 된다. 따라서 극 중 안동 김씨 일족이 이하응을 협박하거나 모독하는 장면이 재차 삽입되며, 4막에 이르러 이하응이 구금당할 위기에 처했을 때 흥선대원군으로 봉해지면서 상황은 급반전되고 영웅은 수난을 보상받는다. 이처럼 비고전적 내러티브와 도덕적 양극화에 기반한 「대원군」은 멜로드라마의 전형적 구성을 따르고 있다.

대원군의 경우 안중근, 김상옥과 마찬가지로 해방기에 소환되기 적합한 민족영웅으로, 극 중 배고픈 백성을 구한 에피소드 등을 통해 바람직한 위정자로 자리매김하게 된다. 김춘광은 김동인의 소설에 입각해 극을 전개하지만, 역사적 사실에 충실함과 동시에 김씨 일족으로부터 받은 박해나 백성을 구한 일화 등 부분적 에피소드에서 극적 상상력을 발휘한다. 그러나 「대원군」이 흥행성만을 추구한 연극으로는 보기 어려운데, 그 이유는 해방기 좌우합작 논리가 적극적으로 삽입되고 있기 때문이다. 특히 결말부에서 이하응은 안동 김씨와의 악연에 연연하지 않고 인재를

---

57) 배선애, 「해방기 김춘광 역사극 연구」, 조건상 편, 『한국국어국문학연구』, 국학자료원, 2001, 551~552쪽.

등용할 것을 천명하는데, 이는 해방기 민족 통합에 대한 작가의 입장을 드러낸다. 신탁통치 상황에서 좌익과 우익의 대립을 종식시키고 자주국가를 건설해야 한다는 견해를 인물들의 발화를 통해 표명하는 것이다. 김춘광 스스로 밝히듯이, 해방기 사극 창작은 극심한 이념 대립 상황 속에서 혼란을 겪고 있는 관객에게 방향을 제시하기 위함이었다.[58]

　이처럼 1946년의 김춘광은 민족주의와 상업주의를 모두 고려한 연극 활동을 전개하고, 이 작업은 대원군이나 안중근 외에 김상옥 같은 구국영웅을 극화하는 것으로 이어진다. 그런데 작가가 가까운 역사를 극화할 때 민족의식을 강하게 드러내는 것과 달리, 고대사를 소환할 때 역사는 철저하게 흥행 본위로 재구성된다. 이때 경우에 따라 사료에 대한 강박에서 벗어나 대중의 취향에 부합해 역사가 극화된다는 점이 특징적이다. 특히 '신라비화(新羅悲話)'라는 부제가 붙은 「미륵왕자－출세편」에서는 야담적 성향과 멜로드라마의 시각적 선정성이 동시에 강화된다.[59] 이와 같이 상업적 의도가 노골화된 김춘광의 연극은 좌우익 연극인들에게 모두 혹평을 받았으나, 일반 관객에게는 폭발적인 성원을 얻었다. 따라서 김춘광은 식민지시기를 지나 해방공간의 극장에서도 관객과 가장 빈번하게 만난 극작가·연출가가 될 수 있었다.

　1항에서는 스펙터클, 스릴, 폭력 등 멜로드라마의 선정성이 해방기 좌우대립구도와 어우러지는 역사소재극을 살펴봤다. 흥미로운 것은 국

58) 김춘광, 「극단 청춘극장의 그 성격과 「대원군」 희곡화」, 『영화시대』, 1946.06, 77쪽.
59) 「미륵왕자」 출세편의 광고는 극의 통속적 성격을 노골적으로 드러낸다. "太白山 世達寺에서 白衣國仙에게 道術을 배운 「미륵」이가 천하를 호령하러 나스니 快하고 壯하다! 씩씩한 一世의 風雲兒가 大義를 爲하야 끝까지 싸우고 弓裔王이 되기까지 눈물과 苦難으로 엮은 이야기!! 정말 前篇을 凌駕할 後篇!!" (『영화시대』, 1947.01.)

민연극과 비교할 때 항쟁사를 다룬다는 소재적 차이 외에도, 해방공간의 역사소재극에서는 오락적 요소 및 야담적 취향이 더욱 강화됐다는 점이다. 즉 해방기 연극은 집단의 이데올로기를 반영하더라도 상대적으로 자유롭게 오락적 요소를 활용할 수 있었다. 그러나 유치진의 경우처럼, 해방 이후에도 멜로드라마적 요소는 철저하게 정치논리를 뒷받침하는 양상 또한 확인할 수 있다.

2) 좌우이데올로기의 후경화와 역사의 기록적 재현

사실적 재현에 입각해 기록극적 특성을 드러내는 해방기 역사소재극은, 식민지시기 항쟁사를 다루면서 당대 문헌과 관련자의 증언을 참고한다는 점에서 주목된다. 브라우넥크(Manfred Brauneck)는 정치극의 한 유형인 기록극은 "보고의 연극"으로 정부의 성명, 인터뷰, 신문과 라디오의 르포르타주 등 여타 증거물들이 공연물의 근간이 되며, 인증된 자료를 수집하여 내용을 변경하지 않고 일정한 형식으로 편집하여 무대에 재현한다는 것이 특징적이라 설명한다. 또한 기록극은 대개 사회적이거나 정치적인 테마에 집중하는데, 이 비판적 선택과 현실의 단면들이 조립되는 원칙, 사건들의 중심에 위치하는 것이 아니라 관찰자 및 분석자의 입장을 취한다는 것이 주요 특징[60]이라 정리한다. 곧 기록극에 있어서 가장 중요한 요소는 "사실 기록"이며 그 주무기는 객관성에 있는데,[61] 해방공간의 역사소재 연극은 멜로드라마의 과도한 감정선과 강렬한 파토스를

---

60) ManFred Brauneck, 『20세기 연극 – 선언문, 양식, 개혁모델』, 김미혜·이경미 역, 연극과 인간, 2000, 367~365쪽.
61) 황성근, 『기록극이란 무엇인가』, 한국학술정보, 2008, 39~42쪽.

담아내지만, 동시에 역사에 대한 객관적 시각을 확보하고 있다는 점이 특징적이다. 항쟁 과정에서의 수많은 희생을 다루면서 동정과 연민의 감정을 이끌어내지만, 이 지점에서 멈추지 않고 역사의 명암을 재조명하며 관객의 성찰을 요구하는 것이다.

김남천의 「3·1운동」, 함세덕의 「기미년 3월 1일」, 김영수의 「정열지대」는 모두 3·1운동 전후 상황을 무대에 재현하는데, 해방공간에서 3·1운동을 소환하는 것은 1919년과 연극이 상연되는 현재의 시간적 공백을 지우고 민족을 재단결하려는 의도로 읽어낼 수 있다. 3·1운동을 다룬 세 작품의 공통점은 집단 군중을 부각시키고, 세대갈등을 다루며, 성급한 해피엔딩을 지양한다는 점 외에 독립운동의 실상을 고찰하려는 의도를 드러낸다는 점이다. 즉 좌익과 우익 모두 3·1운동을 재현할 때는 객관적 태도를 견지하며 특정 영웅이 아닌 민중을 부각시킨다는 점을 주목할 수 있는데, 대중 연극인 김춘광 또한 심리적으로 가까운 식민지시기를 극화할 때는 고증에 충실하려 노력했다.

김남천의 「3·1운동」은 조선연극동맹이 주최한 제1회 3·1기념공연 참가작으로, 잡지 『신천지』에 대본이 발표됐으며 조선예술극장에 의해 공연됐다.[62] 김태진의 청탁으로 쓰여진 「3·1운동」은 상연 후 여러 호평을 이끌어냈는데, "관객과 무대를 생각하고 썼다", "문학적 내용을 가졌다" 등의 평가를 받았다.[63] 또한 함세덕은 "새로운 역사의 각도에서 민중의 운동으로 규정하고 비판하였기에 허다한 현역 작가의 삼일운동 취재 작품에서도 한 이채(異彩)"였다며, "비로소 리얼리즘의 연극을 볼 수 있을 행(幸)을 가지게 됐다"고 극찬한다. 그러나 "작가의 이념이 늘 노출되

---

62) 『신천지』에는 3막이 게재되지 않았고, 전체 대본은 이후 단행본으로 발간됐다.
63) 「좌담회-3·1절 기념공연과 연극의 긴급문제」(1946), 278쪽.

어 사건이 뒤를 따라다니는 감"이 있다는 것은 한계로 지적한다.[64]

　해방 후 김남천은 "혁명적 로맨티시즘을 계기로 내포한 진보적 리얼리즘이 민족문학 수립의 기본적 창작태도"라 규정하는데, 이 같은 창작 방안은 진보적 연극계의 대중화에 대한 관심과 결부되어 있었다. 김남천은 작자 전언(前言)에서 자신의 어린 시절을 회고하며 이 희곡을 썼음을 밝히고, 이 '투쟁 기록의 드라마'가 당시 성천(成川)이라는 한 지방에 국한된 것이 아님을 역설한다.[65] 이처럼 작가의 기억에 의해 3·1운동이라는 전사(前史)는 1946년 무대로 소환되고, 영광스러운 과거는 당면한 현실의 지향점을 제시하게 된다. 극은 기미년 2월 초순에서 시작해 3·1운동 후인 기미년 3월 말일 경까지를 다루고 있으며, 전체 3막 8장으로 구성되어 있다.

　1막에서 기독교 학생 최진순은 동일학원 교사인 현우성을 찾아와 천도교 청년 박관영과의 혼사 문제에 대해 상담한다. 또한 현우성을 찾아온 청년들은 기독청년단과 천도교청년단의 충돌 사건에 대해 이야기하고, 해외에서 독립운동을 하는 정신적 지도자 고영구는 교파나 개인을 초월해 독립을 위해 단결할 것을 제안한다. 무대는 고영구의 집으로 바뀌고, 고영구가 잠시 집에 들렀다 다시 길을 떠나자 첩보를 입수한 헌병들이 그의 친모 나씨와 그의 아내에게 행패를 부린다. 2막은 기미년 3월 1일부터 5일간의 경과를 비춘다. 현우성은 정혼한 사이인 박관영과 최진순을 소개해 주고, 고영구의 모친 나씨가 나타나 자신도 아들의 뒤를 이어 독립운동에 매진할 것을 다짐한다. 이후 헌병대가 독립단에게 발포를 하면서 박관영, 고영구의 모친이 희생된다. 무대는 교회당으로

---

64) 함세덕(1946), 「연극의 1년 보고」, 141~142쪽.
65) 『신천지』, 1946.03, 260쪽.

바뀌고, 기성세대는 헌병대 측과 협상할 것을 제의하지만, 독립단은 결사항전을 주장하는 현우성에게 동조한다. 헌병대가 다시 발포를 재개하고 방화를 시작하면서 독립단과의 교전이 벌어진다. 이어 극은 헌병대 취조실에서 진행되는데, 현우성은 극심한 고문 속에서도 주도자가 자신이라 말하며 동료들을 보호하고자 한다.

시간이 흘러 기미년 3월 말일, 진순의 오빠 창현은 병환으로 독립운동에 참여하지 못했던 것에 대해 괴로워하고, 고영구가 집으로 돌아와 전국적으로 독립운동이 진행되고 있음을 전한다. 영구가 다시 길을 떠나려 할 때 구둣발 소리와 총소리가 들리고, 무대는 동네 벌판으로 바뀐다. 창현과 칠성을 비롯한 농민들은 고영구를 보호하려 하지만 곧 고영구가 총에 맞아 넘어졌다는 소리가 들린다. 군중들은 고영구의 시체를 태극기로 덮고, 창현은 죽은 사람과 감옥에 갇혀 있는 사람들의 업적을 상기시키며, 조선 독립의 그날까지 싸울 것을 다짐한다. 일동은 창현의 말이 떨어지자 만세를 부른다.

김남천은 「3·1운동」에서 대략 한 달이라는 시간 동안 성천(成川) 곳곳에서 벌어진 사건을 형상화하면서 독립단 구성원들의 다양한 면면을 비춘다. 1막에서는 기독교도 최진순과 천도교도 박관영의 관계가 극의 주축이 될 것을 예상할 수 있지만, 실상 두 사람의 애정문제는 종파간 통합의 필요성을 강조하는 역할에 머무른다. 작가는 최진순과 박관영의 껄끄러운 관계 외에도 아들 고영구에 대한 나씨의 모정 등 멜로드라마적 갈등 요소를 삽입하지만, 소수의 주동인물을 부각시키는 대신 3·1운동을 이끌었던 다양한 인간 군상을 재현하는 데 집중한다. 따라서 극을 이끌어갈 것처럼 보였던 박관영은 2막에서 퇴장하고, 극의 중심인물이었던 최진순과 현우성의 이야기도 3막 이후 등장하지 않는다. 대신 3막에서는 고영구의 죽음 이후 독립운동에 참여하지 못했던 최창현이 지속적인 투쟁을 다짐하는 등 등장인물들의 고귀한 희생이 앞으로 계속될 독립운동의 근간을 마련하게 된다. 종교문제로 박관영과 충돌했던 기독교도 김두일은 그의 희생의 의미를 되새기고, 창현은 매형인 고영구의 죽음을 목도하면서 끝나지 않을 투쟁을 맹세하는 것이다. 이처럼 성급한 해피엔딩을 지양하고 살아남은 자들이 죽은 자를 위해 투쟁할 것을 천명하면서, 극은 관객의 전투 의식을 고취시키며 마무리된다.

특히 「3·1운동」에서는 청각적 효과가 극대화되는데, 무대를 지배하는 것은 군중의 노랫소리와 만세소리이며, 연설장면 또한 반복해서 등장한다. 김남천은 선동적 연설을 통해 관객을 각성시키고자 하며, 반복되는 노래와 만세소리를 통해 무대와 객석의 합일을 도모하는 것이다.

독립가
1. 압제의 철쇄 끊고, 새날은 동터온다.
   오늘은 3월 1일 3천리 금수강산
   내놓고 물러가라 조선독립만만세 (『3·1운동』, 196~197)

감방 안에서
현 목사 조선 민족 독립만세
◇ 이 때에 전 감방(유치장)이 호응하여
소리 만세
◇ 만세와 독립가와 『시누마데 우데』 소리와 곤장질 속에 -幕- (『3·1운동』, 245)

이처럼 청각적 효과가 두드러지는 「3·1운동」에서, 강한 어조의 선동적

연설과 식민지배 하 민중의 현실을 대변하는 애잔한 노랫소리, 박수소리,
만세소리 등은 연극에서만 가능한 효과를 창출한다. 특히 '아리랑', '독립
가' 같은 노래들은 해방기 관객의 감정선을 건드리는데, 당대 관객은
무대에서 퍼지는 익숙한 노래들과 박수소리, 만세소리에 호응하면서
1919년 상황을 '지금 여기'로 옮겨와 집단의식을 고취시키게 된다.[66]
「3·1운동」을 지배하는 청각적 요소들은 무대와 객석, 그리고 역사와
현재의 거리를 해소하는 수단으로 기능하는 것이다.

 3막에서 청각적 요소들은 더욱 적극적으로 활용되는데, 무대 곳곳에서
울려 퍼지는 소리들이 고영구의 죽음과 이에 대한 민중들의 분노를
효과적으로 전달한다. 이 같은 청각적 요소 외에도, 작가는 총탄에 넘어지
는 독립단의 모습이나 잔혹한 고문장면을 통해 일제의 탄압상을 시각적으
로 제시하면서 시청각적 요소를 적절히 배치한다. 이와 같이 「3·1운동」에
서 연극적 효과는 극적 파토스를 강화해 관객을 선동하는 데 적절히
활용되고 있기에, 극은 레제드라마로 머물지 않고 극장에서 관객과 만날
수 있었다.

 김남천은 시청각적 요소를 활용해 관객의 감정선을 자극하는 동시에
과거를 형상화는 데 있어서는 비교적 객관적 시각을 유지한다. 즉 경직된
방식으로 좌익 이데올로기의 정당성을 늘어놓기보다 당대 상황에 대한
사실적 재현을 목표로 독립운동의 복합적 측면을 조명하는 것이다. 그
과정에서 계급문제는 자연스럽게 부각되는데, 김남천의 경우 직설적으
로 우익을 공격하는 대신 독립운동 과정에서 드러난 계급갈등을 항일
투쟁사에 첨부하는 방식을 취한다. 즉 작가가 이념적 지향점을 전면화하

---

 66) 양근애, 「해방기 연극, 기념과 기억의 정치적 퍼포먼스」, 『한국문학연구』 36집,
   2009, 240~242쪽.

기보다 독립운동 과정에서 벌어졌던 다양한 면면들을 객관적으로 재현해 냄으로써, 「3·1운동」은 멜로드라마 정서에 기반하고 있음에도 불구하고 역사소재 리얼리즘극의 면모를 구축하게 된다.

함세덕의 「기미년 3월 1일」은 1946년 4월 낙랑극회에 의해 공연됐다. 이 작품은 『개벽』 1946년 4월호에 대본 1막이 실렸고, 이후 필사본이 공개되면서 전체 대본이 소개됐다. 당시 『신천지』에는 「기미년 3월 1일」 의 공연을 앞두고 다음과 같은 광고가 실리는데, 이는 극의 성격을 단적으 로 보여준다.

극단 낙랑극회에서 우리 민족의 위대한 투쟁사요 세계 혁명사에서 일찍이 그 유례를 찾아볼 수 없는 기미 삼일운동을 기념하기 위해 극단 낙랑극회에서는 함세덕 씨의 「기미년 삼월 일일」 5막을 오는 3월 1일에 공연한다. 집필자 함세덕은 혁명투사 33인 가운데 현존하는 권동진, 오세창, 함태영, 이갑성 선생들에게 당시 운동에 관계한 남녀학 생 주모자, 형사 등 20여명을 방문해 직접 면담하고, 고등법원 판결문, 경찰 스파이 보고서 등의 희귀한 자료를 참고하여 삼일운동의 내막과 진상을 보여주려 한다.[67]

광고에 드러난 것처럼 함세덕은 약 3개월간 3·1운동에 참여했던 실제 인물들을 만나 인터뷰하고, 관련 보고서들을 참조하면서 당대 실상에 객관적으로 접근하고자 시도했다.[68] 「기미년 3월 1일」의 광고가 실린 『신천지』 3·1운동 특집호에 게재된 「삼일운동의 기록」[69]은 1919년 2월

---

67) 『신천지』, 1946.03, 74쪽.
68) 「기미년 3·1운동 주모자인 33인의 획책 경과와 진상」, 『민성』, 1946.03.(노제운 편, 『함세덕 문학전집』 2권, 지식산업사, 1996, 499쪽에서 재인용.)

14일부터 4월 2일까지 운동의 경과를 순차적으로 나열하고 있는데, 이와 유사한 방식으로 「기미년 3월 1일」도 르포르타주 구성에 입각해 당대 상황을 기록하고 있다.

「기미년 3월 1일」은 김남천의 「3·1운동」과 마찬가지로 특정한 개인보다는 3·1운동 당시의 상황을 조망하고, 민중의 투쟁성을 부각시키는 방향으로 전개된다. 또한 투쟁의 한복판에서 막을 내리며 민중의식을 고취시키는 것 외에도, 종교 간 분쟁 및 기성세대와 청년 간의 대립을 다루는 점 등이 유사하다. 흥미로운 것은 「기미년 3월 1일」의 경우 함세덕의 다른 해방기 연극과 달리 계급적 코드가 거의 드러나지 않는다는 점이다. 대신 극 중 부각되는 것은 세대갈등으로, 안일한 비폭력주의를 내세우는 지도자들과 어떠한 희생도 불사할 준비가 되어 있는 청년 사이의 갈등이 중점적으로 그려진다.

극의 시간적 배경은 1차대전 종전 무렵으로, 미국계 성화여학교에서 학생들이 독립을 위해 독일 카이젤에게 탄원서를 보내려 했던 사건이 벌어지자 최순천 교사가 배후로 지목된다. 헌병은 청원을 주도한 학생 향현을 끌고 가지만 미국인 교장 사이풀은 이를 막지 못하고, 형사 손규철의 딸 소복은 향현을 밀고했다는 이유로 다른 학생들에게 돌팔매질을 당한다. 이어 시간은 1919년 1월로 건너뛰고, 독립운동의 동지가 된 최순천 교사와 보성전문학교의 강기덕은 독립선언서에 각계 대표들의 이름을 집어넣고자 한다. 그 과정에서 독립선언의 실효성에 대한 독립단 내의 의견이 엇갈리는데, 형사의 딸 소복은 자신도 독립운동에 가담할 것을 다짐한다. 시간은 다시 한 달이 흐르고, 최린의 집에 모인 각계 명사들은 독립선언의 방향에 대해 논의한다. 기독교 대표 이승훈은 적극

69) 유병민, 「삼일운동의 기록」, 『신천지』, 1946.03, 111~115쪽.

적으로 학생들의 입장에 동참하려 하지만, 최남선 등은 정계 교섭에 실패하자 소극적인 입장을 드러내며, 결국 거사일은 3월 1일로 정해진다. 거사 하루 전날 독립단원들은 교장 사이풀의 집에 모이고, 독립선언 이후의 방향을 제시하지 못하는 기성세대와 달리 학생들은 앞으로 인민이 주권을 가져야 함을 주장한다. 드디어 3월 1일이 되고, 명월관에 모인 각계 인사들은 독립선언서를 낭독한다. 하지만 비폭력 시위를 주장하는 몇몇이 학생들이 있는 현장으로 나가려 하지 않으면서 다시 갈등이 빚어지고, 결국 일부만 학생들의 대열에 동참하게 된다. 이어 만세 소리가 울려 퍼지는 가운데 발포 명령이 떨어지고, 총에 맞은 향현은 독립에 대한 소망을 드러내며 눈을 감는다.

함세덕은 「기미년 3월 1일」에서 압축적 구성으로 긴장감을 고조시키는 대신, 약 4개월의 시간 동안 진행된 독립선언 전후 상황을 묘사한다. 이 같은 방식은 극적 긴장감을 떨어뜨리는 결과를 가져오지만, 동시에 해방공간의 관객이 3·1운동의 경과를 총체적으로 조망하며 당대 상황을 비판적으로 사고할 수 있도록 이끌어낸다. 「기미년 3월 1일」의 경우 「3·1운동」과 마찬가지로 특정한 주인공은 없지만, 극의 발단과 결말을 장식하는 것은 향현과 같은 순수한 열정을 지닌 학생들이다. 독립에 대한 갈망으로 희생을 감내하는 어린 학생들은 자기 안위 챙기기에만 급급한 일부 기성세대와 극단적 대조를 이루고, 청년의 숭고한 희생이 결국 독립선언을 이끌어 낸다. 작가는 "이 일편을 삼가 기미년 혁명운동에 순(殉)한 젊은이들의 영전(靈前)"에 바치겠다며, 극을 통해 독립운동을 주도한 청년들을 추모하겠다는 의지를 표명한다. 따라서 극의 진정한 주인공은 민중, 그 안에서도 주체적으로 독립을 모색하고 행동했던 청년들이 된다.

청년들의 열정이 부각되는 과정에서 기성세대는 비판의 대상이 되며, 5막에서 명월관에 모인 각계 지도자들이 독립선언서를 낭독하고 눈물을 흘려도 실상 이 장면은 별다른 감흥을 주지 못한다. 대신 극에서 가장 감정이 고조되는 지점은 향현이 죽음을 맞이하는 마지막 장면이다. '분수같이 피를 뿜고 쓰러진' 향현과 헌병의 구둣발에 밟힌 학생의 시신들이 현시되고, 총소리와 만세소리, 그리고 울음소리가 뒤덮이는 가운데 막이 내리는 지점에서 연극의 현장성은 극대화된다. 이처럼 함세덕은 결말부에서 멜로드라마의 파토스를 극대화하는데, 독립운동의 한 가운데에서 극이 종결되면서 독립투쟁은 연극이 상연되는 현재에도 진행 중인 것임이 암시된다. 여기서 작가는 끝까지 회개하지 않고 제국 헌병의 끄나풀로 남게 되는 손규철을 통해, 섣부른 낙관을 지양하며 치열한 현실인식을 드러낸다.

그 외 「기미년 3월 1일」에서 주목할 것은 윌슨의 민족자결주의 등 조선을 둘러싼 국제정세에 대한 균형적 시각이다. 미국의 먼로주의를 추종하는 대신 군사적으로 일본과 싸울 것을 주장하는 입장 및 미국인 교장 사이풀에게 1차대전 연합국에는 일본이 껴있음을 지적하는 향현의 발화에서 자주 노선을 고취하고자 하는 의지가 표명되는 것이다. 즉 함세덕은 「기미년 3월 1일」에서 좌익의 이데올로기를 설파하는 대신 역사적 배경을 객관적으로 파악하려 하며, 또한 최대한 고증에 충실하려는 의도를 드러낸다.

이 극은 사실에 있어선 중앙고보 숙직실, 가회정 손병희 邸, 최린의 집 등 삼개 처에서, 삼월 일일부터 십오일경에 걸쳐 분산적으로 있었던 일을 작극의 편의상, 최린의 집을 무대로 하고 시간과 장소를 일치케

한 것이다.(157)

(이윽고 강기덕, 한위건, 한창환 달려온다. 사실에 있어서 한창환 대신 김경식이란 무식청년이었다 한다.) (216)

3·1운동에 참여했던 실존 인물들을 직접 만나 인터뷰하며 당시 상황을 총체적으로 조망하고자 했던 함세덕은, 배경 묘사와 사건 진행에 있어서도 가급적 사실에 입각하고자 한다. 그 과정에서 극 중 사건과 사료가 어긋날 때는 이를 분명히 명기하면서 자신이 기록에 충실하고 있음을 알린다. 이처럼 작가는 해방공간의 극장에서 3·1운동 정황을 사실에 가깝게 제시하고자 하는데, 향현의 고귀한 희생이 극적 파토스를 강화하며 관객을 선동하는 역할을 하지만, 결말부를 제외한 극의 전개는 역사적 사건을 객관적으로 재현하는 데 치중하고 있다. 더불어 막과 막 사이의 시간적 공백으로 인해 관객이 몰입할 여지는 적어지고 사건에 대한 객관적 거리가 조성되는데, 이 같은 극화 방식을 통해 작가가 역사적 사건에 대한 성찰과 각성을 요구하고 있음을 추정할 수 있다.

김남천, 함세덕 외에, 김영수 또한 3·1운동을 소재로 한 연극 「정열지대」를 발표했다. 본래 3·1절 기념공연에서 상연될 예정이었던 「정열지대」는 때를 놓쳐 8·15 기념공연으로 상연됐다. 작가는 이 작품의 극작 의도를 다음과 같이 설명한다.

기미년 3월 1일을 전후해서 어디서나 있었고 또는 어디서나 있을 수 있는 일을 나는 창작하려고 힘썼다. 그만치 당시의 정치적 또는 경제적 배경이 이 극에 틈틈이 저류로 흐르고 있는 것이다. 이런 저류

속에서 활약하려고 苦鬪하는 젊은이들의 군상을 그리려 했다.[70]

곧 김영수 또한 김남천, 함세덕과 마찬가지로 3·1운동 당시 상황을
총체적으로 재현하고자 하는데, 「정열지대」를 연출한 안영일은 "이 작품
은 기미년이라는 역사적인 노도(怒濤) 속에서 힘차게 움즉이고 있는
젊은 군중들의 인간세계를 지극히 리알한 필치로 남김없이 묘파했다"고
평가한다. 또한 김영수가 "과거 「광풍」에서 보여준 자연주의적 창작
방법이 「정열지대」에서는 생생한 생활감정을, 인간적인 것과 사회적인
것을 전체적인 커다란 세계에서 파악하고 있다"[71]며 극찬한다. 안영일의
언급처럼 '리얼리즘' 혹은 '자연주의적 창작 방법'은 해방 전후를 관통하
는 김영수 연극의 특징으로, 작가는 단독정부 수립 후 남한에 남아 연극
활동을 지속하지만 우익의 정치 이념에 경도되지는 않았던 것으로 보인
다. 대신 그는 「혈맥」, 「여사장 요안나」 등을 통해 해방기 혼란상을
사실에 가깝게 묘사하는 데 치중했다. 「정열지대」는 독립운동의 실상을
객관적으로 조망하는 데 주안점을 둔 극으로, 연극동맹의 주축이었던
안영일이 연출을 맡았다. 따라서 김영수가 해방 후 좌익세력에 대해
극도의 반감을 가지고 있었다[72]고 보기는 어렵다.

1946년 '8·15 기념 공연'[73]에서 극단 자유극장에 의해 상연된 「정열지
대」는 1947년 잡지 『영화시대』에 5회에 걸쳐 연재됐다.[74] 극의 중심인물

---

70) 김영수, 「8·15 기념작품 희곡 <정열지대> 작자로서」, 『영화시대』, 1946.10,
　　34쪽.
71) 안영일, 「8·15 기념작품 <정열지대> 연출자로서」, 『영화시대』, 1946.10, 35쪽.
72) 유민영(2006), 앞의 책, 720~721쪽.
73) 「정열지대」 외에도 청춘극장(이서구 원작, 김춘광 연출)의 「서광삼천리」 등이
　　8·15 기념공연에서 상연됐다.
74) 「정열지대」는 『영화시대』 1946년 10월호, 1947년 1월호, 2·3월 합호, 4·5·6월

118

은 목사인 도일선과 그의 처 유씨, 도일선의 아들과 딸인 요셉과 희정,
그리고 장로인 허환과 그의 아들 허협이다. 막이 오르기 전 슈프레히콜
형식으로 진행되는 극의 프롤로그는 프로극의 전형적 구성을 따르며,
주창(主唱)과 화창(和唱)이 이어지는 방식으로 일본의 조선 침략사를 환기
하고 신생조선 건설의 사명을 제시한다.

전체 3막으로 구성된 「정열지대」는 도일선 목사의 교당에서 진행되는
데, 무대는 예배당과 지하실로 구분된다. 그리고 비밀통로로 연결된
지하실에서 청년들이 독립운동을 하고, 순사들은 예배당을 드나들게
되면서 공간은 효율적으로 활용된다. 이 같은 공간 구성은 위층 예배당에
서 순사들이 여성들을 폭행하고, 지하실의 독립단원들은 울분을 억누르
는 2막에서 긴장감이 극대화되는데 기여한다.

1막에서 요셉 일동은 서울에서 도착하는 독립선언서를 기다리고, 개인
주의자 허환과 민족주의자 도일선이 식민지 현실에 대한 입장 차이로
대립한다. 도일선의 딸이자 요셉의 동생인 희정과 허환의 아들 허협은
사랑하는 사이로, 희정이 허협에게 이 일에서 손을 뗄 줄 것을 당부하자
허협은 희정의 진심을 오해한다. 이윽고 서울에서 내려온 천도교도사
길근영이 순사와 몸싸움을 하다 부상을 입고 업혀 들어온다. 역시 지하실
에서 진행되는 2막에서, 일동 가운데 밀고자가 있을 것이라는 추측이
제기되는 가운데 허협은 밀고자로 희정을 의심한다. 이때 지하실 위
예배당으로 헌병과 순사들이 요셉의 어머니 유씨와 소사 황서방의 아내인
간난엄마를 끌고 온다. 순사는 독립단이 있는 곳을 얘기하지 않으면
간난을 죽이겠다고 협박하고 간난에게 총을 겨눈다. 결국 황서방이 헌병
과 순사들에 의해 끌려 나가고, 총소리와 황서방의 신음소리, 간난엄마의

합호, 7·8·9월 합호에 5회에 걸쳐 연재됐다.

울음소리가 이어지면서 막이 내린다. 다시 막이 오르면 도일선은 허환에게 허협은 '조선의 아들'임을 주장하며, 허협은 아버지에게 즐거운 마음으로 죽고 싶다고 말한다. 독립단이 다시 지하실로 내려오고, 이때 예배당에 헌병과 순사들이 들이닥친다. 이들은 황서방에게 그랬던 것처럼 희정에게도 무자비한 폭력을 행사하고, 이 광경을 보며 각성한 허환이 순사들에게 거짓 정보를 흘린다. 잠시 시간이 흐른 후 길근영의 종소리가 들려오고, 그는 곧 순사의 총에 맞아 숨을 거둔다. 종소리를 들은 군중들은 뒷산으로 모이고 이때 다시 종소리가 들려오는데, 종을 치는 것은 다름 아닌 허환이다. 독립단원들은 감격하고, 그 와중에 순사들은 방앗간에다 불을 지른다. 군중들은 일사분란하게 움직이고, 허협과 희정은 오해를 풀고 포옹한다. 또한 실성한 간난엄마는 낫으로 헌병을 살해하고, 군중의 고함치는 소리가 울려 퍼지는 가운데 막이 내린다.

「정열지대」에서는 민족주의로 무장한 집단-군중의 힘이 강조되는데, 극 중 반동인물은 장로인 허환으로, 그의 개인주의가 모든 갈등을 빚어낸다. 허환은 오로지 아들 허협의 안위만을 걱정하여 독립단을 밀고하는데, 그의 이기주의로 인해 허협과 희정이 오해를 하고, 황서방이 죽음을 맞게 된다. 그러나 허환마저 도일선, 희정, 길근영의 순차적인 교화로 각성하게 되면서, 그는 죽은 길근영을 대신해 예배당의 종을 치게 된다. 이처럼 김영수는 개인주의자를 교화시키는 결말을 통해 민족 전체가 독립을 향해 나아갈 것을 천명한다.

그런데 허환마저 각성에 이르러도 극은 낙관적 해피엔딩으로 귀결되지 않는다. 결말부에서는 순사들이 방앗간에 불을 지르면서 하늘은 붉게 물들고, 군중들의 만세 소리가 높아지지만 덩달아서 헌병들의 총소리도 높아진다. 김영수는 함세덕과 김남천이 그랬던 것처럼, 관객에게 승리의

120

쾌감을 안겨주기보다는 지난한 투쟁이 계속될 것을 암시함으로써 낙관적 결말을 피해간다. 작가는 "극적 해결을 미리 기획하지 않았고, 어디서부터 얘기를 시작해도 좋고 또한 어디서 얘기를 중단하고 아무데 가서 막을 나리어도 좋은 그러한 소재를 예비"[75]했다고 설명하는데, 투쟁의 한복판에서 극이 종결되면서 3·1정신이 여전히 진행 중이며, 독립운동은 끝나지 않았음이 명시된다. 더불어 막이 내리기 직전까지 교차되는 만세소리와 총소리는 1919년과 1946년의 거리를 소거시키고, 과거의 문제가 바로 관객이 당면한 현재의 문제임을 환기한다.

「정열지대」에서 작가의 입장을 대변하는 레조네어는 도일선, 요섭, 허협, 희정, 길근영 등 여러 명으로 분산되어 있다. 따라서 이 극에는 분명한 주동인물이 없으며, 대신 각자의 자리에서 독립운동을 담당했던 군중 집단이 주인공이 된다. 주목할 것은 김영수는 객관적으로 당대 현실을 조망하고자 시도했고, 멜로드라마적 재미들이 구축될 수 있는 지점들은 가급적 배제했다는 것이다. 나도향은 「정열지대」 공연평에서 이 작품이 "사랑이 있고 눈물이 있는 상품연극의 호소를 물리친 흥행과 비타협적인" 연극이라며, "전체를 통해 드라마투르그에 충실하려 노력한 면모가 드러나고, 연출자 안영일 역시 사실주의적 연출에 주력했다"[76]고 설명한다. 나도향의 지적처럼 김영수는 오락적 요소를 최대한 배제하는데, 관객이 흥미를 가질 만한 인물인 희정이나 간난엄마의 경우 그들의 개인사를 부각시키는 대신, 철저하게 식민지배의 희생양 혹은 각성한 군중의 일부로 형상화한다. 또한 자신을 희생함으로써 군중을 일깨우는

75) 김영수(1946), 앞의 글.
76) 나도향(羅稻香), 「극단 자유극장의 8.15 기념공연을 보고」, 『영화시대』, 1946.10, 36~37쪽.

길근영의 경우도 인물에 대한 과거사나 인간적인 면모를 제시하지 않는다. 그러므로 몇몇 주동인물에게 관객이 감정이입할 만한 여지는 사라지는데, 이처럼 작가는 특정 개인 대신 1919년 식민지 조선인의 다층적 면모를 조명함으로써 멜로드라마적 요소를 약화시킨다.

물론 「정열지대」가 멜로드라마적 특성을 완전히 배제했다고 볼 수는 없다. 특히 유씨와 간난엄마, 희정 등 여성들이 헌병에게 폭행당하는 장면 및 황서방이 살해당하는 장면은 극적 파토스를 강화하기 위해 자극적으로 구성되어 있다. 당시 흥행에 비타협적인 연극이라는 평가를 받았다 해도 관객을 선동하기 위한 멜로드라마 요소를 배제할 수는 없었던 것이다. 또한 「정열지대」에서는 허협과 희정의 애정문제가 독립운동과 맞물려 끝까지 극을 지탱하는 것을 확인할 수 있다.

그러나 작가가 이념적 성향을 전면화하거나 역사를 낭만화하려는 태도를 지양하고, 객관적 시각에 입각해 운동의 총체성을 극화하고자 했다는 점에서 「정열지대」는 해방기 역사소재 연극의 새로운 일면을 제시한다. 고증의 충실도는 「기미년 3월 1일」에 미치지 못하지만, 자연주의적 창작방법에 입각한 「정열지대」 역시 역사를 조망하는 객관적 태도를 보여주고 있는 것이다.

앞서 1항에서 야담식 구성을 취하고 국민연극보다 강한 통속성을 드러내는 김춘광의 역사소재 대중극에 대해 언급했다. 그런데 안중근의 영웅적 행각을 조명한 「안중근 사기」의 경우, 신파적 요소들이 곳곳에 삽입되어 있음에도 불구하고 실제 고증에 충실하고자 하는 의도가 드러난다는 점이 주목된다.

1막에서 고종은 나라의 운명이 경각에 달린 상황에서 '2천만 민초'의 투쟁을 다짐하지만, 백성들의 안위를 보장하기 위해 결국 국권을 포기하게 된다. 이어 배경은 안중근의 집으로 바뀌고, 안중근은 나라를 위해 죽겠다며 집을 떠난다. 3막의 무대는 블라디보스토크로, 조국애로 뭉친 안중근의 동료 우덕순, 조도선 등이 민족통합의 필요성을 역설하고 있는데, 안중근의 부인이 아들을 데리고 이곳을 방문한다. 하지만 전쟁에서 패하고 돌아온 안중근은 가족과의 대면을 거부하며 그들을 돌려보낸다. 이후 이토 히로부미가 블라디보스토크를 방문한다는 소식을 접한 안중근은 '우리 민족의 원수'인 이토를 죽이기로 한다. 안중근은 하얼빈 역에서 헌병의 수색을 피해 이토를 살해하는 데 성공하고, 대한독립만세를 부른다.

후편에서는 막이 오르면 우덕순을 비롯한 동료들이 차례로 취조에 임하고, 안중근은 포로의 자격으로 취조를 받겠다며 당당한 태도를 취한다. 안중근은 사형을 언도받고 나서 만세를 부르고, 중국 사신과 일본인 교도관까지 그의 인품에 감화된다. 안중근은 사형장으로 나가기 직전 가족들과 상봉하고, 이윽고 시계 종치는 소리로 그가 죽었음이 암시된다. 감방에 있던 안중근의 동료들은 함께 만세를 부른다.

「안중근 사기」는 과도한 감정선과 파토스를 노골적으로 의도하는데, 극이 시작되기 전 등장하는 연사는 식민지시기 신파극의 문법을 재현한다. 신파극의 변사 역할을 하는 연사는 단군 이후 조선의 유구한 역사와 수치스러운 침략의 경험을 환기하면서 본격적 진행에 앞서 관객의 정서를 고양시킨다.[77] 김춘광은 작가이자 변사의 위치에서 극을 보는 관객, 희곡을 읽는 독자의 감정에 호소하려 하는 것이다.

---

77) (전략) 동포여, 친애하는 동포여. 우리는 다같이 의인이 되어 다같이 거룩한 피를 흘려도 일심동체가 되어 우리나라를 세우십시다. 완전 자주독립을 하십시다. 여기까지 쓰고 보니 작자로서 너무 탈선인가 합니다. 너무도 흥분 끝에 내용에 있어 탈선한 허물을 관서(寬恕)하십시오.(후략) (149)

작가의 감상적 태도가 극이 진행되는 내내 표출되는 것 외에도, 가공된 안중근 가족의 이야기가 삽입되면서 관객의 정서는 더욱 고양된다. 특히 가족을 부정하는 아버지 앞에서 천자문을 외우며 눈물을 흘리는 아들의 모습이 전편과 후편에서 반복적으로 그려지고, 사형 집행 직전 안중근이 가족과 상봉하게 되면서 관객의 연민의 감정 또한 고조된다. 이와 같이 김춘광은 「안중근 사기」에서 민족주의를 전면에 내세우고, 작품 곳곳에 멜로드라마 장치를 배치함으로써 당대 관객의 호응을 얻을 수 있었다.

흥미로운 것은 「안중근 사기」의 경우 작가가 멜로드라마와 사실적 재현 사이의 조화를 도모하고자 하는 측면이 드러난다는 것이다. 특히 취재를 통해 어느 정도 사료에 입각한 전개를 시도하고 있다는 점이 주목된다. 실례로 전편 4막 무대에 대해 "하얼빈 역을 촬영한 그림엽서와 똑같이 무대를 장치할 것"을 지시하며, 후편의 재판 장면 등을 묘사할 때도 가능한 고증에 충실하고자 한다. 또한 이 과정에서 극의 진행이 사료와 어긋날 때는 관객, 독자의 양해를 구하기도 한다.

* 주 의 *
이곳에 변호인의 변론 및 본론과 선결문제 총론이 있지만, 연극에는 별로 필요치 않으므로 생략함! 검찰관 논고에도 사실론과 각 피고의 성격이라든지 범죄의 동기라든지 범죄의 기회 및 행위 상태가 분명히 있고, 또 법률론이라든가 소법(訴法)상 문제 같은 것을 일일이 쓰고 싶지만, 이것은 연극에 별 효과가 없으므로 필요한 요소만을 추려서 쓰니 제현(諸賢)은 양해하소서.(244)

이처럼 김춘광은 기존의 신파적 정서는 그대로 유지하되, 사료에 입각한 구성과 사실적 무대를 통해 자신만의 연극을 시도한다. 물론 그 과정에서 우선시된 것은 흥행성, 오락성이었고, 「안중근 사기」에서도 최우선으로 고려되는 것은 대중의 취향이다. 그러나 대중극작가로 평가되어 왔던 김춘광이 해방 후 객관적 고증과 신파양식 사이의 조화를 시도하며, 사료와 상상력의 균형을 도모하고 있다는 것은 주목할 만하다. 여기서 역사의 재현에 충실한 「안중근 사기」와 사료가 배제된 「미륵왕자」의 차이를 짚어볼 필요가 있는데, 이는 두 작품이 소환하는 역사적 시기의 간극에서 비롯된 것으로 보인다. 즉 가까운 역사를 소재로 한 「안중근 사기」는 관객이 지면으로 접했던 항전의 역사를 최대한 사실에 가깝게 재현함으로써 식민지시기를 체험한 관객의 정서적 욕구를 충족시킬 수 있었다. 반면 후삼국시대를 다룬 「미륵왕자」의 경우, 체감 불가능한 먼 과거를 흥행 본위로 재구성하는 것이 관객에게 호소하는 방법이었던 것으로 보인다.

2절에서는 항쟁사를 소환하는 해방기 연극이 단일민족의 정체성을 구성하는 방식을 확인했다. 그 구체적 방안으로는 선정성을 비롯한 멜로드라마의 특성들이 좌우대립구도를 뒷받침하는 경우, 그리고 객관적으로 역사를 조망하는 동시에 멜로드라마의 파토스를 강화하는 결말을 통해 좌우대립구도와는 별개로 투쟁의식을 역설하는 경우를 살펴봤다. IV장에서는 연극이 당면한 국제질서 안에서 국민국가의 지리적 정체성을 구성하는 측면들을 읽어볼 것이다.

IV. 국제정세의 형상화와 지정학의 반영

　　이 장에서는 '지정학'과 '지리적 신체' 개념을 적용해 40년대 연극에서 '우리의 영토' 혹은 '우리와 관련된 영토'를 재구성하는 방식을 규명한다. 자원과 경제에 대한 전략적 관심, 국민적 가치에 대한 이데올로기들은 지정학 비전과 결합하고, 국가의 지정학 코드를 통해 글로벌 지정학과 개인의 정체성을 연결하는 세계에 대한 틀을 형성한다.[1] 이와 같이 지정학은 국민국가의 정체성 형성과 직결되는데, 식민지시기 반서양 담론은 전시 상황에 입각해 세계를 제국 일본의 동맹과 적으로 구분하고, 다시 미국, 영국, 중국 레지스탕스, 그리고 네덜란드를 포함한 'ABCD 적'을 구성했다. 이때 인종과 문명 대결구도에 기반해 세계를 이분화하는 문제는 대동아공영권의 구상과 맞물려 있었고, 신체제는 곧 동아자주체제의 구성을 의미했다. 또한 해방기 조선에서 반(反)자유주의, 반(反)사회주의 담론은 경직되어 가는 국제정세의 책임을 양대 대국 중 어디에 돌리고 누구를 '우리'의 적으로 지목할 것인지의 문제와 관련되는데, 이는 각자가 속한 집단의 정당성 확보와 직결되어 있었다. 세계를 구분하고 재배치하는 문제는 담론생산자가 간주하는 국제 역학관계 및 그가

---

[1] Colin Flint(2003), op.cit, 210~211쪽.

지지하는 정치이데올로기와 맞닿아 있었던 것이다. 따라서 전쟁 관련 담론이 확산되던 전시동원기와 냉전시기의 연극은 국제정세를 민감하게 주시하며 제국의 지정학을 반영하기에 이른다.

식민지 조선의 지식인들이 대동아담론을 논리적으로 수용할 수 있었던 기저는, 동양과 서양이 격돌하는 세계 전쟁의 승리를 견인해 동아공영권 내 중추세력이 될 수 있다는 판단이었다. 따라서 중일 전쟁 이후 사회주의 지식인들은 '내선일체'라는 구호에 기대어 조선의 지위 향상을 도모하려 하면서 대규모로 전향을 하게 된다. 대동아공영권이 등장한 이후 조선의 담론생산자들은 내선일체에 입각해 스스로를 대동아의 중심으로 배치하며, 다른 아시아 국가와의 차별화를 모색했던 것이다. 그리하여 대동아의 주축은 내선(內鮮)이 되고, 남방은 그 안에서도 변방으로 규정되면서 대동아공영권의 동반자이자 조선보다 열등한 계몽대상으로 규정됐다. 그러나 내선일체를 주장함에도 불구하고, 조선의 담론생산자들은 결국 식민지인의 역할에 충실함으로써 탈식민 환상을 품어 나갔고, 유사하게 해방 이후에는 소련, 미국의 헤게모니 하에서 조선을 냉전질서의 중심으로 배치하는 담론이 등장했다.[2] 식민지 조선의 이데올로그들이 전쟁을 계기로 조선을 대동아의 중심으로 상정했던 방식이, 해방 후에는 냉전담론을 통해 냉전주체세력으로 배치하는 방식으로 변화한 것이다. 또한 40년대 담론생산자들은 급변하는 세계정세를 주시하며 조선의 현실을 고민했는데, 스스로를 세계질서의 주축으로 끌어올리는 과정에서 인도와 남방을 타자화하는, 아시아 국가 내에서의 구분짓기가 이루어졌다.[3]

---

2) 김예림에 따르면 해방을 거쳐 6·25를 통과하기까지 한국, 곧 남한 사회의 자기 정체화 과정은 세계/지역 냉전 지도의 변방에서 중심으로 상상적 위치를 이동한 것으로 파악된다.(김예림, 「냉전기 아시아 상상과 반공 정체성의 위상학」, 『상허학 보』 20집, 2007, 329쪽.)

  문제는 이러한 관념이 결국 제국의 논리를 확대 재생산하고 있는 것에 그쳤기에 태생적인 식민성을 내포하고 있었다는 것이다. 그리하여 전시동원기 희곡에서는 대동아라는 심상지리에 기초한 반서양주의 표상을,[4] 해방기 희곡에서는 냉전시대 심상지리에 기반한 반자유주의, 반공산주의 표상을 확인할 수 있다. 40년대 연극은 타자에 대한 폭력적 재현을 통해 지배담론의 정당성을 내세웠는데, 식민지시기 일본이 서구를 '동양화' 혹은 '오리엔탈리징'한다는 것을 생각해냈[5]듯이, 해방 후에는 이념의 우위에 기반한 변형된 오리엔탈리즘이 등장했다.

  이 같은 정치담론에 입각해 국민연극은 오리엔탈리즘을 전도시켜 서양을 타자화하고, 서양에 대한 동양의 우월성을 재확인함으로써 제국의 지정학을 극화했다. 태평양전쟁 중 일본 지식인들을 사로잡은 유행어였던 근대초극론은 서양 제국주의의 침략을 경험한 식민지 조선의 지식인들에게도 호소력을 갖고 있었다. 그리하여 동조동근론 등의 심리적 기재와 징병제 등의 실질적 정책과 함께 일본과 동일한 위치, 즉 '서양의 타자'로서의 자기 동일성을 확립하게 했다.[6] 식민지 지식인들은 서양의 타자라는 동일성에 입각해 내선을 동일시하고 조선을 대동아의 중심으로

---

  3) 권명아는 남방인을 타자화하는 식민지 조선의 남방담론을, 정재석은 인도를 타자화하는 신생 대한민국의 인도담론을 문제삼는데, 두 논의는 모두 오리엔탈리즘에 입각해 조선(한국)을 문명화된 민족으로 배치하는 지점을 지적한다. 오리엔탈리즘에 입각한 아시아 내부의 타자화에 대해서는 권명아, 『역사적 파시즘』, 책세상, 2005, 3부 3장 ; 정재석, 「타자의 초상과 신생 대한민국의 자화상」, 『한국문학연구』 37집, 2009 참조.

  4) 이상우, 「심상지리로서의 대동아」, 『극예술연구』 27집, 2008, 194쪽.

  5) David C. Earhart, 『Certain Victory : Images of World War Ⅱ in the Japanese Media』, M E Sharpe Inc., 2007, 258쪽.

  6) 이경훈, 「『근대의 초극』론 – 친일문학의 한 시각」, 『현대문학의 연구』 5권, 1995, 290, 306쪽.

배치했으며, 동아의 협력을 통해 서양적 근대의 초극을 시도했던 것이다. 해방기 지식인들 역시 자본주의, 사회주의라는 근대와 조선의 위치를 결부시켰는데, 극작주체의 경우 미국 혹은 소련과 관련지어 신생조선의 위치를 상정하고, 이념의 적인 타자를 대상화함으로써 초극을 시도했다. 40년대 연극에서는 이분법적으로 세계를 구분해 문명, 그리고 이념의 적을 부정적으로 형상화하는 양상이 반복되어 나타나는 것이다.

주지할 것은 40년대 연극주체들이 식민주의적 지정학에 함몰되어 있었던 것만은 아니라는 점이다. 조선을 식민주체나 냉전주체로 배치할 경우 연극은 지배 이데올로기를 반영하게 되지만, 스스로를 식민지나 극동의 변방으로 인식하고 식민지인으로서의 시선을 드러낼 때 지배담론을 전유하게 된다. 즉 해방 전후 연극이 조선을 세계 지도의 어디에 배치하느냐의 문제는 텍스트의 다층성을 밝히는 중요한 지침이 된다. 더불어 제국발 담론이 연극에 그대로 재현하고 있을 때도 조선과 제국의 차이를 소거하려는 의도가 오히려 그 차이를 환기시키는 것을 염두에 둘 필요가 있다.

1. 대동아 관념과 문명 대결구도의 극적 대응

구주대전 발발을 전후한 기점으로 국가는 본격적 총력전체제에 돌입하게 되는데, 일본에서 대동아담론은 대략 1940년 8월 무렵에 시작해 그해 가을에 걸쳐 일반화되는 경향을 보인다. 대동아공영권의 상징은 불과 2~3개월의 단기간에 급속히 형성됐고, 이듬해가 되면 극히 일상적인 용어로 언론매체에 등장하게 됐다.[7] 조선의 미디어에 대동아담론이 본격적으로 등장한 것 역시 1941년을 전후한 시점으로, 태평양전쟁을 앞두고 관련 논의는 더욱 확산됐다. 염두에 두어야 할 것은 대동아 질서와 독일의 신질서의 차이인데, 내부의 적으로 유대주의를 지목한 독일과 달리 일본은 외부의 적, 즉 서구 열강의 제국주의에 대한 투쟁을 천명하며 '대동아'를 동원의 기제로 사용했다.

태평양전쟁 발발 후 경성제대와 녹기연맹 관련 인사들이 참여한 「대동아 문화권의 구상」이라는 제목의 좌담회에서, 경성제대 교수 아키바는 제국이 혼합민족국가임을 내세우고, 녹기연맹 주간 쓰다는 다양한 종교와 문화가 일본정신을 구성하고 있는 것이라 설명한다.[8] 이같이 조작된 신화와 역사에 기대고 있는 대동아라는 심상지리는, "동아의 영구적 평화의 확립"[9]을 목적으로 한 성전(聖戰)의 논리적 기반이 됐는데, 서양과 대동아를 구분하는 블록화된 세계 인식 속에서 서양주의는 궁극의 척결대상이 됐다.

이같이 동양의 우월성을 역설하며 서양을 야만화시키는 방식은 오리엔탈리즘을 역전시킨 옥시덴탈리즘의 표출로 이해할 수 있다. 옥시덴탈리즘은 이성의 우월성을 바탕으로 우위를 드러내는 서양에 대한 불만의 표명 방식으로, 서양세계에 대한 전쟁은 러시아의 정신, 독일 민족, 공산주의, 이슬람의 이름, 그리고 일본의 경우처럼 신도 국가의 수호를 위해 선포됐다.[10] 동양이 서양을 타자화시키는 옥시덴탈리즘이라는 담론 행위는 동양이 적극적으로 고유의 창조성을 가지고 자기 전유

---

7) 김경일, 「대동아공영권의 '이념'과 아시아의 정체성」, 정용화 편, 『동아시아의 지역질서』, 창작과 비평사, 2005, 217쪽.
8) 『좌담회로 읽는 국민문학』, 115~116쪽, 125~126쪽.
9) 竹內好, 『일본과 아시아』, 서광덕·백지운 역, 소명, 2004, 109쪽.
10) Ian Buruma·Avishai Margalit, 『옥시덴탈리즘』, 송충기 역, 민음사, 2007, 118~123쪽.

130

(self-appropriation)의 과정에 참여하도록 했으며,11) 대동아담론에 내재된
옥시덴탈리즘의 경우 침략의 기반으로 작동했다.

　문제는 대동아공영권 내에 공고한 위계질서가 자리 잡고 있었다는
것으로, 대동아를 구성하는 남방은 일·만·지처럼 일본과 일체시되고
내부시된 동북아시아와는 다시 구분12)됐다. 또한 일본은 대동아공영권
의 리더일 뿐만 아니라 다른 지역의 기준이 됐으며, 언어는 이 같은
계급 관계를 반영했다. 예를 들어 필리핀의 마욘산은 '필리핀의 후지산'으
로 지칭됐고, 시각화된 이미지 속에서 일본 군사와 시민들은 '어린 남동생
과 여동생'인 다른 아시아인보다 큰 체구를 갖고 있었다. 대동아공영권
안에서 일본의 '밝은', '빛나는' 문화적, 사회적, 정치적인 구성이 서구
지배 하에서 약화된 어두운 지역 남방에 이식된다는 인식이 확산되고
있었던 것이다.13) 당시 조선에서도 이 같은 남방담론이 재생산됐는데,
권명아는 "'미개한 남방'에 대한 조선의 위치를 개척자, 계몽자로 구성하
고, 남방을 처녀지로 젠더화하며 인종화된 위계화에 따라 담론화하는
방식이 조선의 위치와 밀접하게 관련되어 있었다"14)고 설명한다. 또한
제국이 서구 문명에 오염된 어린 아이들−남방을 보호한다는 인식은
일본 파시즘의 특징인 가족주의와 관련되는데, 당시 제국−식민지의
관계는 가족적 위계화의 방식으로 구성되었음을 언급한다.15) 대동아담
론은 동서양을 가르는 이분법과 일본을 정점으로 한 인종적, 가족적

11) Xiaomei Chen, 『옥시덴탈리즘』, 정진배·김정아 역, 강, 2001, 12~18쪽.
12) 子安宣邦, 『동아 대동아 동아시아−근대 일본의 오리엔탈리즘』, 이승연 역, 역사비평사, 2005, 86~91쪽.
13) David C. Earhart(2008), op.cit, 301쪽.
14) 권명아(2005), 앞의 책, 402~403쪽.
15) 권명아, 『식민지 이후를 사유하다』, 책세상, 2009, 371쪽.

위계질서에 기반하고 있었던 것이다.

그러면 대동아 안에서 조선은 어떻게 배치됐는가. 당시 내선일체론은 조선인 동원의 이론적 기반이 되었는데, 내선관계는 부부와 같은 것이기에 제국과 다른 공영권 국가들의 형제관계와 차별화되는 것으로 설정됐다. 아내는 남편의 집에 시집을 가면서 진정으로 자기가 살아갈 길을 발견하는데, 그것은 피에 의해 연결되며, 아내가 남편의 집에 융합해 들어감으로써 새로운 세대의 창조가 이뤄진다[16]는 것이다. 그러나 아무리 역사적, 지정학적으로 내선일체를 정당화해도, 실질적으로 조선인과 내지인의 위치는 동등해질 수 없었다. 1945년 1월『국민문학』에 실린 좌담회「처우개선(處遇改善)을 둘러싸고」에서 일본 측 인사들은 처우개선 문제는 현실에 맞춰 생각해야 한다며 점진주의를 내세운다. 반면 조선인 참석자 차재정은 지나치게 느긋한 방식으로 동화정책이 이루어져 온 것에 대해 "식민지적인 측면이 더욱 강하게 작용했기 때문"이라 설명한다. 또한 모든 방면에서 전면적인 무차별이 수행되어야 하며, 전환기 국민적 조건에 제약을 가하는 것은 문제적임을 지적한다. 여기서 점진주의냐 급진주의냐의 차이는 있으나, 양측 인사는 모두 진정한 내선일체가 이루어지지 않은 상황과 함께 이에 대한 개선책이 필요함에 동의하고 있다.[17] 그런데 태평양전쟁이 발발한 지 3년이 지난 시점에서 이뤄진 이 좌담회는, 국민의 권리는 누릴 수 없고 의무만이 강요되는 상황에서 식민지 지식인이 느끼는 일종의 박탈감을 보여준다는 점에서 주목된다. 국민으로서의 부담감만 떠안고 그 자격을 누리지 못하는 상황 속에서, 내선일체를 주창했던 지식인들조차 불만을 배제하지 못했다. 이처럼

---

16) 山崎良幸,「神話と歷史」,『국민문학』, 1944.01, 25~26쪽.
17) 문경연 외 공역,『좌담회로 읽는 국민문학』, 소명출판, 2010, 657~663쪽.

132

내선 간의 전면적인 무차별이 "말도 안 되는 이야기처럼 들"리는[18) 상황에서, 조선의 극작주체는 내선일체론에 대한 이상과 현실 사이에서 어떤 입장을 취하고 있는지 국민연극 텍스트 분석을 통해 살펴보려 한다.

1) 동·서양 이분구도와 전시체제의 낭만화

중일 전쟁 이후 일본이 가장 경계하던 서양 세력은 영국이었다. 장개석 정권을 원조하며 일본과 대립하던 영국은 노회한 제국이라 비판받았고, 1939년 조선에서는 윤치호, 함상훈 등이 주축이 되어 영국세력 타도를 목표로 하는 '배영동지회(排英同志會)'[19)가 결성됐다. 그런데 독일이 구주를 침공한 후 영국이 동양에서 퇴각할 조짐을 보이면서 이제 새로운 견제 세력으로 미국이 부상하게 된다. 1940년을 전후하여 담론생산자들은 장개석을 원조하고 일미통상조약을 폐기한 미국의 참전 여부를 점치기도 하고,[20) 미국 문명, 문화의 부정적 면모를 짚어내기도 한다. 대표적으로 한치진은 '물질주의, 약자에 대한 경제적 착취, 과대팽창주의'를, 임학수는 '스포츠 문화, 물질문화'적 특성을 지적한다.[21) 한치진과 임학수는 공통적으로 미국의 물질주의를 언급하는데, 이는 제국이 미국으로 대변되는 서양문명에 대한 정신적 우위를 확보하는 기반이 됐다. 이후 태평양전쟁이 발발하면서 미국에 대한 부정적 이미지는 지속적으로 확산되는

18) 위의 책, 662쪽.
19) 「영국타도를 목적, 배영동지회의 탄생」, 『조광』, 1939.09, 26쪽.
20) 성인기, 「구주 戰局과 伊米의 태도」, 『조광』, 1940.07, 40쪽.
21) 한치진, 「아메리카 문명론」, 『조광』, 1940.07, 146쪽 ; 임학수, 「구라파의 문화는 미주로 가나」, 『조광』, 1940.07, 56쪽.

데, 1항에서는 이 같은 제국의 지정학을 극화한 텍스트를 읽어보기로
한다.

　김태진의 「그 전날 밤」은 『신시대』 1943년 8~9월호에 게재됐고, 극단
태양에 의해 공연된 것으로 알려진다. 이기영은 「그 전날 밤」을 인간성을
가장 투철히 탐구할 수 있는 역점인 '인생의 위기'를 잘 붙든 작품으로
평가한다. 구체적으로 시대성과 현실적 인간을 적극적으로 결부시켰고,
소화 16년 12월 8일을 배경으로 설정하여 "국민극으로서 더욱 적극성(積極
性)을 □케 하였다"고 호평한다. 또한 극 중 뿌라운의 성격이 아메리카
사람으로 잘 표현됨으로써 이 연극의 테마인 "영미인(英米人)의 잔인성과
비인도적(非人道的) 행위"가 효과적으로 구현됐다고 설명한다.22) 이기영
의 지적처럼 「그 전날 밤」은 영미인의 잔인성과 비인도성을 폭로하면서
서양에 대한 적개심을 강화하는 것을 목적으로 한 연극으로, 미국인
뿌라운은 서양에 대한 부정적 인식이 점철된 형상으로 등장한다.

　전체 4막 5장으로 구성된 「그 전날 밤」은 태평양전쟁을 목전에 둔
소화 16년 12월 6일부터 7일까지 양일간 벌어진 일을 담고 있다. 「그
전날 밤」은 조선의 금을 약탈하려는 미국인이 등장한다는 점에서 임선규
의 「새벽길」과 겹쳐지는데, 두 작품에서 형상화되는 미국의 이미지 사이
에는 상당한 간극이 있다. 극의 주축인물은 고농(高農) 출신 국어 강습소장
김사민, 김사민을 흠모하는 이혜구, 흥덕 광업회사 사장 뿌라운, 혜구의
오빠이자 흥덕 광업회사 지배인인 이동훈 등으로, 극 중 제국 형사와
뿌라운이 선과 악으로 대비되면서 이분법적 심상지리가 구축된다.

　「그 전날 밤」은 과부 이씨의 집을 비추면서 시작한다. 눈보라치는
날 승냥이 울음소리가 들리는 가운데, 이씨는 어제 나가서 아직 돌아오지

22) 이기영, 「그 전날 밤을 보고」, 『매일신보』, 1943.09.12. □는 판독 불가 글자.

않는 아들 정길을 기다린다. 한편 마을 사람들은 광업회사가 금을 캔다며
농가의 토지를 갈아엎은 후 제대로 된 보상도 하지 않는 상황에 분노하는
데, 이 상황을 목도한 김사민은 앞으로 선출될 농민 대표가 광업회사의
책임자를 찾아갈 것을 촉구한다. 이혜구는 연인 사민에게 광주(鑛主)가
미국인 뿌라운임을 알려준다. 2막은 뿌라운의 집무실에서 진행되는데,
뿌라운 앞에 정길이 처참하게 결박당한 채로 서있다. 뿌라운은 편지를
잃어버린 책임을 이동훈에게 물으며 발각될 경우 대신 희생할 것을
강요하고, 또한 편지를 김사민에게 준 것이 아니냐며 정길을 추궁한다.
오빠 동훈을 만나러 왔던 혜구는 정길의 하모니카를 보고 충격을 받고,
사민을 만난 후 더욱 동요한다. 혜구와 만난 동훈은 사민을 단념할 것을
촉구하고, 정길이 승냥이에게 물려가 죽은 것을 강주사가 목격했다는
이야기를 한다. 사민을 만난 혜구는 진실을 얘기하지 못한 채 괴로워하고,
정길의 행방을 조작하고 사민을 칼로 찔렀던 강주사는 농민들에게 지배인
이 모든 일을 조종했음을 실토한 후 숨을 거둔다. 뿌라운과 동훈이 집무실
에서 향후 대책을 모의하는 사이 혜구가 들어오고, 정길을 데리고 나가려
던 혜구는 뿌라운의 총격에 의해 숨을 거둔다. 뿌라운은 분노하는 동훈마
저 살해하는데, 이때 마을 사람들이 들어온다. 헌병들은 뿌라운에게
수갑을 채우고, 뿌라운은 헌병들에게 미국은 일본의 적이 아니라며 으름
장을 놓지만, 헌병은 미국과 일본 사이에 전쟁이 발발했다고 말하며
그를 끌고 간다. 정길은 드디어 어머니와 상봉하고, 사민은 혜구의 시체를
보며 미안함에 눈물짓는다. 모든 사건이 종결되고 암전된 뒤 포격과
비행기의 폭음이 들리며, 스크린에는 '소화 16년 12월 8일'이라는 자막과
함께 제국의 하와이 진주만 공격, 방송하는 도조(東條) 수상의 모습 등이
투사된다. 그 가운데 서있던 사민은 귀축미영(鬼畜米英)을 격멸해 성전을

승리로 이끌 것을 다짐한다.

「그 전날 밤」은 동양의 성전이 시작되기 직전의 상황을 다루며, 제국이 미국에 대해 전쟁을 선포하면서 수많은 악행을 일삼았던 뿌라운은 징벌받게 된다. 극 중 뿌라운은 줄곧 인종주의적 발화를 일삼고, 시종일관 우월한 위치에서 동양의 민족성을 폄하한다. 동훈에 대한 뿌라운의 비판은 문명국의 위치에서 미개한 조선을 바라보는 서양의 시선을 보여주는데, 작가는 이 드라마를 통해 미국인의 교활함과 악랄함을 부각시키는데 집중한다.

김태진은 「그 전날 밤」에서 총력전시기 옥시덴탈리즘에 입각해 뿌라운을 야만적으로 형상화하고, 김사민이라는 주동인물을 통해 서양주의를 비판한다. 극 중 김사민과 뿌라운은 결말부에 이르러서야 만나게 되는데, 작가는 뿌라운이 시종일관 김사민을 경계하고 두려워하는 것으로 설정함으로써 서양에 대한 정신적 우위를 확보한다. 여기서 주목할 것은 뿌라운을 단죄하는 것은 적개심에 불타는 농민과 김사민이 아니라 용선이 모셔온 주재소 '나리들', 즉 형사와 헌병들이라는 점이다. 군중들은 뿌라운을 찢어 죽이겠다며 분노하지만 실상 뿌라운의 뺨을 칠 수 있었던 것은 일본 형사로, 형사는 국교관계를 문제 삼으며 미국인으로서의 지위를 존중받아야 한다는 뿌라운을 징치하는 역할을 맡는다. 「그 전날 밤」에서 부정한 미국인을 징벌할 수 있는 권위는 제국 형사와 헌병에게 주어지는 것이다.

결국 뿌라운이 연행된 후 평화는 찾아오지만, 미국이 남긴 상처는 막이 내리기 전에 다시 한 번 환기된다. 정길의 어머니는 드디어 아들을 만나게 되나 극심한 고문에 의해 평생 얼굴에 상처를 갖고 살아야 하는 아들을 보고 기절한다. 또한 정길은 그런 어머니를 괜찮다고 위로하는 대신 무표정하게 앉아 있을 뿐이다. 마을 사람들은 분노를 표출할 대상인 뿌라운이 연행되자 각자 생각에 잠기고, 사민은 혜구의 시체 앞에서 그녀의 진심을 외면했던 것을 뒤늦게 후회한다. 극 중 사민과 혜구의 사랑, 오빠와 연인 사이에 놓인 혜구의 갈등 등 멜로드라마적 갈등 요소는 극적 재미와 함께 미국인에 대한 적개심을 고취시키는 기반이 되는데, 혜구 오누이의 죽음으로 드라마는 비극적으로 종결된다. 따라서 마을 사람들은 대동아 성전을 앞두고도 미국인이 남긴 상처에서 헤어 나오지 못하며, 악이 징치된 후 무대에 남게 되는 것은 감격과 기쁨이 아니라 안타까움과 슬픔의 정서다. 「그 전날 밤」은 이 지점에서 전시체제를 낭만화하는 국민연극과 거리를 두고 있는 것으로 보인다.

하지만 곧 스크린에 제국의 진주만 공격이 전시되면서 결말부에 노출된 균열은 봉합된다. 성전 당일을 배경으로 스크린에 비춰지는 제국의 대규모 폭격 장면은 연극이 제공할 수 없는 스펙터클을 구현하는 동시에, 미국인에 의해 농촌에서 빚어졌던 비극과 전쟁과의 상관성을 다시 한번 환기한다. 이어 영상이 중단되고, 긴장되고 엄숙한 분위기 속에서 이어지는 김사민의 발화는 이전까지의 암울한 분위기를 상쇄하며 선전성을 강화한다.

김사민 인제야 날이 밝는구나. 두려웁고 지리한 밤! 생각하면 羊의 가죽을 쓴 이리, 米英 놈들이 우리 동양을 속이고 착취해온 몇 세기는 긴 밤이었다. 인제 깊은 잠을 깰 때가 왔고, 손을 잡고 이러날 때가 왔다. 오래 기다리고 기다리든 때가 왔다. 우리의 피끓는 손아귀에 무기를 잡고 놈들을 향해서 이러날 때가 왔다. 鬼畜 米英을 격멸하는 싸움! 자! (두 팔을 들고) 가자! 神聖한 聖戰으로

가자! (窓外에서 강한 적색광선 드러오며) (2회-114)

　폭격장면과 김사민의 낭독이 이어지는 마지막 장면에서, '그 전날 밤'의 암울함은 사라지고 전쟁의 시작을 보여주는 무대에는 강한 빛이 비친다. 이에 따라 비극적 결말에서 비롯된 안타까움의 정서는 약화되고, 연극은 아메리카로 대표되는 서양세계에 대한 적개심을 강조하며 마무리된다. 염두에 둘 것은 등장인물들의 희생 양상으로, 뿌라운에게 협력했던 이동훈과 강주사는 각각 뿌라운 그리고 농민들에 의해 죽음을 맞게 된다. 미국인에게 오염됐던 조선인들은 끝내 회개할 길을 찾지 못하고, 죽음으로써 무대에서 축출되는 것이다. 특히 혜구의 죽음은 동훈의 과오에 대한 징벌적 성격을 담고 있는데, 미국에 협력함으로써 집안의 가장 노릇을 하려 했던 동훈은 결국 자신뿐만 아니라 여동생의 희생까지 초래한다. 반면 끝까지 뿌라운의 유혹에 넘어가지 않았던, 가혹한 고문 속에서도 진실만을 말했던 정길은 목숨을 부지하게 된다. 이 같은 동훈과 정길의 상반되는 결말은, 극작가가 이 연극을 통해 의도한 바가 무엇이었는지를 분명히 보여준다.

　박영호의 「좁은 문」은 『조광』 1943년 12월~1944년 신년호에 게재됐다. 이 작품의 경우 대본 발표와 공연이 거의 동시에 진행됐는데, 이서향 연출, 극단 전진좌의 창립 공연작으로 무대에 올려졌다. 「좁은 문」은 1943년 11월 서선 순회공연을 시작으로, 44년 2월 부민관 공연까지 네 차례에 걸쳐 공연됐다.

　서양인이 등장하는 국민연극에서 종교 문제는 종종 삽입되는데, 「그 전날 밤」의 경우 혜구가 미선계 학교를 졸업했고 전도사로 일하고 있다고 설정된다. 이 같은 혜구의 이력은 극 전개에 직접 영향을 주지는

138

않지만, 기독교 문명에 친숙한 가족 분위기 속에서 혜구의 오빠 동훈 역시 쉽사리 뿌라운에게 현혹됐음을 추측할 수 있다. 또한 임선규의 「새벽길」에는 유교적 전통을 제창하는 송진사와 기독교 신자인 영철의 어머니, 그리고 연인 마리아가 등장하는데, 신앙과 가치관이 다른 가족의 양태는 동서양문명이 혼재된 식민지 조선의 단면을 보여준다. 그 외에 조천석의 「개화촌」 역시 "신자 마을이라 해도 좋을 만큼 기독교가 성행"하는 개화촌에서 기독교와 유교, 미국문명과 일본문명이 충돌하는 양상을 담는다. 박영호의 「좁은 문」은 네 작품 중 종교 문제를 가장 전면적으로 다루는데, 최인석이 내세우는 동양적 기독교와 미국 선교회가 대변하는 서양적 기독교 사이의 갈등이 극을 추동한다. 총력전시기 서양문명을 구축(驅逐)하는 차원에서 기독교가 문제시됐는데, 담론생산자들은 기독교 자체를 배척하는 대신 기독교의 개혁, 궁극적으로 황국신민화로 귀착되는 기독교의 일본화를 주장했다.23) 박영호는 「좁은 문」에서 이 같은 분위기를 반영해 총력전시기 기독교 정화운동을 형상화한다.

극 중 신학생 최인석은 무교회파로, 자신이 존경하는 감리교계 김목사가 선교 본부 내부 갈등으로 좌천되자 타락한 미국인 선교회에 적극적으로 대항하기로 결정한다. 여전 학생인 한자옥은 그런 최인석을 사랑하고, 영미식 선교회에 염증을 느낀 미국인 선교사 피터는 기독교 개혁운동 추진의 필요성을 역설하는 동시에 한자옥에게 열렬히 구애한다. 그 와중에 인석이 자옥을 도와주는 피터의 본의를 문제삼으면서 인석과 자옥 사이에 거리가 생기고, 남편이 있는 기생 이화자는 최인석의 선교 사업을 외면했지만 점차 그의 사상에 감화되어 간다. 자옥은 피터가 질투에 이성을 잃고 강압적 태도로 자신을 대하자 실망하고, 교단 내부 갈등에 지쳐버린 인석은

23) 문경연 외 공역, 『좌담회로 읽는 국민문학』, 소명출판, 2010, 160~167쪽.

김목사가 있는 시골 교회로 내려간다. 한편 화자는 용기를 내어 인석에게 사랑을 고백하지만, 거절당하고 질투에 눈이 멀어 인석에 대한 마음이 담긴 자옥의 일기를 학교에 제출한다. 결국 자옥은 학교를 그만두게 되고, 12월 8일에 김목사가 있는 시골로 와서 인석과의 만남을 청한다. 이어 자옥을 따라온 피터는 대동아 전쟁이 발발했음을 전하는데, 자옥은 피터는 미국인이라며 고국으로 돌아갈 것을 촉구하고, 인석은 피터를 스파이라 비난한다. 피터가 힘없이 돌아간 후 자옥은 인석과 함께 좁은 진리의 문으로 함께 갈 의지를 표하고, 이때 피터가 자살했음이 전해진다. 피터는 유서를 통해 아메리카를 위해서 사는 것보다는 죽는 것이 낫다고 결심했음을 전한다.

「좁은 문」에서는 인석-자옥-피터, 자옥-인석-화자 등 두 축의 삼각관계가 주축이 되는데, 전자와 후자 모두 서양문명의 폐해를 지적하고, '서양적인 것'에 대한 고발로 이어진다. 이 같은 서양세계에 대한 부정적 형상화는 다시 동양세계에 대한 미화로 귀결된다. 여기서 「좁은 문」과 「그 전날 밤」과의 상관성에 주목해 보면 두 작품 모두 12월 8일 전후 상황을 재현하는데, 「그 전날 밤」에서는 일본이 진주만을 침공했던 12월 7일에 뿌라운이 제국 헌병에게 연행되고, 「좁은 문」에서는 루즈벨트의 선전포고가 있었던 12월 8일에 피터가 자살한다. 총력전시기의 극장에서 미국인들은 막이 내릴 때까지 무대에 남아있지 못하고, 단죄의 형식으로 축출되었던 것이다.

극 중 피터는 미국문명의 폐해를, 최인석은 영미식 기독교를 비판한다. 두 사람은 미국이라는 같은 대상에 대해 투쟁하고 있지만, 그럼에도 함께 할 수 없는 것은 피터가 인종적으로 '적성국가의 한 사람'인 미국인이기 때문이며, 따라서 피터는 대동아공영권에서 배제된다. 이 작품에서

140

주의해서 읽어야할 것은 미국인 선교사 피터의 발화로, 서양문명의 폐해가 서양인을 통해 고발되고 있다. 그러나 피터가 동양의 윤리를 긍정하고 있음에도 불구하고, 그는 물질적으로 자옥을 원조하고 그녀의 마음을 얻으려 하면서 '양키들의 윤리'를 벗어나지 못했다는 비판을 받는다. 결국 정신적으로 동양화된 피터는 태생적 한계—피의 논리로 말미암아 자살이라는 방식으로 대동아에서 배제된다. 동양과 서양을 가르는 굳건한 이분법 안에서, 두 인종이 무대 위에 끝까지 공존하기란 불가능했던 것이다. 피터가 자신의 손목을 잡자 손목을 베어버리고 싶다며 치를 떠는 자옥의 행동은, 총력전시기 서양에 대한 병적인 거부 반응을 단적으로 보여준다.

> **최인석** 자옥 씨, 그는 미국 사람입니다. 미국 피를 받은 미국 사람입니다. 피를 속일 수도 있나요?…… 피-터의 살 속을 도라댕기는 피는 한 방울도 동양 피가 아닙니다. 반드시 미국을 위해서 작용할 핍니다.(225~226)

막이 내리기 직전 무대에 울려 퍼지는 피터의 유언은 동양에 대한 서양의 패배를 재확인한다. 피터는 조선에 대한 약탈자로 등장하는 「그 전날 밤」의 뿌라운, 「새벽길」의 모리슨과는 다른 차원의 서양인이지만, 그럼에도 그가 인종적 질서를 가로지르는 것이란 불가능하다. 이처럼 철저하게 이분화된 세계 속에서, 최인석은 동양식 기독교를 제창하면서 기독교를 동양의 것으로 전유한다.

「좁은 문」에서 삼각관계는 피터의 죽음으로 정리된다. 인석은 자신이 오해했던 자옥의 진심을 알게 되고, 자옥과 인석은 함께 '적성 미국인',

‘합법적인 스파이’라 피터를 명명함으로써 그를 자살로 이끈다. 결국 교단 내부 문제로 갈등하던 인석과 자옥은 ‘동지’라는 이름으로 함께하게 되는데, 이들의 관계에서 육체적인 요소는 배제되어 있다. 「좁은 문」에서 ‘진리의 문’을 향해 걷겠다는 인석과 자옥의 정신적 사랑은, 피터가 자옥에게 보여주었던, 그리고 이화자가 인석에게 갈구했던 육체적 사랑 과는 다른 차원의 것으로 승격되고 있다. 이처럼 숭고한 정신을 표방하는 인석과 자옥이 함께 진리 탐구의 길을 걸어간다는 행복한 결말은, 궁극적 으로 전시상황을 낭만화하는 데 기여한다. 그렇다면 또 다른 삼각관계에 서 한 축을 담당했던 이화자의 결말은 어떻게 되는가.

최인석에 의해 ‘음란한 것들’, ‘장님’으로 명명되는 이화자는 결국 그에게 교화되어 기생 생활을 청산하기로 한다. 그런데 최인석에게 고백 을 거절당한 후 자옥의 일기를 갖고 도망쳤던 화자는 4막 이후 더 이상 무대에 등장하지 않고, 자옥의 발화를 통해 질투에 눈이 멀었던 화자가 매우 고통받았음을 짐작할 수 있다. 하지만 작가가 화자의 결말을 명료하 게 정리하지 않음으로써, 피터가 자살하고 찬미가가 울려 퍼짐에도 불구 하고 화자의 문제는 해결되지 않은 채로 남게 된다. 게다가 화자가 타락한 생활을 청산하려던 이유는 신앙에 대한 믿음 때문이 아니라 인석에 대한 사랑 때문이었기에, 실상 그녀는 실패한 교화의 대상이 된다. 「좁은 문」은 제국발 대동아담론에 입각해 전시체제를 미화하지만, 끝까지 묘연 한 화자의 행방이 인석이라는 의사-제국 주체의 건설 사업에 결함으로 남게 된다.

조천석의 「개화촌」은 대정(大正)부터 소화(昭和)시대까지 벌어진 가족 사를 다루고 있는데, 1~2막의 시간적 배경은 1920년대 초중반이며, 3막은 그 후 15, 6년이 지난 시점, 4막 1장은 다시 전막부터 3년, 2장은 1장으로부터

2년 후를 배경으로 진행된다. 여기서 4막 1장이 대동아 전쟁 2년째에 접어든 시점임을 상기할 때, 4막 2장은 작품이 공연되는 현재, 1945년을 배경으로 하고 있음을 짐작할 수 있다. 이 작품은 제3회 연극경연대회 참가작으로, 1945년 2월과 4월에 극단 황금좌에 의해 중앙극장과 제일극장에서 공연됐다.

「개화촌」은 여러 모로 「새벽길」과 비교될 수 있는데, 두 작품은 미국 문명에 경도됐던 부모 세대의 과오로 인해 청년들이 겪게 되는 고통과 반성을 다루고 있다는 점에서 흡사하다. 가족사를 다룬 두 극은 공통적으로 대동아공영권에 입각해 서양세계를 비판하고 있으나, 결말 처리 방식에 있어서는 차이점이 두드러진다. 「개화촌」의 청년 준석은 재생과 혁신 과정을 거쳐 가미카제 특공대로 산화하는 반면, 「새벽길」의 헨리는 국민으로 거듭나는 대신 끝까지 국민국가의 경계를 서성거린다. 「새벽길」에 대해서는 2항에서 본격적으로 논의하기로 하고, 여기서는 조천석이 「개화촌」에서 극화하는 식민주의적 지정학을 살피기로 한다. 「개화촌」에 대해서는 이상우가 '대동아'라는 심상지리가 재현되는 양상에 대해 논의한 바 있는데, 이 논문은 동양이 자신의 정체성을 창조하는 과정에서 왜곡되고 조작된 서양의 이미지를 발명했음에 주목한다. 이상우는 「개화촌」에 드러난 기독교 비판, 반근대·반서양적 속성, 국민으로 거듭나기 위한 통과제의적 측면을 지적[24]하는데, 이 책은 공간의 형상화 방식과 멜로드라마 구조를 통해 작품을 읽어보고자 한다.

1막에서 의식있는 청년 재욱은 아버지에게 고리대금업을 그만둘 것을 종용하며, 장로의 아들 현익에게 호감을 갖고 있는 애라와의 약혼을 파기하고 동경으로 유학가겠다는 의지를 표한다. 재욱은 현익과 애라를

---

24) 이상우(2008), 앞의 논문, 172~196쪽.

자신의 집으로 불러들인 후 거기 모인 사람들에게 공식적으로 애라와 자신의 약혼이 파기됐음을 공포한다. 애라의 어머니 남 소사는 구시대적인 재욱 대신 개화한 청년 현익을 사위로 맞게 된 것을 기뻐하고, 재욱이 야학에서 국어를 가르치는 것에 대해 험담한다. 현익은 「베니스의 상인」의 대사를 빌려 애라에게 사랑을 고백하고, 함께 미국 유학을 갈 것을 청한다. 이때 재욱이 들어와 목사의 기념식을 하는 유학생회 및 예수교와 영미국 문명을 비난한다.

시간은 대략 15년이 흐르고, 무대는 화려하게 장식된 현익의 양옥 응접실로 바뀐다. 유한부인들은 응접실에 모여앉아 문명한 서양 사람의 취향을 맞추는 게 어렵다는 푸념을 늘어놓는다. 그동안 현익은 애라를 버리고 미국 여자 메리와 결혼했지만, 전처가 있다는 사실을 메리에게 감추고 있다. 이후 손 장로 부부와 남 소사가 현익을 찾아오고, 애라는 아들 준석이 도둑질을 하다 걸렸다며 현익에게 학교에 가줄 것을 요청하지만 거절당한다. 이어 광덕중학교 교장이 된 재욱이 현익을 찾고, 재욱은 메리에게 현익이 이미 결혼했던 사람임을 밝힌다. 메리는 현익을 저주하며 돌아가고, 재욱은 애라에게 준석을 자신에게 맡겨달라고 청한다. 다시 시간이 흐르고, 애라는 재욱을 찾아와 항공지원병이 된 준석에 대해 이야기하며, 미국인과의 내통혐의로 수감됐던 현익은 특별 휴가를 받고 나와 재욱에게 고마움을 표한다. 2년이 지난 후 학교에서는 전사한 준석의 위령제가 진행되고, 학생들은 최후의 승리를 얻을 때까지 투쟁할 것을 다짐한다. 이 미담을 취재하기 위해 신문기자가 개화촌을 찾고, 재욱은 현익 부부에게 자신의 딸 영자를 죽은 준석의 아내로 주겠다고 한다. 애라와 현익은 고마움에 몸둘바를 모르고, 신문기자는 이 일화를 특종으로 보도하기로 한다.

조천석은 작의에서 밝히듯 "근대적 자유주의 세례를 받은 기독교로 인하여 우리 반도의 중견층인 지식계급의 머리는 미국식의 타락한 자유주의가 침윤했다"는 문제의식에 따라, 선교사에 의해 근대화된 개화촌을 배경으로 사건을 진행시킨다. 서양문명의 세례를 받았던 마을이 일본의 총후로 거듭나는 과정을 통해 근대 초극 논리를 역설하는 것이다. 이처럼 마을의 성격이 재편될 수 있는 것은 대략 20년을 가로지르는 시간의 흐름으로 인해 가능한데, 「개화촌」에서는 기독교와 유교·불교, 미국과 일본, 개인주의와 전체주의, 영어와 일어, 대정시대와 소화시대, 서양주의자와 동양주의자, 미국여성과 조선여성 등 다양한 이분구도가 설정된다. 여기서 미선계 전문학교 출신인 애라의 잘못된 선택으로 빚어진 모든 갈등은 결국 전체가 개인을, 동양이 서양을 흡수하면서 해결된다. 작가는 현익과 메리로 대변되는 서양 근대 문명의 폐단을 잔뜩 전시한 후, "우리나라 고래의 고상하고 그윽한 의리 인정과 대의명분에 철저한 충효사상"(314)을 통해 초극을 시도한다. 따라서 극 중 인물들은 삼강오륜과 충효사상 등의 유교 정신을 제창하고, 극단화된 유교 사상이 전시의 희생 논리를 정당화한다.

조천석은 대중극적 요소를 능수능란하게 활용한 작가로, 「개화촌」에도 선전메시지와 멜로드라마가 적절히 용해되어 있다. 「개화촌」에서 애라를 사이에 둔 현익과 재욱의 갈등은 서양과 동양의 갈등으로 치환되는데, 재욱 대신 현익을 선택했다 재욱에 의해 구원되는 애라의 운명은, 미국 문명에 휩쓸렸다 제국에 의해 재생되는 조선의 상황을 보여준다. 현익 역시 종국에 미국식 자유주의의 피해자였음이 환기되고 재생의 길을 걷게 되지만, 극 중 개화촌으로 집약되는 조선의 위치를 대변하는 인물은 애라로 보인다.

애라의 아들 준석은 제국의 군인으로 산화됨으로써 일본인으로서
자기 존재를 증명하는데, 이는 부모가 저질렀던 지난날의 잘못을 대신
사하는 행위이기도 하다. 준석의 희생으로 말미암아 미국 목사들과 내통
했던 현익이 범죄자 신분을 벗고, 국민으로 격상되는 것이다. 즉 현익
부부는 아들을 전장으로 내보내면서 제국 신민으로 거듭나게 되며, 이는
전쟁 중 제국이 조선에 요구했던 통과의례로 이해할 수 있다.25) 여기서
죽음이라는 극단적 증명을 통해야만 국민이 될 수 있다는 인식은, 조선인
극작가의 무의식 속에 자리 잡은 내지와 조선 사이의 위계질서를 환기하
는 것이기도 하다.

결국 극 전반에 드러난 이분법적 대립구도는 동양적인 것/제국의
승리로 간단히 정리되는데, 무대 위에 직접 제시되지는 않지만 미국과
일본을 구분하는 공간의 위계질서에 주목할 필요가 있다. 「개화촌」에서
미국은 현익을 오염시킨 디스토피아로 제시되는 반면, 재욱을 성장시킨
일본은 유토피아로 상정되며 미국과 일본이라는 극단적 세계 사이에
조선-개화촌이 위치하게 된다. 이후 재욱의 귀환과 준석의 출정이 이어
지게 되면서 개화촌은 미국의 영향권에서 벗어나 제국의 지방으로 거듭나
게 된다.

완벽한 동양주의의 승리로 끝나는 개화촌에서, 재욱-애라-현익이
빚어내는 갈등은 재욱이 사랑에 집착하는 대신 동경 유학을 택하고,
이후 십수 년의 시간이 흐른 시점을 다루면서 손쉽게 마무리된다. 「개화
촌」에서 삼각관계는 문명대립구도에서 서양주의를 비판하는 기능으로

25) 국민으로 거듭나기 위한 조선인의 희생제의에 대해서는 김옥란과 이상우
   모두 언급한 바 있다.(김옥란, 「국민연극의 욕망과 정치학」, 『한국극예술연구』
   25집, 2007, 112쪽 ; 이상우(2008), 앞의 논문, 196~197쪽.)

한정되며, 이후 무대를 채우는 것은 징벌과 교화의 과정이다. 그런데 역시 제3회 연극경연대회 참가작이었던 「현해탄」과 비교할 때, 「현해탄」이 연애의 육체적 요소를 완전히 배제해 버린다면 「개화촌」은 모든 개인적 감정마저 소거함으로써 전시체제를 미화한다는 점에서 주목된다.

이데올로기만이 남은 애정 관계의 단면은 4막 2장에서 극대화되는데, 현익과 애라의 아들인 준석(오하라 헤이쪼)이 사망한 후, 재욱은 자신의 딸 영자를 아들을 잃은 현익과 애라 부부에게 '선물'한다. 이미 재욱은 준석이 출병하기 전 애라에게 자신의 딸 영자를 며느리로 주고 싶다는 의지를 표명하는데, 준석이 전장에서 장렬히 산화한 후 부모 세대의 언약으로 이루어지는 영혼 결혼은 극의 경직성을 심화시킨다.

실상 「개화촌」은 준석이 사망한 후 학생들이 오하라 헤이쪼 병정을 추모하는 지점에서 마무리지어도 완결된 선전극의 구조를 취하게 된다. 하지만 작가는 여기서 극을 마무리하는 대신, 전시상황을 낭만화하겠다는 목표 하에 애라가 준석의 영혼과 결혼하고 신문기자와 인터뷰하는 장면을 삽입한다. 병정이 사망한 후 가족과 학도들이 그의 정신을 기리며, 이 같은 사실이 기사를 통해 미담으로 전파되는 설정은 최인규의 영화 「사랑과 맹서」(愛と誓ひ, 1945)에도 등장하는 것으로, 영화에서도 전사한 군인의 아내(에이코)가 총후부인으로 활동[26]한다. 이처럼 유사한 결말을 보여주는 두 텍스트는 종전 직전 오락물의 경직된 분위기를 반영한다고 볼 수 있다.

그런데 「개화촌」의 영자는 병정의 사후에 혼인해서 남편을 추모하기에

---

26) 영화 「사랑과 맹서」에 대해서는 전지니, 「전시동원체제 프로파간다 영화의 가족담론 연구」 (『이화어문논집』 27집, 2009.)를 참조.

「사랑과 맹서」의 에이코보다 비현실적이며, 또한 실체 없는 영혼과 혼인한다는 점에서 한센병에 걸린 연인 곁에 머무는 「현해탄」의 광숙보다 비인간적이다. 즉 생전에 별다른 교감이 없었던 준석과 영자가 준석의 사후에 혼인하게 되면서, 「개화촌」은 당대 관객에게 더욱 이질적이고 생경한 텍스트가 된다. 조천석의 경우 현익과 애라의 회개, 준석의 출정까지를 단계적으로 밟아 나가고 있는데, 결말에서 기억과 신념만으로 완성되는 사랑이 작품의 리얼리티를 소거하고 있다. 전시 하의 숭고함과 낭만성을 극대화하는 과정에서 현실성은 삭제된 것이다.

　이와 함께 짚어볼 것은 「개화촌」에는 현익이 미국 유학을 통해 받은 부정적 영향이 명시되지 않는다는 점이다. 또한 극 중 등장하는 유일한 미국인 메리의 경우, 「그 전날 밤」의 뿌라운처럼 극악하게 나타나기보다 지극히 상식적인 분노를 드러내는 수준에 머무른다. 즉 「개화촌」에서 서구식으로 근대화된 개화촌의 폐해가 끊임없이 전시되지만, 이 모든 결과를 초래한 헨더슨 목사가 직접 등장하지 않기에 부정적인 미국은 관념으로만 환기될 뿐이다. 조천석이 대동아담론에 입각해 반서양주의와 징병제를 비교적 매끄럽게 풀어가고 있음에도 불구하고, 「개화촌」이 공허하게 느껴지는 것은 리얼리티가 배제된 멜로드라마와 모호한 미국의 이미지 때문으로 보인다.

　지금까지 근대초극론에 입각해 반서양주의를 생산하고, 전시체제를 미화시키는 텍스트들을 확인했다. 김태진의 「그 전날 밤」, 박영호의 「좁은 문」, 조천석의 「개화촌」은 강박적 이분구도에 사로잡혀 실체없는 동양주의를 부정적 서양주의의 대타항으로 채워 넣는 경우인데, 이 같은 식민주의적 지정학은 조선을 동아공영권의 중심이자 식민주체로 배치할 때 가능하다. 2항에서는 텍스트에 식민지인으로서의 시각이 노출되고

148

있는 텍스트를 살펴보려 한다.

2) 제국·식민지 구도와 전시체제의 탈낭만화

국민연극은 때로는 조선을 제국의 식민지로 규정하면서 내선일체론과 대동아공영권에 회의감을 표출하기도 한다. 총력전시기에 발표됐기에 적극적으로 비판의식을 드러낼 수는 없었지만, 제국이 제시하는 미래에 대해 회의하거나 서양의 남방 침략을 다루면서 조선의 현실을 환기시키는 것이다. 앞으로 읽어갈 텍스트는 임선규의 「빙화」와 「새벽길」, 함세덕의 「추장 이사베라」, 이원경의 「해적 프리헤이즈」 등으로, 비극적 결말이라는 공통점을 갖는 이들 극에서는 식민지인으로서의 정체성이 두드러진다.

사회주의자가 국민으로 갱생하기까지의 과정을 그린 「빙화」는 박영철의 조선 탈출로부터 귀환까지의 여정을 다루고 있다. 교단에까지 침투한 자본주의에 염증을 느낀 영철은 사회주의의 본고장인 러시아로 이주할 결정을 내린다. 그는 사회주의 신념을 위해 교장 딸과의 결혼을 거부하고, 사랑하는 여인 순영과 함께 러시아로 떠나게 된다. 그러나 영철과 순영이 러시아에서 목격한 조선인들의 삶은 비참하기 이를 데 없고, 이주한 조선인들은 이제 조선으로 돌아가려 애쓴다. 어쩔 수 없이 마적의 길을 택한 영철은 러시아 정부의 조선인 카자흐스탄 강제 이주에 반발해 소동을 일으키며, 그 과정에서 순영과도 이별하게 된다. 결국 그간 제국이 제시하는 미래를 비판했던 영철은, 사회주의의 실체를 목격하게 되면서 공산주의를 부정하고 일본정신에 감화된다. 한편 영철과 헤어진 후 러시아인의 첩이 된 순영은 남편과 이주 조선인들을 조선으로 돌려보내기

Ⅳ. 국제정세의 형상화와 지정학의 반영 149

위해 노력하고, 영철은 순영과 일본인 무라카미 선장의 도움을 받아 조선으로 떠나게 된다. 하지만 러시아인의 아이를 가진 순영은 조선 땅을 밟는 길을 포기하고 러시아에 남는다.

「빙화」의 모든 갈등은 주인공 영철의 회의에서 비롯되는데, 사회주의에 도취된 영철은 내선일체와 대동아공영권을 불신한다. 반면 시종일관 제국의 이데올로기를 발화하는 것은 만주행을 적극 권유하는 선용, 공산주의의 실상을 폭로하는 상칠, 내선일체론을 주창하는 무라카미 등 주변 인물들로, 영철은 막판까지 제국의 유토피아에 대해 비판적인 입장을 취한다. 무라카미 선장의 논리를 끊임없이 반박하는 영철에게는 전향에 대해 고민했던 당대 사회주의자들의 갈등이 투영되어 있는데, 무라카미에 의해 '비국민'으로 명명되는 영철은 단계적으로 전향의 길을 밟게 된다. 임선규는 「빙화」에서 1937년 러시아 정부가 행한 조선인 강제 이주 정책을 삽입해 전향의 계기를 마련한다. 러시아의 조선인 카자흐스탄 강제 이주는 사회주의자들의 소련에 대한 신뢰를 흔들게 되면서 지식인들의 대거 전향을 이끌어냈는데,[27] 이 사건의 삽입으로 영철의 전향에 대한 동기가 마련되는 것이다. 곧 영철이 제국에 동조하게 되는 과정에는 피의 이끌림 같은 감정적 요소 대신, 이주 후 그가 연해주에서 겪게 되는 다양한 경험들이 순차적으로 삽입된다.

이처럼 「빙화」의 플롯은 결말 직전까지 별다른 비약 없이 논리적으로 전개된다. 「빙화」에서는 극적 과장이 자제되고, 주인공들의 심경 변화에 구체적인 계기가 부여된다. 극 중 주무대가 되는 연해주는 조선인들의 디스토피아로 구현되고, 영철은 그 실상을 직접 목도함으로써 반사회주

---

27) 홍종욱, 「중일 전쟁기(1937~1941) 사회주의자들의 전향과 그 논리」, 서울대학교 석사학위논문, 2000, 28쪽.

의자로 거듭난다. 즉 국경을 넘나드는 영철의 이주사는 그의 사상 전향 추이를 반영하는데, 사회주의자였던 영철은 러시아로 이주한 후 반사회주의자로 변모하고, 동양주의자로 거듭나게 된 시점에 다시 조선으로 돌아오게 된다. 임선규는 극 중 배경을 연해주로 형상화하고 있는 이유에 대해 다음과 같이 설명하고 있다.

> 이 작품은 1937년 9월 소련이 결정한, 연해주 일대에 살고 있는 20만 조선인 강제 이주 사건을 제재로 하여 반도인의 황민화 문제와 공산주의에 대한 적개심 문제를 무대에 구현하고자 한 것입니다.
> 강제로 이주 당한 20만 조선인은 만주, 연해주로 새로운 생활을 찾아 또는 적화주의의 교묘한 유인책에 기만당하여 오랫동안 황무지 개척에 이용되었거나 적화주의의 앞잡이 노릇을 했습니다.(후략) (62)[28]

그런데 연해주에서 일어나는 사회주의와 동양주의의 충돌이 종국에 동양의 승리로 귀결될지라도, 영철이 작품 말미까지 제국의 미래에 대해 확신하지 않기에 긴장감은 끝까지 지속된다. 또한 극 중 세 층위의 공간(만주, 조선, 연해주)이 위계화되고 있음에도 불구하고, 각 공간은 끝까지 모호한 채로 남겨진다는 것을 염두에 둘 필요가 있다. 먼저 1막에서 자본주의에 물들어 있는 조선은 영철이 연해주로 이주한 이후에는 어머니가 계신 고향으로 미화된다. 연해주로 간 영철은 종국에 무라카미와 함께 조선으로 돌아오게 되는데, 1막에서 조선의 현실을 목도한 관객은 연해주보다는 나을지라도, 조선으로 돌아온 이주민들의 삶이 희망적이

---

28) 「빙화」는 일부가 일본어로 쓰여졌고, 작품집에는 원문(일본어)과 번역문이 병기되어 있는데 이 책에서는 번역한 대사만 발췌함.

라 단정할 수 없게 된다. 따라서 어머니의 공간인 전시체제 하 조선은 완벽하게 낭만화되지 못하며, 극 중 이상화되는 공간은 만주뿐이다. 그런데 등장인물의 담화에서만 드러나는 만주 역시 실체를 확인할 수 없으며, 상칠이 아무리 만주에서의 삶을 예찬한다 해도 개척지 연해주에 대한 비판적 형상화가 또 다른 개척지 만주에 대한 불신과 분리될 수 없다. 게다가 총독부가 정책적으로 만주 이주를 적극 권장함에도 만주의 조선인들이 받는 정당한 처우에 대한 확신이 불가능한 상황에서, 극 중 통역관이 늘어놓는 카자흐스탄에 대한 선전은 만주를 선전했던 식민지 배자들의 담론을 연상시킬 수 있다.29)

결국 「빙화」에서 완전한 유토피아는 등장하지 않고, 조선으로 귀국할 인물들의 앞날도 불투명해지면서 시종일관 지속되는 불안감은 막이 내릴 때까지 해소되지 않는다. 게다가 내선일체론을 받아들인 영철이 무사히 조선에 귀환할 것이 예고되지만, 러시아인의 아이를 임신한 순영은 러시아를 탈출하는 것을 포기한다. 여기서 사회주의자에게 '오염'된 순영의 마지막 선택은 멜로드라마의 비극성을 고취시키는 동시에 마냥 희망적일 수 없는 조선의 미래를 현시한다. 「빙화」의 경우 총독부 심의를 위해 극의 간략한 줄거리를 적은 '경개'와 실제 극의 결말이 다르다는 점이 주목되는데, 작의에서 죽음을 택한 순영은 영철의 품 안에서 "만족한 웃음을 남기고" 숨을 거둔다. 이어 영철과 무라카미는 하늘을 보며 고향으로 돌아갈 것을 다짐한다. 반면 공연대본에서 영철과 무라카미를 보낸

---

29) 通譯官 : 그렇게 좋은 곳입니다. 그래서 조선 사람은 이 곳에서 새로운 향복스런 생활을 허게 됩니다. 쑈볜 우리 나라가 조선 사람들을 위해서 특별이 企劃한 땅입니다. 그러니 安心허고 가 주시기 바랍니다.…… 現地에 가면 집과 土地를 無償으로 빌려주고 農具, 소, 몰, 肥料 등을 配給해 주는데 十五 년 동안은 갚을 수 있게 합니다.(후략) (147)

순영은 자포자기한 가운데 창밖만 응시한다. 물론 둘 중 어떠한 결말을 취하든 스스로를 처벌하는 순영의 말로는 동일하다. 사상적으로 사회주의에 오염됐던 영철은 갱생의 기회를 얻지만, 육체적으로 오염됐던 순영은 그 기회를 박탈당하는 것이다. 그러나 순영과 이별을 고하고 희망차게 하늘을 바라보는 영철의 모습으로 마무리되는 작의와, 영철이 무라카미에게 끌려간 후 넋나간 채 하늘을 보다 쓰러지는 순영이 비춰지는 대본 결말의 정서 사이에는 상당한 간극이 있다. 전자가 비극 속에서도 낙관적 전망을 제시한다면, 후자는 철저한 멜로드라마의 비극으로 마무리되는 것이다. 이처럼 제국주의 안으로 포섭되지 못하고 스스로 유폐된 자의 눈물과 슬픈 노랫소리가 겹쳐지는 결말은, 전시 상황과 조선의 현실에 대한 임선규의 불안한 시선을 감지하게 한다.

　1919년부터 41년, 곧 3·1운동과 대동아 전쟁 발발까지를 포괄하는 「새벽길」은 미국에 현혹된 자녀들과 이들을 만류하는 부모 세대 간의 갈등을 담고 있다. 「새벽길」이 세대갈등을 다룬 국민연극과 구별되는 것은 각성한 청년이 부모 세대를 계도하는 것이 아니라 그의 잘못된 선택이 집안의 몰락을 자초한다는 점으로, 2세대에 걸친 청년의 방황이 파국을 초래한다. 미국인 모리슨은 송진사 소유의 광맥을 노려 그를 아편 중독자로 만들고, 아들 영철에게는 미국에 대한 환상을 불어넣어 타지로 보낸 후 광산을 자신의 소유로 만든다. 또한 영철의 연인이었던 마리야를 농락하고, 둘 사이에 태어난 혼혈아 헨리를 외면한다. 헨리는 조선에서 괴물로 취급받으며 방황하다가 어머니와 애인 순옥의 반대를 무릅쓰고 미국으로 떠나기 위해 모리슨을 찾게 된다. 그 와중에 유학을 중개한 모리슨에게 속아 20년이라는 시간 동안 타국을 떠돌았던 영철이 나타난다. 영철은 자신의 경험을 이야기하며 헨리를 설득하고자 하지만,

조선에서 수많은 좌절을 겪었던 헨리의 결심은 변하지 않는다. 결국 헨리가 모리슨을 따라 미국으로 떠나기로 한 날 영철은 모리슨을 살해해 경관에게 잡혀가고, 마음을 다잡지 못했던 헨리는 어머니 마리야와 할머니 한씨에게 용서를 구한다.

「빙화」에서 제국의 적이 러시아였던 반면, 「새벽길」의 경우 적대적 상대는 미국으로 지목된다. 「새벽길」에는 앞서 살펴본 「좁은 문」, 「개화촌」과 마찬가지로, 미국을 부정적 물질문명과 동일시하고 이를 평가절하하며 경계하는 양상이 나타난다. 그런데 3대에 걸친 가족사를 다룬다는 점에서 「개화촌」과 비교될 수 있는 「새벽길」은, 「개화촌」과 달리 서양세계에 대한 제국의 우위가 명확히 드러나지 않으며, 전시체제에 대한 낭만화와 거리를 두고 있다는 점에서 주목된다.

극 중 미국에 대한 극도의 반감을 드러내는 인물은 영철의 아버지 송진사와 그의 며느리 마리야다. 하지만 아편중독자인 송진사나 연약한 마리야는 방황하는 청년들(영철, 헨리)의 그릇된 선택을 막지 못한다. 중심인물 영철과 헨리는 각각 1919년과 41년의 조선에서 희망을 보지 못하고 미국 이주를 막으려는 부모들에게 반발하는데, 아무도 영철을 막지 못했던 과거와 달리 41년에는 미국의 실상을 경험하고 반미주의자로 돌변한 영철이 헨리를 저지하게 된다. 이처럼 「새벽길」은 조선에서 탈출하려는 청년과 이들을 막으려는 부모 세대의 갈등을 다루며, 부랑자의 모습으로 귀환한 영철을 통해 미지의 '저 곳'에 대한 여기 '이 곳'의 우위를 역설한다.

그런데 광산을 탈취하려는 미국인 모리슨의 농간이 있었다고는 하지만, 극 전반부 영철은 아버지가 대변하는 조선의 현실에 회의하며 '인류를 위해서' 미국행을 택한다. 또한 후반부의 헨리는 혼혈아가 핍박받는

154

현실에서 탈출하기 위해 어머니와 할머니가 제안하는 삶을 거부한다. 즉 「빙화」와 마찬가지로 「새벽길」의 조선 역시 부패하고 차별이 만연한, 탈낭만화된 부정적 공간으로 형상화된다. 이처럼 제국의 일부인 조선 현실이 비판적으로 그려지면서, 미국에 대한 '적개심 앙양'이라는 주제 역시 효과적으로 제시되지 못한다. 미국이 아무리 부정적으로 묘사돼도 등장인물이 발붙이고 있는 조선 역시 불완전하기는 마찬가지기 때문이다. 또한 기존 연구자들이 지적하듯, 모리슨의 일련의 행각이 일본의 식민지 정책과 겹쳐지고 있음은 분명해 보인다.[30] 게다가 헨리는 미국의 실상을 목격하고 돌아온 영철의 장황한 설득에도 불구하고, 막이 내리기 직전까지 모리슨을 따라 미국으로 떠나려 한다.

극 중 미국의 이미지는 박영철의 발화로 전달되는데, 「빙화」의 러시아처럼 부정적 공간이 무대에 직접 형상화되지 않기에 관념으로만 설파된다. 따라서 영철의 설득을 받아들이기 어려운 헨리와 마찬가지로, 영철의 수난을 직접 목도하지 않은 관객 역시 그의 주장에 수긍하기란 쉽지 않다. 이처럼 부정한 미국의 이미지가 구체적으로 재현되지 않는 것에 반해, 제국의 식민지인 조선은 여전히 문명적으로 뒤쳐져 있으며 순혈주의에 의거해 소수자에 대한 차별이 난무하는 공간이다. 결국 「새벽길」에서 공간의 명확한 위계질서는 확립되지 않기에 극악한 미국인이 등장하고, 돌아온 영철이 미국의 실상을 폭로해도 여전히 그 실체를 파악하기란 불가능하다. 관객이 무대에서조차 체험하지 못한 미국은 두려움과 매혹이라는 이중적 이미지로 남게 되는 것이다. 또한 영철의 이주사가 국민으로서의 정체성을 확립하는 과정과 맞물리는 「빙화」와 달리, 「새벽길」에

30) 심지연은 미국인 모리슨에게 수탈자인 일본을 연상케 하는 부분이 있음을 지적한다.(심지연, 「임선규 희곡연구」, 단국대학교 석사학위논문, 2003, 62쪽.)

서 조선을 벗어나지 못하는 헨리는 식민지인으로서의 정체성을 탈피하지 못한다. 임선규는 「새벽길」에 이르러 서양세계와의 대비를 통해 조선의 상황을 이상화시키는 대신, 전시체제 하 조선의 어두운 이면을 들춰내는 데 집중하게 된다.

여기서 「새벽길」을 비롯한 국민연극이 미국에 대한 부정적 관념을 생산하고 있음에도 불구하고, 실상 미국을 배경으로 하는 경우는 발견할 수 없다는 점을 주지할 필요가 있다. 남방 방문 경험이 없는 극작가들이 제국발 담론에 기반해 남방을 배경으로 한 연극을 발표했던 것과 달리, 미국이 극의 배경이 되는 경우는 찾아볼 수 없는 것이다. 당시 미국에 대한 부정적 담론이 충분히 형성됐음에도 불구하고 미국이 연극의 배경이 되지 않은 이유로는, 매혹적인 물질문명의 극점을 재현하는 것에 대해 극작가 역시 막연한 두려움을 갖고 있었으리라 추측해 볼 수 있다.

그 외에 「새벽길」에서는 헨리의 출생으로 빚어진 송진사의 복잡한 가계도에 주목해 볼 수 있다. 영철이 떠난 후 마리야는 연인의 가족을 보호하기 위해 모리슨에게 의탁해 혼혈아 헨리를 출산하고, 송진사의 아내 한씨는 그런 마리야와 헨리를 며느리와 손자로 받아들인다. 그렇게 피 한 방울 섞이지 않은 한씨와 헨리는 가족이 되고, 모리슨의 피가 흘러든 송진사의 가계도는 아시아 인종의 단합을 통해 서양에 대한 결전을 촉구했던 시대상과 불협화음을 만들어낸다. 꿋꿋하게 가족을 사수하는 마리야의 경우 「새벽길」의 실질적 주인공이라 할 수 있는데, 서양식 이름을 가진 신식색시 마리야는 미국에 오염된 조선의 현실을 대변하는 동시에 아들 헨리에게 반미의식을 고취시키는 역할을 한다. 그런데 마리야라는 이름의 기독교 신자는 미국에 의해 오염된 아들 헨리를 낳아 동양인을 주축으로 한 순혈주의에 균열을 일으킨다. 근원적

156

으로 서양세계와 분리될 수 없는 마리야와 헨리는 모두 국민국가의
경계에 걸친 혼종적 존재로 남게 되는 것이다. 이처럼 '송진사와 한씨,
영철과 마리야, 그리고 헨리'로 구성된 송진사의 가계는 종교, 사상,
인종까지 다른 집합으로 구성되며, 이 동질화될 수 없는 차이가 국민국가
내부의 이질성을 전시한다. 「빙화」에서 오염된 순영을 러시아에 방치하
는 결말로 비극성을 고조시켰던 임선규는, 「새벽길」에 이르러 마리야와
헨리를 전면에 내세우며 통제될 수 없는 차이를 부각시키는 것이다.

이와 함께 임선규의 두 국민연극에서 주목할 것은 지배 이데올로기와
합치되지 못하는 과잉의 멜로드라마이다. 두 극에서는 모두 삼각관계가
부각되는데, 「빙화」 전반부에는 순영을 둘러싼 경천과 영철의 갈등이,
후반부에는 역시 순영을 사이에 둔 표도르스키와 영철의 대립이 드러난
다. 또한 「새벽길」 전반부에는 마리야에 대한 영철의 사랑과 모리슨의
탐욕이 그려진다. 두 극은 공통적으로 부정적 서양 세력으로 인한 사랑의
파국으로 마무리된다. 여기서 상기할 것은 「연극경연대회 인상기」에서
김건이 밝힌 「빙화」에 대한 소감이다.

(전략) 「빙화」는 작가자신이 辨解한 것처럼 메로드라마라고 한다. 그러
나 우리는 「빙화」를 보고 메로드라마의 개념을 재파악하지 않으면
안될 의분을 느꼈다. 의도가 좋았음에도 불구하고 이번 제전의 의의를 소원히
한 것은 작가의 약점인 것 같다. 메로드라마란 무엇이냐? 어떤 것이냐? 이
문제는 우리가 손을 잡고 좀 더 탐구할 과제인줄 안다.31) (고딕 글씨는 필자
강조)

---

31) 김건(1942), 「제1회 연극경연대회 인상기」, 133쪽.

「빙화」가 "이번 제전의 의의를 소원히 했다"는 김건의 비판은, 작가가 멜로드라마를 구현하는데 치중해 연극경연대회의 취지를 간과했다는 것으로 이해될 수 있다. 임화는 「빙화」에 대해 "정치적 주제가 인정극의 사건을 진전시키는 배경으로 취급"된다는 점을 지적하며, "이상하게도 관중의 흥미를 자아내고, 다소나마 감명을 주는 점이 이러한 주 테-마 이외의 요소였다는 것은 흥미있는 일"이라고 언급한다. 또한 "주인공이 노령(露領)을 탈출하는 원인이 그곳의 현실에 있다고 생각되어야 함에도 불구하고 더 많이 고향과 어머니를 그리는 마음에 있다고 이해되기에 의도와 결과가 모순"되므로, "주인공이 입로(入露)하는 동기가 더 선명 적확해야 할 것은 물론, 그리고 귀선(歸鮮)을 결의하는 원인도 한 층 더 현실적이요, 또 확실하지 아니하면 안 된다"고 주장한다.[32] 「빙화」가 이번 제전의 의의를 소원히 한 멜로드라마였다는 김건의 지적, 그리고 정치적 주제가 인정극에 밀려 후경화됐으며 관중은 주테마 이외의 요소에 열광했다는 임화의 평가는 실제 공연에서도 이데올로기가 약화되고 대중극적 성격이 강화됐음을 보여준다. 이처럼 임선규의 국민연극은 전시 이데올로기가 배경으로 후퇴하고, 대중의 망탈리테가 더욱 부각됨으로써 당대 관객의 호응을 얻을 수 있었다.

임선규는 「빙화」 극작 메모에서 "생경한 제재를 관객이 받아들이게 하기 위해서 멜로드라마로 만들었다"(65)고 설명하는데, 문제는 멜로드라마 코드가 강화되면서 국민연극 본래 의도가 명징하게 구현되지 못했다는 것에 있다. 방황하던 청년들(영철, 헨리)이 끝내 회개한다고 해도, 순영이 귀국을 포기하고(「빙화」) 영철이 경관에게 끌려가는(「새벽길」) 비극적 결말은, 의도와는 달리 관객의 눈물샘을 자극해 선전효과를 저해할 소지

---

32) 임화(1942), 「연극경연대회의 인상」, 95~96쪽.

가 다분하다. 결과적으로 대중성을 획득하기 위해 차용한 멜로드라마 구조가 국민연극의 본질인 선전성을 압도하게 된 것이다. 게다가 막이 내리기 직전까지 끊임없이 회의하는 청년들은 오히려 관객이 당면한 현실에 대한 의구심만을 불러일으킨다. 대동아 성전이 발발했다지만 영철과 헨리가 돌아가야 할 혹은 머물러야 할 조선의 부정적인 면면이 일소된 것은 아니며, 특히 조선에 남게 된 헨리에게는 제국의 미래와 관련해 그 어떤 역할도 부여되지 않는다. 작가는 비극적 멜로드라마 구조 안에서 당대의 불안한 현실을 담아내고, 또한 동정과 연민을 불러일으키는 주인공들의 결말을 통해 명랑해야 할 전시체제를 탈낭만화시키는 것이다.

이같이 서양세계를 부정하고 동양으로 귀환한 두 주인공의 말로에 대해 불안한 시선이 거두어지지 않으면서 극의 결말은 불분명하게 마무리된다. 임선규는 최종적으로 문명의 적을 비판하지만, 이 같은 결론에 도달할 때까지 과잉의 멜로드라마 속에 불온한 질문들을 던지며 총력전시기의 이분법적 지정학을 탈피하는 것이다. 결국 패배에 대한 불안감을 과잉의 명랑함이나 정신승리로 상쇄해야 했던 시기, 「빙화」와 「새벽길」이 드러내는 비관주의는 대중극작가로서 임선규가 지켜온 자존감의 표현으로 이해할 수 있다. 작가는 반서양주의라는 프로파간다를 극화하면서도 대중의 정서를 반영한 연극이라는 대중극의 취지를 간과하지 않으면서, 전시체제 하에서도 관객이 즐길 수 있는 오락물을 창작했던 것이다.

조선 내 남방에 대한 관심은 대동아 전쟁 발발을 전후해서 폭발적으로 증가하기 시작한다. 이는 주로 생소한 지역의 정보를 제공하는 것 외에 남방을 지배하는 제국의 폭력성을 부각시키고 있는데,[33] 식민지 조선의

담론장에서 남방은 구(舊)제국의 수탈 대상이거나 대동아공영권의 동반
자로 형상화됐다. 당시 피해자로서 남방의 이미지를 구축하는 것은 서구
의 식민 정책을 문제삼으면서 그에 대한 적개심을 양성하기에 효과적인
전략이었던 것이다. 더불어 남방 진출을 목표로 하는 제국 발신의 태평양
담론은 조선인들의 차별 철폐 및 '탈식민'의 기회를 포착할 수 있는
계기[34]였기에, 담론생산자들은 남방과의 공통성과 차이를 동시에 부각
시키면서 위계질서를 구축하게 된다. 그리하여 과거 서양이 동양에 대해
그랬던 것처럼, 총력전시기 남방의 이미지는 오리엔탈리즘에 입각해
구성됐다. 당시 남방 원주민은 단지 열등한 원주민이 아니라 '황민'으로
교화될 존재라는 이중적 표상으로 구성됐는데, 이들은 서구의 지배에
의해 극단적 피해를 입은 집단인 동시에 가장 남방적인 민족성을 내포한
순수한 종족성의 표상으로 그려졌다.[35]

　남방을 배경으로 하는 국민연극으로는 함세덕의 「추장 이사베라」,
이원경의 「해적 프리헤이즈」를 꼽을 수 있는데, 미국을 극의 무대로
재현하기 어려웠던 것과 달리, 열등하게 인식된 남방의 경우 극작가가
비교적 수월하게 형상화할 수 있는 공간이었다. 당대 남방 기행자들이
구축한 '같은 아시아지만 조선보다는 열등한' 남방의 이미지는 두 극작가
의 희곡에서도 반복되는데, 남방에 대한 고정관념을 재생산하는 두 극에
서는 대동아담론과 상충하는 지점들 역시 찾아볼 수 있다.

---

33) 문동표, 「蘭印의 자원과 제국」, 『조광』, 1940.07, 94쪽 ; 김찬용, 「佛印의 자원과
　　아국」, 『조광』, 1940.08, 56쪽 ; 사공환, 「동요되는 英植民地」, 『조광』, 1940.09,
　　58쪽.
34) 장세진, 「해방기 공간 상상력의 전이와 '태평양'의 문화정치학」, 『상허학보』
　　26집, 2009, 125~126쪽.
35) 권명아, 「태평양전쟁기 남방 종족지와 제국의 판타지」, 방기중 편, 『일제하
　　지식인의 파시즘체제 인식과 대응』, 혜안, 2005, 169~172쪽.

『국민문학』1942년 3월호에 게재됐던 단막극「추장 이사베라」는 44년 8월 성보악극대에 의해 공연됐다. 일제 말기 난령 인도(蘭印)는 일본과 경제적으로 교류하는 긴밀한 관계에 있고, 천연자원과 군수자재가 풍부하나 아직 개발을 하지 못하고 있으며, 태평양의 평화 확보 및 동아의 평화를 위한 요충지[36]로 인식됐다. 난령 동인도를 배경으로「추장 이사베라」의 경우, 표면적으로 이 같은 지배담론에 입각해 있다.

이사베라는 식민지배에 저항하는 사노루 부족의 추장으로, 그의 아들 상기라는 네덜란드 무역상 사리강의 집에 방화하려다 발각돼 투옥된 상태다. 그 와중에 이사베라의 막내아들 요셉은 투옥된 형을 위해 아버지의 뜻을 거스르고 물을 갖다 주려 하는데, 이사베라는 사리강의 농간에 놀아나는 아들을 향해 총을 쏜다. 일련의 사태 속에 원주민들이 들끓기 시작하자, 일본인 열대병 연구자 등목 선생은 일본군이 상륙할 때까지 기다릴 것을 당부한다. 결국 일본군이 바리도에 당도하고 부족은 환호하지만, 이사베라의 부인인 헤레스는 요셉의 주검 앞에서 오열한다.

「추장 이사베라」에서 주목할 것은 함세덕이 묘사하는 남방인의 이미지로, 사노루 부족은 미개하고 절제력이 없는 인종으로 그려지며, 또한 올바른 선도자인 등목에 의해 계몽되어야 할 대상으로 규정된다. 극 중 사노루 부족은 쌍둥이가 마을에 재앙을 가져온다고 믿어 쌍둥이를 낳은 와링깅에게 가혹한 벌을 내리려 하며, 이는 사리강에게 부족을 흔들어 놓을 틈을 제공한다. 이들은 또한 사리강에 대한 반발심이 격해지자 식민지배자에게 무모하게 대항하려는 충동적 면모를 보이기도 한다. 즉 극 중 남방인은 동정받아야 할 동시에 계도돼야 할 대상으로 격하되며, 바리도가 표상하는 남방 역시 전근대화된 원시적 공간으로 재현된다.

---

36) 성인기,「蘭印과 제국의 태도」,『조광』, 1940.06, 22쪽.

근대화 이전의 원시성을 표방하는 남방과 남방인은 매혹적이지만, 동시에 조선보다 열등한 위치로 배치되는 것이다.

「추장 이사베라」에서 무역상 사리강은 서구인에 대한 부정적 고정관념을 체현한다. 사리강은 마을 사람들의 징벌을 두려워하는 와링깅을 꾀어내 그의 보물을 빼앗고, 형에 대한 요셉의 동정심을 자극해 자신의 집에 불을 질렀던 이들을 잡아들이려 한다. 사리강의 대척점에 서있는 이사베라는 미개한 원주민들과 구분되는, 제국의 신민으로 거듭날 수 있는 남방인으로 그의 전체주의적 면모는 부족 해방을 위해 아들에게 총을 겨누는 장면에서 극대화된다. 그 외 남방인을 치료하며 그들을 선도하는 고귀한 희생정신의 소유자 등목은 대동아공영권 내 일본의 역할을 반영하는 인물로 설정된다. 여기서 등목이 대동아가 한 민족임을 역설하는 근거는 '쌀 문화권'으로, 이 같은 발화는 대동아가 민족의 경계를 초월한 공동체라는 입장을 반영한다.

그 외 눈여겨 볼 인물은 이사베라의 늙은 아내 헤레스와 그의 아들 요셉이다. 헤레스는 남편과 달리 미신에 집착하는 미개한 인물로, 큰 아들을 잃고 작은 아들까지 투옥된 상황에서 요셉마저 잃는 것이 두려워 저항을 포기한다. 요셉 역시 갈증 때문에 괴로워하는 형에게 물을 주기 위해 동지들을 위험에 빠뜨릴 수 있는 행동을 감행한다. 그런데 요셉이 결국 아버지의 손에 죽고, 오열하는 헤레스의 곡소리가 울려 퍼지는 마지막 장면은 부족 해방과 성전의 시작이라는 역사적 의미를 퇴색시킨다. 또한 관객이 감정이입할 수 있는 헤레스의 눈물은 이사베라의 전체주의와 대척점에 놓이면서 그의 폭력성을 문제삼게 된다. 더불어 아무도 축복해 주지 않는 쌍둥이를 낳은 다음, 사리강에게 귀를 뚫는 의식을 부탁함으로써 마을 사람들의 눈 밖에 난 와링깅의 이후 행보가 생략되면서, 피치 못하게 부족을 거역했던 그의 말로에 대한 불안감이 일소되지 않는다.

결말부에 이르면 등목이 장담했던 대로 일본 비행기가 뜨며, 원주민은 등목과 제국을 찬양한다. 이사베라는 이제 자신의 신을 버리고, 등목과 일본을 믿겠다며 제국의 국민으로 갱생할 것을 다짐한다. 그런데 환호로 끝맺어야 할 위대한 순간에 무대에 울려 퍼지는 것은 희생자 요셉을 추모하는 헤레스의 오열이다. 아들을 보낸 어머니의 곡소리가 일본 비행기를 환영하는 원주민들의 환호성과 맞물려 불협화음을 빚어내면서, 전체와 개인 사이의 '이상한 긴장'은 끝까지 해소되지 않는다.

살펴본 것처럼 「추장 이사베라」는 서구 제국주의를 적으로 돌리면서 제국의 입장을 대변하고, 원주민을 갱생해야 할 미개한 동지로 간주하면서 오리엔탈리즘에 입각한 남방담론을 확산한다. 그러나 경직된 전체주의 사관에 의해 고통받는 어머니의 오열소리가 무대를 메우는 지점에서, 극은 개인의 희생을 강요하는 제국주의와 다른 길을 걷게 된다. 헤레스의 비극적 멜로드라마가 남편 이사베라가 구현하는 선전메시지와 충돌하는 것이다. 게다가 그녀의 울음소리는 결국 전시 상황의 낭만적 재현을 방해하게 된다.

그 외에 바리도가 네덜란드로부터 약 '40'년간 지배를 받았다는 사실은 부기(附記)와 등장인물간의 담화에서 반복되어 드러난다. 흥미로운 것은 바리도가 네덜란드에 의해 식민지화된 시점(1908)과 한일합방이 이루어진 시점(1910) 사이의 시간적 거리가 가깝고, 선동적 인물인 등목이나 이사베라에 이입하지 않고 극을 본다면, 바리도의 상황과 식민지 조선의 상황이 겹쳐질 수 있다는 점이다. 그간 「추장 이사베라」가 단순히 친일로 독해할 수 없는 요소들을 갖고 있다고 평가받은 것은 이 같은 균열지점 때문들로 보인다. 결국 바리도에서 벌어진 비극에 초점을 맞춘다면 「추장 이사베라」는 식민지 조선의 현실을 환유한 것으로 읽을 수 있다.

　이후 작가는 종전을 앞둔 1945년 6월에 「추장 이사베라」를 「바리도 기행(バリ島紀行)」이라는 제목으로 개작해서 발표한다. 작품이 게재된 6월호 『국민문학』에는 극단 희망좌(希望座)의 창립공연작 「바리도 기행」이 7월 3일부터 12일까지 중앙극장에서 공연된다는 광고가 실려있다. 따라서 「바리도 기행」이 종전을 앞두고 신생극단에 의해 상연됐음을 짐작해볼 수 있다. 「바리도 기행」의 경우 등장인물 및 주제의식이 「추장 이사베라」와 거의 흡사하지만, 다음과 같은 차이점이 발견된다. 먼저 극 중 사리강은 영국인으로 설정되고, 그의 아내가 새로운 인물로 추가된다. 또한 극 말미에 군중은 사리강의 집에 불을 질러 그를 살해하며, 바리도에 상륙한 황군부대가 무대에 등장한다. 그런데 「바리도 기행」에 이르면 「추장 이사베라」에서 비극적 정서를 구축했던 헤레스가 등장인물 목록에서 삭제되고, 극은 부족 해방의 환호성으로 마무리된다.[37] 함세덕은 종전을 앞둔 시점에 발표한 「바리도 기행」에서, 「추장 이사베라」 중 문제가 있을 만한 요인들은 삭제하고 백인에 대한 적개심은 더욱 구체적으로 그려냈던 것이다.

　역시 『국민문학』 1943년 5~6월에 연재된 이원경의 「해적 프리헤이즈」는 내지인이나 조선인이 한 명도 등장하지 않는다는 점에서 여타 국민연극과 구분된다. 제국의 식민지 지배를 비판하고 남방을 배경으로 한다는 점에서 「추장 이사베라」와 겹쳐지는 「해적 프리헤이즈」는, 1875년의 마레 반도를 배경으로 식민지배자와 식민지인 사이의 갈등을 다루고 있다. 극 중 영국인 바치는 마레 반도를 지배하기 위해 부족의 술탄들을

---

37) 「바리도 기행」은 『국민문학』 1945년 5월호에 실려 있다.

164

이간질하며, 해적을 이용해 원주민들을 매매하는 악행을 일삼는다. 한편 식민지에서의 삶에 지친 바치의 젊은 아내 에레나는, 노쇠하고 교활한 남편 대신 젊고 강인한 해적 프리헤이즈와 사랑에 빠지게 되고, 이 사실을 알게 된 바치는 분노한다. 헤이즈는 해적의 임무와 부도덕한 영국 정부에 점차 회의를 느끼게 되고, 질투에 눈이 먼 바치는 헤이즈를 체포하려 한다. 결국 헤이즈는 에레나를 뒤로 한 채 떠나게 되고, 바치는 그럼에도 헤이즈를 잊지 못하는 아내를 살해한다. 바치의 음모는 성공해 영국과 대립각을 세웠던 술탄이 바치가 조종하는 원주민에게 제거되는데, 바치는 자신을 따랐던 원주민마저 살해하며, 어린 술탄을 영국의 꼭두각시로 내세운다. 그러나 임무 완수를 자축하는 연회장에서 팔려간 노예의 아내가 난입해 저주의 춤을 추고, 남은 원주민 족장들이 바치를 의심하면서 영국의 식민지 지배에 불안한 그림자가 드리운다.

1930년대 말 조선의 담론장에서는 해적과 영국문화의 관련성이 환기되는데,[38] 「해적 프리헤이즈」는 해적과 영국 정부의 부정한 결탁을 형상화함으로써 서구 제국에 대한 비판적 시각을 담아낸다. 주목할 것은 제목과 달리 극의 실질적 주인공이 바치라는 점으로, 헤이즈는 바치와 전면 대립하기를 포기하면서 자발적으로 퇴장한다. 극의 주축이 되는 두 가지 갈등-영국 지배자와 원주민의 갈등, 에레나를 둘러싼 삼각관계-에서 모두 중심에 놓이는 것은 안타고니스트 바치인 것이다.

바치의 젊은 아내 에레나는 과거 '사교계의 꽃'으로 설정되는데, 아름답지만 철이 없으며 경박하고 사치스러운 여성으로 묘사된다. 향락을 추구하는 개인주의자 에레나는 바치와 마찬가지로 서양인에 대한 부정적 이미지를 반영하지만, 이후 질투에 눈이 먼 바치에게 살해당하면서 동정

38) 김광섭, 「해적과 영국문화」, 『조광』, 1939.10, 110쪽.

의 대상이 된다. 그런데 삼각관계의 주축인 에레나 역시 바치의 부정적인 면모를 극대화시키는 도구적 역할에 머물게 된다. 또한 바치의 열등감을 자극하는 젊은 헤이즈는 영국의 식민지 정책에 의문을 품으면서 바치와 대립하지만, 인종적 한계를 극복하지 못하고 마레 반도를 떠난다. 에레나와 마찬가지로 헤이즈의 역할 역시 바치의 극악함을 부각시키는데 머무르며, 연인의 운명적 사랑은 대중성을 고려한 볼거리로 소비되는 것이다. 따라서 에레나와 헤이즈의 감정선은 점진적으로 전개되지 못하는 동시에 갑작스럽게 종결된다. 특히 헤이즈는 에레나의 구출과 바치와의 대립 모두를 포기한 채 마레 반도를 떠나는데, 그의 심경 변화에 대해 어떤 설명도 수반되지 않는다.

주지할 것은 극 중 영국 정부에 대한 저항을 모색하는 것이 헤이즈가 아니라 원주민들이라는 점이다. 「해적 프리헤이즈」의 원주민들은 '식민지 토인'으로 지칭되지만 「추장 이사베라」에서처럼 미개하거나 갱생해야 할 존재로 극화되지 않는다. 이름이 주어지지 않은 원주민들은 무지함을 가장하고 끊임없이 반란을 도모하는데, 바치의 하인, 노예선을 공격한 무리들, 그리고 각자 팔려가게 된 원주민 부부 등은 늘 가면을 쓰고 있어 진짜 얼굴을 볼 수 없기에 더욱 위험한 존재가 된다. 그들은 철저하게 자신들에게 주어진 원주민 상을 '연기'하고 있는데, 특히 바치의 하인은 항상 "얼빠진 듯한 멍청한 얼굴을 하고 느릿느릿하게 행동하면서" 교활한 바치를 속이는 데 성공한다. 결국 노예 매매를 막으려는 원주민들의 반란은 해적들의 총칼 앞에서 수포로 돌아가지만, 남방에 대한 고정관념의 가면을 쓰고 전복성을 감추는 원주민들은 제국 발신의 남방담론을 탈피한다.

원주민 중 가장 강력한 저항성을 현현하는 인물은 남편이 팔려간

166

후 실성한 그의 아내로, 영어를 할 수 없는 그녀는 제국주의자들이 축배를 드는 현장에 난입해 강렬한 몸짓과 춤으로 그들을 위협한다. 원주민 남성과 헤이즈 모두 바치로 대변되는 지배자들을 위협하지 못했지만, 식민지인 중에서도 가장 열등한 위치에 있는, 발화할 수 없는 여자 노예가 등장해 지배자들을 공포에 질리게 만드는 것이다. 그녀의 광기어린 저주의 춤은 마레 총독부 식민지 사무국장인 브라테르의 연설과 새로운 술탄의 즉위식이 있는 자리에서 행해지면서 제국의 축하연을 아수라장으로 만든다. 어떤 언어보다 강력한 몸의 언어가 식민지배 정책을 비판하게 되는 것이다.[39]

> 광녀, 히죽히죽 웃으면서 무대 중앙까지 들어온다. 그리고 춤을 춘다. 춤을 추다가 갑자기 멈춰서 노려보고, (객석 쪽을) 노려보다가 또 다시 춤춘다. 웃는다. 큰 소리로 껄껄껄 웃는다고 생각하자 운다. 운다고 생각하자 또 다시 이번에는 바치 쪽으로 달려온다. 바치, 깜짝 놀란다. 광녀, 바치에게 빨간 헝겊을 씌우려고 한다. 아무도 광녀에게 손을 내밀려고 하지 않는다. 바치, 타르보또 쪽으로 헝겊을 던지고, 눈짓을 준다. 타르보또는 조심조심 광녀 앞으로 나아간다. 광녀, 타르보또를 날카롭게 노려본다.(후략)
> (『국민문학』 6권, 86~87쪽.) (고딕 글씨는 필자 강조)

이와 함께 도입부와 결말부에 반복적으로 등장하는, 마레 반도의 지도가 걸린 비사실적 무대는 불안한 기운을 드리운다. 도입부의 조명은

---

39) 「해적 프리헤이즈」에서 노예의 아내는 춤이라는 방식으로 식민지배자들에게 항거한다. 포스트 식민주의 연극에서 움직임을 통해 정체성을 기호화하는 춤은, 외국어를 강요당하면서 자신들의 언어적 표현 수단을 양보해야만 하는 억압당한 인물들에게 힘을 부여하는 양식으로 기능한다.(Helen Gilbert·Joanne Tompkins, 『포스트 콜로니얼 드라마』, 문경연 역, 소명출판, 2006, 331~337쪽.)

부족의 술탄과 바치를 번갈아 비추며 동서양의 갈등을 시각화하고, 막이 오를 때와 내릴 때 울려 퍼지는 노예의 음울하고 불길한 북소리는 원시적인 마법의 힘을 청각화한다. 이원경은 극 초반부 조명을 적절하게 사용해 문명의 충돌 양상을 보여주며, 동시에 북소리를 통해 보이지 않는 토인의 기운이 무대를 지배하게 만드는 것이다. 여기서 토인의 북소리는 여자노예의 춤과 함께 제국 지배에 대한 원주민들의 저항이 지속될 것임을 예고하면서, 제국주의의 미래가 순탄치 않을 것임을 암시한다.

그런데 바치의 악랄함이 강조되고 이에 맞서는 원주민들의 저항성이 부각될수록, 마레 반도 상황은 식민지 조선 상황과 겹쳐진다는 점을 염두에 둘 필요가 있다. 남방은 동양의 일부이자 제국의 식민지라는 점에서 조선과 같은 위치에 놓여 있는데, 「해적 프리헤이즈」에는 일본인이나 조선인이 등장하지 않기에 수탈당하는 원주민들과 식민지 관객-독자가 처한 상황이 중첩될 수 있다. 더불어 갈등의 양적, 질적 비중을 고려할 때 극을 추동하는 것은 제국주의자와 원주민의 대립으로, 근대화론에 입각해 마레 반도를 지배하려는 바치의 논리는 일본이 내세웠던 조선 근대화론을 복사하고 있다. 결말부에 이르면 마레 반도의 상황은 조선과 더욱 흡사해지는데 바치는 자신의 걸림돌이 되던 술탄을, 술탄이 되고 싶어 하는 유스프를 이용해 제거한 후 그마저 독살한다. 그리고 나이 어린 술탄을 내세운 후 그가 성인이 될 때까지 통치를 담당하겠다고 선포한다. 그런데 이 같은 설정은 한일합방 이전에 벌어졌던, 관객-독자에게 익숙한 조선의 역사를 연상시킨다.

작가가 영국 제국주의를 비판하는 것을 목표로 했다면 그 수탈상을 극대화시키는 것에서 멈췄어도 무방하다. 하지만 이원경은 토인들의 저항성을 강조하고, 이로 말미암아 식민지배가 영원할 수 없음을 예고한다. 마레 반도 원주민들은 일본의 계몽과 교화 없이도 제국과 대적할 가능성을 지니고 있는데, 이 같은 원주민상은 동아공영권의 위계질서 밑바닥에 있는 남방에 대한 고정관념을 탈피한다. 결국 관객―독자의 상황과 가장 거리를 두고 있는 듯한 남방의 이야기는, 실제 조선 현실과 가장 흡사해지면서 보편적 식민지 상황을 환유할 수 있게 된다. 이원경이 형상화하는 식민지 상황은 통제 불가능한 저항성으로 점철되어 있는 것이다.

 1절 2항에서는 「빙화」, 「새벽길」, 「추장 이사베라」, 「해적 프리헤이즈」를 통해 제국의 지정학과 거리를 두는 총력전시기 연극의 면모를 짚어봤다. 먼저 「빙화」와 「새벽길」의 경우 태평양전쟁 후 조선의 미래는 낙관할 수 없기에 서양세계가 부정되더라도 동양의 우위는 확실히 제시되지 않는다. 특히 임선규의 두 연극에서는 비극적 멜로드라마 요소들이 강화되면서 선전효과를 저해한다는 점을 주목할 수 있다. 남방을 배경으로 한 「추장 이사베라」와 「해적 프리헤이즈」는 전문이 일본어로 쓰여졌지만, 식민지 남방이 조선의 상황을 환유하는 지점들이 발견되기에 서구 제국과 내지 일본은 쌍생아로 간주할 수 있다. 게다가 전자의 경우 여주인공의 눈물이 전체주의의 폭력성을 환기시키고, 후자의 경우 멜로드라마적 설정 안에 제국에 대한 비판 의식이 담겨 있다. 전도된 오리엔탈리즘에 입각한 당대의 지정학은, 경우에 따라 국민연극에서 매끄럽게 재현되지 못하는 것이다.

2. 냉전아시아 관념과 이념 대결구도의 극적 대응[40]

이 절에서는 냉전질서가 세계를 재편하고 극동의 변방인 조선에서도 국제문제에 대한 관심이 높아졌던 시기에, 영향력있는 선전도구로 인식됐던 연극의 지정학을 읽어냄으로써 해방기 극에 대한 새로운 시각을 확보하려 한다. 특히 한국전쟁의 도래는 냉전의 고착이라는 세계적 차원의 갈등 구조의 재편을 제외하고는 설명될 수 없으며, 동아시아 지역정치의 수준에서 접근되어야 한다[41]는 견해를 수용한다면, 전쟁으로 가는 과정에서 드러나는 담론생산자들의 국제정세 인식 양상을 파악할 필요가 있다. 브루스 커밍스는 미국 입장에서 한반도 분할은 2차대전 후 소련에 대한 최초의 봉쇄정책[42]이며, 미·소 양국은 각각 자국에 우호적일 수 있는 한국 지도자와 사회질서를 장려했음을 지적한다. 이처럼 조선이 식민 상태에서 벗어났음에도 불구하고 완전한 독립은 요원하게 느껴졌으며,[43] 국제정세와 연동한 내부 갈등이 표출되면서 여전히 해방공간에는 긴장감이 감돌고 있었다.

당시 아시아가 미국과 소련의 각축장이 되면서 전후 아시아에 의한 아시아 인식은 냉전성을 내재하게 됐고,[44] 미국과 소련 모두 아시아·태평

---

40) Ⅳ장 2절은 전지니, 「해방기 희곡의 심상지리 연구」(『국제어문』 51호, 2011.)를 수정하였음.

41) 박명림, 『한국전쟁의 발발과 기원』 1권, 나남, 1996, 64~68쪽.

42) Bruce Cumings, 『한국전쟁의 기원』 상권, 김주환 역, 청사, 1986, 227쪽.

43) 잡지 『신천지』 창간호는 소설가 김남천, 평론가 이헌구 등 당대 문화 엘리트들에게 "완전 독립의 시기는 어느 때 쯤이라고 보십니까?"라는 질문을 던지고 있는데, 대답은 각각이지만 이 질문 자체가 당대인들이 조선이 여전히 식민 상태에 놓여있다고 간주하고 있음을 방증한다.(「설문」, 『신천지』, 1946.02, 138~139쪽.)

44) 백원담, 「냉전기 아시아에서 아시아주의의 형성과 재편 1」, 성공회대 동아시아연

양 지역에 영향력을 확장하고 군사블록을 설계하는 가운데 조선에서도 3차대전에 대한 담론이 급증했다. 정재석은 해방 직후 조선의 담론장에는 미·소 전쟁, 혹은 제3차 세계대전에 대한 논의들이 등장함을 언급하며, 3차대전론 수용 과정에서 한반도의 지정학적 표지가 강조되면서 냉전 지도 제작에 있어 한반도가 기준점이 됐다고 설명한다. 담론생산자들은 새로운 전쟁을 예견하며 한반도의 지정학적 위치를 배치했는데, 3차대전 론은 좌우익을 막론하고 국가 수립문제와 관련해 유용하게 활용됐다45)는 것이다. 곧 해방기 담론생산자들은 각자의 민족국가를 수립하는 데 있어 냉전 구도를 적극적으로 소환했고, 당시 미국과 소련이 첨예하게 대립하 던 상황은 냉정전(冷靜戰)46)으로 명명됐다.

전쟁 가능성에 대한 논의는 남북한에 단독정부가 수립된 시점에도 계속 진행됐다. 1948년 9월 『신천지』에 실린 「고계(古界)는 어디로 가나」라 는 제목의 좌담회는 정말로 전쟁이 일어날 것인지의 여부를 논하고 있다. 좌담회에서는 "미국의 경제 논리에 의해 전쟁 분위기가 조성되고 있으며, 국내에서 반대 세력을 억압하기 위해 '냉전'이라는 용어를 사용하 는 게 효과적이다", "평화를 위한다는 연합국 기구가 새로운 분쟁을 조성한다"는 견해들이 표출됐다. 이는 냉전이 정치적 반대 세력을 배제하 기 위한 구실로 활용됐고, 연합국 기구는 공정성을 상실했음을 보여준다. 여기서 3차대전이 정말로 일어날지에 대해서는 참석자의 입장이 엇갈리 는데, 미·소 양국이 전쟁을 피하고 있다는 시각과 곧 전쟁이 발발할

구소, 『냉전 아시아의 문화풍경 1 : 1940~50년대』, 현실문화, 2008, 32쪽.
45) 정재석(2009), 앞의 논문, 193~194쪽, 201~215쪽.
46) 세계를 양분한 이데올로기의 대립 상태는, 소위 포화를 발사하지 아니하는 전쟁이라는 의미로 '냉정전쟁(冷靜戰爭)'이라 지칭됐다.(노철, 「평화와 전쟁의 대립」, 『신천지』, 1949.07, 17쪽.)

것이라는 시각이 공존했다.[47]

흥미로운 것은 냉전 구도 하에서 한반도 중심으로 세계 지도를 그리는 방식이 식민지시기의 동아공동체론과 흡사하다는 점이다. 특히 우익 측에서는 주한미군이 철수하고 한반도의 전략적 기지로서의 가치가 평가 절하되던 1949년[48]을 전후로 한반도가 중심이 된 태평양 방위동맹의 필요성을 역설하기 시작한다. "한국 - 필리핀 - 중국이 주축이 된 태평양 동맹은 단일적인 전체주의 이념을 강요하는 '볼쉐비키'를 배격해 민주주의 요소의 개발과 발전"을 도모하며, "반공체제인 동시에 일본의 재흥을 제재하는 아세아제국의 단결체여야 할 것"[49]을 주장했던 것이다. 그런데 한국이 주축이 되어 공산세력의 침투를 막는다는 아시아제국 단결체 - 태평양동맹은, 실상 일본과 조선이 주축이 되어 서양세력의 침투를 막겠다는 동아공영권의 논리를 반복하고 있었다. 게다가 동아공영권 내 아시아 국가의 연대가 제국 일본을 배제하고는 상상할 수 없었던 것처럼, 태평양 동맹은 한국이 중심이 되더라도 '핸들'을 잡는 주체는 미국으로 간주하며 미국의 지속적인 지원을 기대했다. 해방 후 태평양동맹에 관한 논의는 동아공동체론의 식민성을 반복하며 '아시아'를 재호출했던 것이다.

이 절에서는 해방 직후부터 새로운 전쟁이 화두로 떠오르고 냉전적 세계관이 확산되는 상황에서, 당대 사회 분위기가 극작품 속에 어떻게 형상화되고 있는지를 읽어보려 한다. 앞으로 해방기 연극의 지정학을 파악하기 위해 우익연극운동을 이끌었던 유치진과 오영진, 사실주의극과 대중극을 넘나든 김영수, 진보적 리얼리즘 연극을 도모했던 정범수,

---

47) 「좌담회 - 古界는 어디로 가나」, 『신천지』, 1948.09, 5~15쪽.

48) 강인철, 「한국전쟁과 사회의식 및 문화의 변화」, 윤해동 외 엮음, 『근대를 다시 읽는다』, 역사비평사, 2006, 385쪽.

49) 김상흠, 「태평양동맹과 동아의 정국」, 『신천지』, 1948.09, 19쪽.

박로아 등의 극에 주목할 것이다. 이들의 텍스트를 통해 제국의 지정학을 재생산하며 해방 이전의 식민성을 지속하는 한편, 식민주의적 지정학으로부터 거리를 두고 있는 해방기 연극의 복합적 측면을 파악하려 한다. 구체적으로 냉전적 세계관과 식민지시기 동원논리를 확산함으로써 과거의 식민성을 반복하는 극과 함께, 미소 군정 하의 피폐한 현실에 집중함으로써 식민지인으로서의 위치를 재인식하고 독자노선을 모색하는 극을 살펴볼 것이다. 이를 통해 해방기 연극의 식민성 문제를 재조명할 수 있으리라 보인다.

1) 민주 · 공산 이분구도와 해방공간의 이념화

냉전기 한국은 "아시아에서의 봉쇄를 위한 시험대"로 여겨졌으며,[50] 해방기 담론생산자들은 이념 성향을 막론하고 한반도의 전략적 요충지로서의 성격을 강조했다. 이 같은 상황 속에서 이념 대립과 거리를 두고 조선의 독자 노선을 모색했던 오기영 역시 조선이 "신전쟁 돌발 가능성"을 가진 나라이며, 그 지리적 운명으로 인해 "화약고로서 위험지구"가 된 현실을 개탄[51]했다. 당대에는 '발화(發火)의 초점'으로서 조선의 이미지가 강조됐고, 이념 대결구도에 기반한 냉전적 세계관은 좌우익을 불문하고 해방기 심상지리의 근간을 구성했던 것이다. 즉 담론생산자들의 상상 속에서 식민지시기 동·서양 이분구도는 민주·공산 이분구도로 재편되었으며, 조선은 언제나 새로운 국제질서의 중심에 있었다.

---

50) James I. Matray, 「한국 : 아시아에서의 봉쇄를 위한 시험대」, Bruce Cumings 외, 『한국전쟁과 한미관계』, 박의경 역, 청사, 1987, 233쪽.
51) 오기영, 「미국의 대조선여론」, 『신천지』, 1947.02, 32~34쪽.

해방기 냉전적 세계관을 반영하는 좌익의 연극으로는, 3차대전을 가정하며 실력양성론을 부르짖는 정범수의 「변천」(1946)과 미군정을 등에 업은 우익을 부정적으로 재현하는 함세덕의 「고목」(1947)[52] 등을 들 수 있다. 변형된 오리엔탈리즘에 입각한 냉전이데올로기는 우익, 특히 유치진의 희곡에서 두드러지는데, 작가는 「자명고」(1947), 「원술랑」(1950) 등에서는 좌익·공산 세력 배척을 주장하고, 「조국」(1946), 「흔들리는 지축」(1947) 등에서는 미국이라는 선진문명에 대한 동경과 '일등국' 욕망을 표출한다.

정범수의 경우 「변천」(1946)에서 3차대전 위기론을 드러내고, 「너는 양반의 딸」(1946)에서는 계급을 초월한 "3천만 우리 동포 피같은 겨레"의 단합을 촉구한다. 또한 「소년 과학자」(1946)에서는 16세 소년 인선을 통해 실력양성의 중요성을 역설한다. 정범수의 희곡에는 이념적 배타성이 전면화되지 않지만, 그럼에도 「소년 과학자」에서는 냉전기 제국 소련에 대한 동경이 드러나며, 「변천」에서는 인민을 위협하는 또 다른 제국주의에 대한 경계심이 표출된다.

「소년 과학자」는 해방 후 농촌을 배경으로 소년 인선이 과학에 대한 열정으로 무지한 아버지를 깨우치고, 아버지의 후원을 얻는 과정을 담고 있다. 조국의 미래를 생각하며 과학적으로 농사를 지어야 할 필요성을 절감하는 인선과 달리, 아버지 경칠은 어수룩한 농부의 선산 매매 흥정을 붙이고 중개료를 받아내는 등 구태적 행동을 반복한다. 결국 인선과 주변 사람들은 건국 사업에 있어 토지개혁과 배움의 중요성을 경칠에게 일깨우는 데 성공하고, 경칠은 앞으로 술을 끊고 아들의 공부를 지원해 줄 것을 약속한다. 가족 간의 소소한 갈등과 화해로 마무리되는 「소년

52) 「고목」에 대해서는 Ⅴ장에서 구체적으로 설명하기로 한다.

174

과학자」에서는 인선의 발화 속에 등장하는 소련의 이미지가 주목되는데, 인선은 구시대적 계급의식에 사로잡혀 있는 아버지를 보며 자신의 유토피아—소련에 대한 동경을 표출한다.

> **인선**   (잠든 부친을 바라보다가) 아-마음대로-배울 수 있고 마음대로 연구할 수 있다는 저 북쪽 나라 소련 사정이 알고 싶다. 전 국민이 다 나서서 제 마음대로 일하며 제 재주대로 연구해내니 그 나라가 강국이 되는 것은 당연할 일이 아닌가-.(60)

「소년 과학자」가 강국 소련에 대한 선망을 표출한다면, 「변천」은 이념 대결구도에 입각해 상대 진영에 대한 경계심을 드러낸다. 「소년 과학자」와 마찬가지로 해방기 건국 도상에서 민중의 의무를 역설하는 「변천」은, 징용갔다 돌아온 '귀환한 청년'이 주축이 되어 신세계의 도래와 실력양성론을 천명한다는 내용을 담고 있다. 막이 열리면 농부들이 해방 전만도 못한 배고픈 상황을 개탄하고, 신 첨지는 징용나간 아들을 기다리며, 분이는 지주의 손자인 진석에게 토지국유화론의 당위성을 설명한다. 이에 깨달은 바가 있는 진석은 조부에게 한문 공부를 그만 두고 신학문을 배우겠다고 선포하고, 분이의 오빠인 학선은 진석의 조부에게 한글을 배워야 할 필요성에 대해 이야기한다. 마침내 징용갔던 이들이 돌아오는데, 신 첨지의 아들인 선홍은 돌아오지만 수돌의 형인 수동은 고향 땅을 밟지 못한다. 마을 사람들은 수동의 죽음에 슬퍼하며 일본 제국주의에 대한 적개심을 표출하고, 학선과 선홍은 소수의 야심가들이 초래할 또 다른 전쟁을 경계하며 새로운 조선 백성의 의무를 역설한다.

극 중 작가의 주제의식을 대변하는 인물은 학선으로, 그는 세상의

흐름을 읽지 못하는 진석 조부와 대립하며 불평등한 소작료를 문제
삼고, 동포가 단합하여 선진문명을 배워야 한다고 주장한다. 평등한
세계에 대한 이상은 작품 말미에 들리는 청년들의 노래를 통해 다시
한 번 강조되는데, 마을 사람들은 함께 손을 잡고 새로운 전쟁을 막을
것을 다짐한다. 「변천」에서는 특히 등장인물들이 3차대전을 직접 언급한
다는 점을 주목할 수 있다. 징용 경험을 통해 제국주의의 실상을 파악한
선홍이 "제3차 세계대전쟁"이 일어날 것을 예고하는 것이다. 즉 마을
사람들이 희구하는 평등한 세계와 대립하는 제국주의자들의 폭력적
세계가 환기되는데, 이때 인민의 대척점에 선 "소수의 야심가"들에게
전쟁의 책임을 돌리고 있다는 것에서 작가의 이념적 성향이 표출된다.
스스로를 약소민족으로 규정한 후, 평등한 세계를 대변하는 공산주의의
반대편에 제국주의 세계를 배치함으로써 이분법적 심상지리를 구축하는
것이다.

　식민지시기 징병 및 징용 나갔던 청년이 이념으로 재무장해 귀환하는
경우는 오영진의 「살아있는 이중생 각하」(1949)에서도 확인할 수 있다.
오영진은 이 작품에서 일본인에게 빼앗은 국유림을 경영하고, 미군정청
과 결탁해 재산과 권력을 지키려는 모리배 이중생의 부정적 행각을
풍자하는데, 그런 이중생을 척결하는 역할을 귀환한 아들 하식에게 맡기
고 있다. 하식은 작가의 주제의식을 설파하는 인물로, 극 말미에 이르면
절대적 권위를 가진 하식의 발화 안에서 공산주의가 신생조선의 새로운
적으로 지정된다.

　　하식　　일본놈에게 끄려가 죽을 고생을 하다가 그것두 모자라 우리
　　　　나라가 독립된 줄도 모르고 화태에서 십년이나 고역을 치르고

돌아온 하식이올시다. 화태에서는 아직두 아버지 같은 사람이
떠밀다시피 보낸 젊은이와 북한에서 잡혀온 수많은 동포가 무지
막도한 소련놈 밑에서 강제 노동을 허구 있어요.(110~111)

작가는 「살아있는 이중생 각하」에서 일본과 미국이라는 제국에 결탁했
던 이중생의 말로를 풍자하지만, 동시에 하식의 발화를 통해 '소련'과
'독재자'를 비판한다. 하식은 식민정책의 피해자이자 새로운 세계를
보고 돌아온 청년이라는 점에서 발화의 특권을 갖게 되는데, 그 역시
「변천」의 귀환자 선홍과 마찬가지로 냉전적 세계관을 표출한다. 그런데
하식의 발화 안에는 이중생과 같은 모리배들이 기생할 수 있었던 기저,
즉 미군정53)에 대한 언급이 배제되어 있다. 극 중 미군정 지배 하에서
발생한 사회 문제들이 결말부에 이르러 이중생 개인의 문제로 축소되고,
하식의 비판의 날은 갑자기 공산주의를 향하게 된다. 이처럼 「살아있는
이중생 각하」는 결말부에 이르러 신세대와 구세대, 남한의 민주주의와
북한의 공산주의라는 이분구도로 집약되고, 역사에서 퇴장할 친일 잔재
―이중생 대신 공산주의가 새로운 투쟁대상으로 환기되면서 냉전적
세계관이 강화된다. 하식의 귀환 후 이전까지의 풍자극적 성격이 약화되
고, 극은 반공주의극의 전조를 보여주며 마무리되는 것이다.54)

유치진의 경우 정범수나 오영진보다 적극적으로 냉전구도를 차용하면
서 이념의 우위에 입각한 당위론을 설파한다. 해방 직후 좌익극작가들이
활발한 작품 활동을 전개하는 와중에 침묵을 지켰던 유치진은, 단막극

---

53) 미군정은 귀속재산의 매각을 통해 그 당시 지배적 경향이었던 국유화에 반대하는
   사적 소유와 자본주의 경제질서를 조성해 반공체제를 구축하고자 했다.(이혜숙,
   『미군정기 지배구조와 한국사회』, 선인, 2008, 240쪽.)
54) 「살아있는 이중생 각하」에 대해서는 5장에서 구체적으로 설명하기로 한다.

「조국」(1946)을 발표하면서 본격적으로 극작활동을 재개한다. 작가는 「조국」을 제외하고는 주로 심리적으로 가까운 역사 대신 먼 역사를 소환해 이념의 대결 구도를 극화하는데, 그 과정에서 역사적 사건이 적절하게 취택되는 것을 확인할 수 있다.[55]

「조국」에서 작가는 시간적 배경을 1919년으로 설정하고, 청년 정도의 발화를 통해 해방된 조국에서 국민의 의무에 대해 피력하고 있다. 극 중 대한제국 군인의 아들인 정도는 동지들과 함께 만세운동에 참여하려 하나 어머니의 만류로 갈등한다. 하지만 정도는 독립선언서 낭독소리를 듣고 뛰쳐나가고, 종국에 일본헌병 또한 학생들과 함께 만세를 부르게 된다.[56] 「조국」에서는 국가를 되찾기 위해 2천만 민족이 결집해야 함이 강조되는데, 이때 '내 강산', '내 민족'에 대한 발화는 단일민족 관념에 의거해서 국민 정체성과 결부된 '우리나라 고유의 영토'를 확정하는 방식을 보여준다.[57] 그렇게 유치진은 식민지시기 대동아라는 지리적 배치 하에 사라졌던 '우리 민족'의 경계를 복원한다.

유치진이 해방 후 처음 발표한 것으로 알려진 「조국」은 3·1운동 추모 분위기에 편승하는데, 흥미로운 점은 같은 소재를 차용한 김남천의 「3·1

---

55) 역사소재 연극에 대해서는 주로 3장에서 논의했지만, 「조국」의 경우 미국에 대한 관념이 처음으로 형상화된 유치진의 희곡이라는 점에 주목해 Ⅳ장에서 거론한다.

56) 「조국」은 47년 판본의 경우 전 2막으로 구성되어 있으나, 71년 판본에서는 1막 2장으로 개작된다. 전개 양상은 거의 유사하나 초판본과 개작본의 결말이 다른데, 초판본은 정도가 헌병을 죽이고 어머니가 투쟁에 참여하면서 끝나지만, 개작본은 헌병을 죽이려고 하는 정도를 어머니가 제지하고, 헌병 역시 조선 사람들과 함께 만세를 부르는 것으로 종결된다. 이 책의 줄거리 소개는 개작본을 참고했다. (「조국」의 개작 양상에 대해서는 이상우, 『유치진 연구』, 태학사, 1997, 185~190쪽 참조.)

57) Tessa Morris-Suzuki, 「근대 일본의 국경 만들기 - 일본사 속의 변경과 국가, 국민 이미지」, 임지현 엮음, 『근대의 국경 역사의 변경』, 휴머니스트, 2004, 196쪽.

178

운동」, 함세덕의 「기미년 3월 1일」과 「조국」 사이의 간극이다. 특히 다양한 실존인물들의 이해관계를 역사적 사실에 따라 재구성한 함세덕과 달리, 유치진은 소소한 갈등과 낙관적 결말로 마무리되는 멜로드라마 수법을 차용한다. 그 결과 「조국」에서는 3·1운동이 정도 가족의 문제로 축소되고, 극의 갈등은 정도를 잃지 않으려는 어머니의 모성애에서 비롯된다. 「조국」에 대한 다음의 연극평은 이 작품의 멜로드라마 성격을 짐작케 한다.

> 관객들의 소감을 들어보면 「몹시 울었다-」라고 한 마디로 대답한다. 내가 보기에도 작자는 몹시 울리기에 노력한 자최가 보였으며 객관적 표현보다는 주관적 표현에 애쓴 證左라고 나는 생각한다. 좌우간 극작가는 무대 속에 뛰여들어선 안 된다. 언제나 냉정한 비판적 입장에서 무대를 바라보면서 쓰지 않으면 울리는 劇이나 웃기는 劇으로 化해버리기 쉬운 것이다.[58]

유치진은 「조국」에서 역사의 일면을 관객의 웃음과 눈물을 자아내는 멜로드라마로 재구성함으로써 대중성을 확보한다. 특히 작가는 3·1운동의 정치적 성격은 삭제한 채 극적 흥미를 유발하는 데 치중하는데, 당시 3·1운동을 극화한다는 것은 그간 침묵하던 유치진이 극작 활동을 재개하기에 적절한 방편이었던 것으로 보인다. 주목할 점은 소소한 가족 멜로드라마로 축소된 「조국」에서 향후 유치진의 정치적 행보를 추측할 수 있다는 점이다.

극 중 유의해서 볼 것은 정도의 친구이자 그를 독립운동의 길로 이끄는

58) K.S 生, 「극평-유치진 작 「조국」을 보고」, 『백민』, 1947.05, 48쪽.

혁의 대사인데, 여기서 미국은 조선과 같은 약소민족의 해방을 지원하는 정신적 후원자로 등장한다. 윌슨의 민족자결주의의 실제 발화 맥락은 고려되지 않은 채, 그 표면적 순수성만이 강조되고 있는 것이다. 이처럼 작가는 3·1운동의 기반을 미국 대통령이 내세운 민족자결주의에서 찾으면서, 해방기 남한을 점령한 새로운 제국—아메리카에 대한 신뢰를 드러낸다. 일본이 축출해야 할 대상이자 민족의 억압자라면, 미국은 모방해야 할 대상이자 민족의 후원자로 규정되면서 「조국」에서는 두 외세의 이미지가 양 극단에 배치되는 것이다.

「흔들리는 지축」(1947)은 8월 15일 해방된 순간의 감격을 극화한 작품이다. 시골 마을을 배경으로 주민들과 일본 순사 간의 갈등을 담고 있는 이 극에서, '징병기피자'인 청년 을봉은 어렵게 몸을 숨기지만, 순사는 어떻게든 을봉을 찾아내 전장에 동원하려 한다. 을봉과 마을 처녀 옥분의 로맨스는 경직된 극의 분위기를 이완시키는데, 순사가 을봉을 찾기 위해 옥분을 고문할 것이 예고되면서 갈등은 정점에 이른다. 하지만 일본의 항복 소식이 들리면서 문제는 해결된다.

이 극에서 주목할 점은 수동적인 마을 주민들이 독립의 주체가 되지 못한다는 사실이다. 조선인들은 치열한 전쟁 상황과 동떨어져 있고, 새 시대를 구현할 을봉 또한 강제 징집을 피해 숨어 다니기 바쁜 상황이기에, 독립의 주체가 되어야 할 조선 민족의 자리는 아메리카가 대신 채우게 된다. 극 초반 을봉의 대사에서 나타나는 것처럼 하늘을 떠다니는 미국 비행기는 조선 민족의 이상향이자 구원자로 형상화되는 것이다.

여기서 역시 징병기피자의 이야기를 다룬 김사량의 「봇똘의 군복」(1946)과 「흔들리는 지축」을 비교해보면, 두 작품 모두 해방기 학병기피자들의 민족서사[59]와 관련되어 있음을 짐작할 수 있다. 그러나 두 작품은

180

결말을 처리하는 방식에 있어 구분되는데, 「봇돌의 군복」에서는 징병기피자 칠성의 도주가 계속되는 가운데 그의 연인 서분네가 주재소에 불을 지르고, 동생 봇돌은 헌병을 살해하면서 지배자에 대한 치열한 투쟁이 계속될 것임이 암시된다. 반면 「흔들리는 지축」에는 「봇돌의 군복」에서 나타난 저항운동의 치열함이 삭제되고, 징병기피자 을봉은 미국 비행기라는 데우스 엑스 마키나(deus ex machina)에 의해 구원받는다.

식민지 조선에 독립을 '가져다 줄', 실체 없이 소리로만 환기되는 아메리카 비행기는 조선의 독립을 '대신' 성취하고, 비행기에서 뿌려진 삐라가 무지한 조선 민족에게 해방의 사실을 공고한다. 유치진은 아메리카 비행기에 대한 묘사를 통해 평화의 수호자로서 미국의 이미지를 강화하는 것이다. 극 중 을봉은 국가를 상실한 슬픔을 토로하며 제국 일본을 강하게 비판하지만, 아메리카라는 외세에 대해서는 호의적인 태도를 보인다. 또한 마을 주민들은 아메리카로부터 주어진 독립에 환호하며, 민족의 앞날에 대해 낙관한다. 작가는 주민들이 함께 노래를 부르는 결말을 통해 대동아라는 테두리 안에서 2등 국가에 머물렀던 조선이 이제는 "세계에 일등국"이 될 것이라는 희망찬 전망을 제시한다. 그런데 명시적으로 드러나 있지는 않아도 해방된 조선의 위치가 일등국으로 재배치되는 기저에는 아메리카가 자리잡고 있고, 이는 제국 일본에 편승해 세계의 중심이 되려 했던 식민지시기 지식인의 상승 욕망을 닮아 있다.

강돌이 삼천만 우리 겨레 길이 길이 화목하여

59) 최지현, 「학병의 기억과 국가―1940년대 학병의 좌담회와 수기를 중심으로」, 『한국문학연구』 32집, 2007, 476쪽.

강돌이·동민A·박씨   세계에 일등국을 누리고 누리고저! (129~130) (고딕
글씨는 필자 강조)

　살펴본 것처럼 작가가 「조국」과 「흔들리는 지축」에서 주장한 것은
'우리 겨레의 단결'로, 이때 미국은 독립의 정신적 후원자로 배치됐다.
이후 유치진은 좌익 세력이 약화된 47년을 기점으로 반공주의를 적극
표명하는데, 1950년 『백민』에 발표한 「장벽」에서는 민족국가 수립과
관련해 노골적으로 반공의식을 드러낸다. '계몽용 대본'이라 표기된
이 작품에서는 민족을 구호로 내세워 좌익을 반민족세력으로 치부하는
방식을 확인할 수 있는데, 작가가 좌익을 공격하는 근거는 이들이 신탁통
치를 찬성했기 때문이다.
　「장벽」에는 38선에 의해 국토가 양분되고 분단이 고착화되는 과정이
드러나 있는데, 통행증에 대한 묘사를 통해 남북한의 이동이 자유롭지
않았던 당대 정황이 구현된다. 주요 등장인물은 주막을 경영하는 조씨
부부와 그의 아들 태원 그리고 주막에서 심부름을 하던 똘똘이로, 해방
후 보안대 행세를 하는 똘똘이에 대한 비판적 묘사를 통해 좌익-찬탁론
자들의 입지가 부정된다. 북쪽에서 해방은 반민족주의자들이 활개칠
계기를 마련했고, 이에 편승해 똘똘이 같은 '벌러지'들이 선량한 주민들과
전재민들을 착취한다. 조씨 부부와 전재민 행객은 좌익의 행각을 강하게
비판하는데, 그 와중에 행객은 보안대에 붙들려가게 된다. 이후 조씨
부부가 이남에 있는 아들 태원에 대한 걱정으로 월남하는 문제에 대해
고민하는 사이 변장한 태원이 부모를 찾고, 오랜만에 만난 가족은 짧은
행복을 누린다. 태원은 부모에게 자신과 함께 월남할 것을 권유하지만
조씨 부부는 아들에게 짐이 될 것을 우려해 거절한다. 보안대와 똘똘이는

다시 주막을 급습하고, 부부는 재치로 이들을 따돌린다. 이윽고 숨어있던 태원이 나타나 부모와 포옹하는 가운데 막이 내린다.

극에서는 보안대와 태원 사이의 직접적 갈등은 표출되지 않으며, 대신 조씨 부부와 전재민, 태원 등의 발화로 신탁통치 찬성자들에 대한 비판의식이 표출된다. 이를 통해 작가는 좌익을 해방 이후의 매국노로 치부하며, 이들이 목표하는 것은 조선을 재식민지화하는 것이라 주장한다. 또한 인민의 해방을 내세운 이들이 오히려 선량한 주민들, 가난한 전재민을 착취하고 있다는 설정을 통해 사회주의 이념의 허상을 공격한다. 식민지 시기 머슴이었다 해방 후 보안대의 끄나풀이 된 똘똘이의 행각은, 좌익이 주장하는 계급 해방 논리를 비판하기 위한 설정으로 보인다.

> **행객** 하하하… 40년 전에 이완용 일파가 조선파라 먹든 때와 똑같은 소릴 뒤푸리허시는군 그래. 그때 그 이완용 일파두 조선이 왜놈허구 손을 잡아야 조선민족은 영원한 행복을 누릴 수 있다구 했어. 어쩌면 매국노들의 허는 소리는 이러케두 같으냐?(250) (고딕 글씨는 필자 강조)

「장벽」에서 조국에 장벽을 세운 책임은 러시아에 의탁해 찬탁운동을 벌인 북한 정부에게 돌아가고, 이 장벽을 이용해 배를 채우는 '삼팔선 벌러지' 똘똘이가 좌익의 타락상을 현시한다. 반면 "우리 청년의 힘으로 나라는 한 덩어리로 독립해야 한다"는 당위론을 내세우는 태원은 민족의 선구자로 배치된다. 그런데 유치진은 「장벽」에서 분단 현실에 대한 대안을 제시하기보다 좌익 측의 허상을 공격하는 데 주력하면서, 극은 사회주의 타락상을 전시하는 데 그치게 된다. 또한 전재민의 귀환이나 통행증

발급 같은 현실적 문제들이 일부 삽입되고 있음에도 불구하고, 당대의 사회상은 철저하게 이념화되어 극화된다.

유치진이 해방 후 발표한 대다수 연극이 우익의 정치논리를 뒷받침하고 있음에도, 「장벽」에는 유독 계몽용 대본임이 부기되어 있다. 그만큼 「장벽」에는 작가의 주장이 노골적으로 드러나는데, 여기서 계몽이란 찬탁론자들을 비판하면서 우익의 순수성을 역설하는 것이었다. 그런데 이북의 정치적 폐해를 극대화하면서 장벽이 허물어져야 하는 당위성을 주장하는 논리는, 동시에 동족 간의 전쟁에 대한 지지 기반으로 작동할 수 있었다는 점에서 문제적이다. 단독정부 수립 후 유치진의 반공주의는 더욱 명시적이고 극단적인 방향으로 드러나는 것이다. 그러므로 「조국」, 「흔들리는 지축」에서 「장벽」, 「원술랑」으로 이어지는 유치진의 해방기 연극을 통해 작가의 냉전적 세계관이 심화해 가는 일련의 흐름을 파악할 수 있다.

1항에서는 정범수, 오영진, 유치진의 연극을 통해 당대 세계 질서에 입각해 해방공간을 이념화시키고, 냉전적 사고를 확산하는 양상들을 살펴봤다. 이를 통해 제국에 의탁해 일등국 욕망을 표출하는 방식이 식민지시기부터 지속된 식민성을 반복한다는 점에서 문제적임을 지적했다. 2항에서는 해방 후 조선을 점령한 제국에 대한 비판적 시선을 노출하고, 해방공간의 문제들을 객관화시켜 극화하는 연극을 살펴보기로 한다.

2) 제국 · 후식민지 구도와 해방공간의 객관화

해방 직후 민주주의와 결부되었던 아메리카에 대한 관념들은 군정통치 1년이 지나자 '재조정' 국면으로 접어들었고, 지식인들은 좌우를 막론하고 미군정의 실책에 대한 비판의 강도를 높여갔다. 그리하여 미군정 통치기 아메리카에 관한 표상은 견제와 균형 속에 고르게 생산[60]될 수 있었으며, 단독정부 수립 이후에는 '경제적 이권 보전'과 '상품 시장 확보'를 위해 아시아에서 냉전 구도를 구축하는 미국의 공세를 비판하는 논의도 이어졌다.

즉 미군정 지배의 폐해가 드러나고 독립에 대한 비관적 전망이 고개를 들면서 "미소가 다시 새로운 지배자가 된다거나 우리 민족을 다시 식민지적 노예로 예속화한다면 우리 민족은 항전해야 할 것이다",[61] "미군정은 조선에 대한 예비지식과 준비가 부족했고, 조선의 민심을 바르게 잡지 못했다"[62]는 입장들이 공감대를 얻게 됐다. 해방 직후 미군정의 정책 실패에 대해 축적된 불만은 1946년 10월 인민봉기로 정점에 이르는데, 북한에서는 통치가 주민들을 자극하지 않는 방식으로 이루어지면서[63] 표면적으로 큰 충돌은 발생하지 않았다. 이에 따라 해방기 군정 지배를 문제삼는 희곡의 경우, 주로 그 비판은 미국에 의한 정치, 사회적 예속 상태를 향하고 있다.

일제 말기 국민연극 「개화촌」을 발표했던 박로아는, 해방 후 역사소재극 창작을 통해 더욱 활발한 작품 활동을 전개한다. 작가는 해방을 맞아 새시대 연극의 의무를 언급하는데, 상업주의 신파연극으로 치우쳐있는 연극계 현실을 비판하며, 새로운 사회층의 이데올로기를 반영하고 계급

---

60) 장세진, 「상상된 아메리카와 1950년대 한국문학의 자기 표상」, 연세대학교 박사학위논문, 2008, 44~47쪽.
61) 김오성, 「우리의 의혹을 풀게 하라」, 『신천지』, 1947.02, 84쪽.
62) 이갑섭, 「미군정에 대한 희망」, 『신천지』, 1947.02, 92~93쪽.
63) 김영수, 「북한지역의 정치적 동태와 소군정」, 한국정신문화연구원 현대사연구소 편, 『한국현대사의 재인식 1 - 해방정국과 미소군정』, 도서출판 오름, 1998, 253~255쪽.

적 특성을 묘사하는 방법을 체득해야 한다고 주장한다.[64] 국민연극 「개화촌」이나 작가의 해방기 역사소재극과 마찬가지로 멜로드라마의 설정을 활용한 장막극 「애정의 세계」(1949)는, 화가 강문수가 허위의식에 차있는 아내를 버리고 진정한 사랑을 찾아 나가는 과정을 담고 있다. 극 중 강문수의 처 순정은 미국문화에 경도되어 있는데, 작가는 순정과 그녀의 딸의 친구인 금련을 통해 무분별한 미국문화 추종 현상을 비판하며, 동시에 전재민, 학병문제 같은 사회 현실을 포착해낸다.

극 초반 미군에 의탁해 돈을 버는 순정은 남편의 만류에도 불구하고 보따리 장사를 하러 북쪽으로 가겠다고 선언하고, 문수는 자신의 집에 거주하는 전재민이자 성악가인 경희에게 매료된다. 이후 문수가 자신의 딸 윤희와 결혼하려는 토건회사 사장 대균에게, 윤희가 이미 결혼한 전력이 있고 남편은 학병나갔다 죽었다는 사실을 알리면서 가족 간의 갈등은 증폭된다. 2막은 1막부터 두어 달이 지난 시점으로, 순정이 부재한 상태에서 대균은 여자로서의 미덕이 없는 어머니를 뒀다는 이유로 윤희와 결혼할 수 없다며 경희에게 사랑을 고백한다. 또한 문수 역시 경희에게 자신을 구제해 달라며 애원한다. 윤희는 대균이 경희에게 보낸 편지를 보고 자신의 어머니를 객관적으로 직시하게 되고, 경희는 대균과 문수 중 문수를 택한다. 이후 보따리 장사하러갔다 보안대원에게 짐을 빼앗긴 순정이 뒤늦게 집으로 돌아오고, 순정은 문수의 결혼 소식에 분개하다 양잿물을 마신다. 결국 그간의 행태를 반성한 순정은 경희를 불러 문수와 함께 하라 권하고, 자신은 올바르고 굳센 어머니가 될 것을 다짐한다. 대균은 자신의 행동을 반성하는 윤희에게 다시 결혼하자고 말하고, 문수와 경희 역시 새로운 삶을 시작한다.

---

64) 박로아, 「민족연극건설의 기초」, 『국제보도』, 1948.01, 25쪽.

186

극은 순정-문수-경희, 경희-대균-윤희라는 두 축의 삼각관계를
중심으로 진행되는데, 작가는 문수가 물질(순정) 대신 정신(경희)를 택하
고, 대균이 각성한 윤희와 결합한다는 결말을 통해 정신적 가치의 우위를
역설한다. 극 중 통역을 하는 순정은 미군정과 결탁한 모리배로, 파티를
즐기고 불법 행상을 하면서 남편과의 불화를 조장한다. 마찬가지로 미국
문화를 추종하는 금련은 하와이 출신 남자를 따라 미국에 가서 살겠다는
꿈에 부풀어 있지만, 남자는 일제시대 군부에 붙어 청부업을 하다 거지가
되어 돌아온 전재민이었다. 결국 금련은 그에게 사기를 당하고, 정조까지
잃게 된다. 이처럼 박로아는 미국문화에 경도된 여성들을 비판하고,
그녀들이 회개하는 결말을 통해 당대 '헬로걸'에 대한 부정적 인식을
표출한다.

「애정의 세계」에서 조선과 미국, 정신과 물질, 민족주의와 개인주의의
대결구도는 다시 남녀 대결구도로 환치되고, 부정한 여성들이 남성들에
의해 국가와 민족의 이름으로 교정되면서 극은 남성주체의 윤리적 교화로
마무리된다. 이봉범이 지적하듯 해방공간에는 도의, 풍기, 퇴폐, 향락,
오락 등과 관련된 생활윤리 담론이 양산됐는데, 대체로 여성층의 풍기
문제가 중심을 이루었다. 당시 유흥시설의 난립과 향락적, 퇴폐적 풍조가
사회 전반에 만연해 있었고, 허영녀, 양녀, 국치랑(國恥娘) 등을 숙청하여
민족을 '재생'한다는 논리가 지배적으로 등장하는 가운데 여성은 계몽과
교화의 대상으로 취급[65]됐던 것이다. 특히 '헬로걸' 혹은 '양갈보'라
비하되는 여성들에게는 사치와 천박함 외에 반민족주의자 이미지까지
덧씌워졌다.

[65] 이봉범, 「해방공간의 문화사-일상문화의 실연과 그 의미」, 『상허학보』 26집, 2009, 43쪽.

미국 문화를 향유하는 여성을 해방기 재식민화의 원흉으로 지목하는 풍조에 편승해, 「애정의 세계」에서도 모든 부정적 가치는 여성들의 것으로 배치된다. 뿐만 아니라 남성주체가 도덕적 우위에 서서 이들을 계몽하게 되면서 젠더 이분구도에 입각한 시각의 편협성이 드러난다. 박로아는 극 중 멜로드라마적 이분구도에 입각해 남성-조선적 가치의 우월성을 제창하고, 자유주의에 물든 여성을 교화 대상으로 설정함으로써 남성주체의 계몽적 시각을 고스란히 노출하고 있다. 식민지시기 남성주체가 여성을 타자화함으로써 근대적 주체로 거듭날 수 있었듯이, 해방기 남성주체가 민족주체로 진화하기 위해서는 여성에 대한 타자화가 수반됐던 것이다. 따라서 순정과 금련의 미국 추종이 이후 그녀들이 받게 되는 폭력적 징치의 합당한 이유가 될 수 있냐는 점에 대해서는 비판적으로 살펴볼 필요가 있다.

이러한 한계에도 불구하고, 「애정의 세계」에서는 당대 조선을 점령한 미국 정치·문화의 다양한 문제점들이 드러난다는 점을 주목할 수 있다. 해방이 되어도 돌아오지 못한 청년들이 즐비하고, 돌아온 귀환자들도 체제 내에 안착하지 못하면서 전재민들이 늘어갔다는 현실을 고려할 때, 「애정의 세계」는 당대의 실상을 적절하게 포착해낸다. 곧 "어떻게 된 놈의 해방인지 모르겠다", "미군이 조선 사업가를 신용하지 않기에 어렵다"는 요지의 대사 외에도, 모리배, 헬로걸들에 대한 비판은 결국 상위 심급인 미국을 향하게 된다. 작중 세계에서 발생하는 모든 문제는 미군정 하의 윤리적 타락과 결부된 것이기 때문이다. 이처럼 박로아는 멜로드라마의 외피를 쓰고 당대 '후원자'이자 '구원자'로 확산된 미국의 지배적 이미지를 전유하고 있다. 또한 결말부에서 순정의 홀로서기를 통한 여성의 교화와 재생을 다루지만, 미군정 하의 병폐에 대한 문제의식을 지속하면서 시국에 대한 섣부른 낙관을 지양한다.

물론 미군정에 대한 비판은 계급의식에 기반한 민족연극을 제창한 박로아의 이념적 성향과 결부시켜 생각해 볼 수 있다. 박로아는 이후 「선구자」(1950)에서 '모스크바=혁명과 예술의 도시', '러시아=조선의 해방자'로 배치하며 소련을 이상화한다. 「선구자」에서 무대가 조선에서 북경으로 바뀌는 4막 1장은 흐름상 제외돼도 무리가 없는 부분인데, 이 장에서 "문제의 열쇠는 결국 스따린이 가졌소.", "일본은 시방 쏘베트가 나올까 봐서 속으로 전전긍긍하고 있소."(344) 같은 독립군들의 발화가 이어진다. 유치진이 「흔들리는 지축」에서 미국을 구원자로 상정했던 것처럼, 박로아 역시 노골적으로 소련을 이상화하는 것이다. 따라서 박로아가 「애정의 세계」에서 미군정 현실을 부정적으로 묘사하는 것은 상식적일 수 있지만, 이와 유사한 양태가 김영수나 오영진 같은 우익극작가의 텍스트 안에서도 발견되는 것은 흥미로운 지점이다.

김영수의 「혈맥」(1947)은 전재민, 적산가옥 문제 등 당대 현실을 복합적으로 조명하는데, 헬로걸이나 영어 열풍, 미군정 하의 불안한 상황에 대한 묘사가 「애정의 세계」와 겹쳐진다. 차이점은 「애정의 세계」가 전형적인 멜로드라마 구조에 입각해 있다면, 「혈맥」은 멜로드라마적 파토스를 강화하는 동시에 당대 상황을 사실적으로 재현하는 데 주력하고 있다는 점이다. 「혈맥」에서 도시 빈민의 삶은 구체적으로 형상화되는데, 이들이 거주하는 방공호에는 모리배가 활보하며, 털보는 아들에게 영어 공부를 시켜 미군부대에서 일하게 하려하고, 댄서인 백옥희는 파티문화에 취해 있다. 또한 징용갔다 돌아온 귀환자 원팔은 미군부대에서 나온 물품들을 팔러 다니며, 그의 동생 원칠은 이렇게 살 수는 없다며 절규하지만 당면한 현실은 나아지지 않는다. 미군정 하 전재민들은 체제 안에서 보호받지 못하고, 그들의 삶은 끝까지 불안하게 지속되는 것이다.

「혈맥」에서 보호받지 못하는 빈민들의 삶을 재현한 김영수는, 이후 미국문화에 대한 비판의 강도를 높여간다. 1948년 극단 신청년에 의해 공연된 「여사장 요안나」는 미국문화에 물든 지식인들의 허위 근성을 비판하는 작품이다. 「여사장 요안나」에서는 「애정의 세계」와 마찬가지로, 조선과 미국, 정신과 물질, 남성과 여성의 이분법적 대결구도가 형상화된다.

극 중 요안나는 화장법, 요리법, 사교춤 등에 관한 기사로 도배가 된 잡지 「신여성」의 발행인이자 신여성문화사 사장이다. 그녀는 돈있고, 교양있고, 호화스러운 여성으로 꼴푸와 같은 추종자들을 거느리고 있다. 그런데 실생활에서도 미국식 사고방식과 생활습관을 추종하던 요안나는, 종국에 "문화사업은 허영이 아니다"라고 말하는 신입사원 용호에게 마음을 빼앗긴 후 그의 가치관에 감화된다. 그렇게 사랑을 통해 사회적 지위가 역전되면서 남성−조선적−민족주의적 가치가 승리하고, 요안나가 상징하는 미국적−개인주의는 패배하게 된다.

> **용호**　허영을 버리시오. 가식을 버리시오. 문화사업은 허영이 아니요.(하더니, 힝나케 나가버린다.)(80)

> **요안나**　(쳐다보며 애원하듯) 간판을 떼겠어요.…… 모든 걸 내리겠어요. 그러구 난, 난……, 당신이 명령하는 대루 당신이 가라는 대루 그 길루만 똑바루, 똑바루, 가겠어요.(129)

김영수는 「여사장 요안나」에서 미국적인 것을 허영과 가식 등 부정적

덕목들과 동궤에 두고 조선적인 것의 우위를 재확인한다. 독립의 후원자 이자 문명화된 세계를 표상했던 미국의 부정적 일면들이 환기되고 있는 것이다. 이처럼 작가는 「여사장 요안나」에서 서로 다른 가치관을 갖고 있던 남녀가 사랑에 빠진다는 멜로드라마의 외피 이면에 미국식 사고와 미국 문화에 대한 비판적 인식을 표출한다. 김영수가 생산하는 부정적인 미국 표상은 그의 또 다른 희곡 「돼지」(1950)에서도 확인할 수 있는데, 이 작품 역시 미국적-서양적인 것을 추종하는 이들에 대한 강도 높은 비판을 담고 있다.

"해방되던 이듬 해, 어느 여름 날, 북촌 한 구석에서 일어난 이야기"를 다룬 「돼지」는 전통적 가치를 수호하는 국환과 서구 문명에 경도된 태환 사이의 형제 갈등을 담고 있다. "부평 무슨 부대에서 일을 본다"는 태환은 미군정과 관련되어 있는 인물로, '서양 자동차'와 '하와이' 같은 기표가 그의 정체성을 규정한다. 이후 다 쓰러져 가는 국환의 초가집에 서양 사람의 조선말 같은 어색한 말투를 쓰는 태환이 나타나 돼지를 판 돈의 일부를 내놓으며, 자신은 남양이나 하와이로 이주할 의사를 밝힌다. 국환의 아내 공씨는 돈을 보며 좋아하지만, 정작 국환은 태환을 비난하며 그를 바닥에 밀쳐버린다. 형의 비판에 각성한 태환은 자신이 "돼지만두 못헌 놈"이라며 잘못했다고 용서를 구한다.

「돼지」에는 성별 대립구도가 나타나 있지 않지만 주제의식을 드러내 는 방식이 「여사장 요안나」와 유사한데, 두 극 모두 멜로드라마 구조 안에서 조선적, 정신적 가치가 서양(미국)적, 물질적 가치의 우위에 놓여있음을 확인하는 양상으로 전개된다. 작가는 멜로드라마적 설정 안에 새로운 제국에 대한 부정적 시선을 표출하면서 미국에 대한 남한의 지배담론을 전유하는 것이다. 「돼지」의 태환은 서양 문화를 추종하는 요안나와 겹쳐지는 인물로, 그는 한 발 더 나아가 위생을 문제 삼으면서 조선적인 것을 야만화시키고 조선에서 살기를 거부한다. 조선어와 영어를 섞어 쓰는 괴상한 어투와 우물물은 마시지 않는다면서도 김치는 먹겠다는 태도가 태환의 어정쩡한 정체성을 현시하는데, 김영수는 자신의 입지를 투영한 국환의 훈계를 통해 미국문화 추종에 대한 비판적 시각을 표출한다.

결말부에 이르면 태환이 국환의 논리에 감화되면서, 극은 정해진 수순대로 국환─조선적인 것의 승리로 마무리된다. 김영수는 「돼지」를 통해 언어─혈연─국토의 동일성에 기반한 민족 정체성 관념을 표출하고, 이에 의거해 해방된 조선 민족이라는 상상의 공동체를 구성한다. 영어를 쓰고, 미국 여자와 결혼하려 하며, 미국에서 살기를 갈망했던 태환이 극적으로 교정되는 결말을 통해 미국적인 것을 배제하고, 언어─혈연─국토가 유기적으로 결합된 공동체를 제안하는 것이다.

오영진은 「살아있는 이중생 각하」에서 냉전구도에 입각한 반공논리를 역설하며, 미군정청과 결탁한 모리배를 풍자한다. 권두현은 「살아있는 이중생 각하」와 「정직한 사기한」(1949)을 묶어 두 작품에서 작가가 비판하고자 하는 대상이 "남한 경제를 포박하려는 전지구적 자본주의와 신식민적 구조"라고 주장한다.[66] 이는 오영진이 미군정 경제 정책의 문제점을 부각시키고 있다는 점에서 타당한 지적인데, 그럼에도 「살아있는 이중생 각하」에서 미군정에 대한 직접적 비판은 생략되어 있다. 즉 극 초반에 나타난 미군정에 대한 비판적 인식은 이후 하식의 강력한 반공주의 발화로 인해 희석돼 버린다. 반면 「정직한 사기한」의 경우 군정이 남긴

---

66) 권두현, 「해방 이후 오영진 작품에 나타난 무의식」, 『상허학보』 27집, 2009, 131쪽.

사회적 혼란에 대한 문제의식이 끝까지 일관되게 지속된다는 점을 주목할
수 있다. 전자가 냉전적 세계관에 기대어 민족의 적으로 공산주의를
지정한다면, 후자는 냉전구도로부터 거리를 두고 당면한 현실을 비판하
는 것이다.

　해방기 남한의 경제 상황을 돌아보면 모리배들은 적산 처분에 관여하고
밀무역을 감행했는데, 그 결과 인플레이션의 만성화, 민생의 불안 증대,
해외 자본으로의 예속성 위험 등 많은 폐단이 발생[67]했다. 특히 인플레이
션이 문제가 되면서 도시노동자들이 생존 위협에 시달렸지만, 당시 중앙
정부 정책이 치안확보 및 국고보강을 위주로 되어 있었기에 미군정은
위축일로에 있는 산업을 그대로 방치하였다.[68] 이에 따라 해방기 군정
지배를 문제 삼는 희곡의 경우, 주로 그 비판은 미국에 의한 정치, 사회적
예속 상태를 향하고 있다. 오영진 역시 모리배들의 모략으로 민생이
도탄에 빠진 상황을 묘사한 「정직한 사기한」을 통해, 미군정청과 미군정
을 계승한 남한정부의 실패를 드러낸다.

　「정직한 사기한」은 미군정에 예속된 상황에서 민생이 피폐해진 해방공
간의 혼란상을 담고 있다. 이 같은 불안한 현실 속에서 모리배와 사기꾼이
횡행하고, 정직하고 순수한 청년은 이들의 농간에 속아 범죄자가 되지만,
경찰로 대변되는 법체계는 약자를 보호하지 않고 도리어 이들을 잡아들인
다. 또한 정직한 청년은 '신원보증서'와 '추천서'를 받지 못하는데, 사회는
인민에게 스스로를 입증하라며 공식화된 문서를 요구하나 실상 그 문서는
얼마든지 위조가능한 것이라는 점에서 체제는 유명무실해진다. 작가는
모리배가 난무하는 현실과 함께, 법이 아무 기능도 하지 못하는 실상을

---

67) 김홍진, 「모리배론」, 『신천지』, 1946.12, 70쪽.
68) 이혜숙(2008), 앞의 책, 221쪽.

문제시하는 것이다.

주지하듯이 해방 후 혼란한 상황을 틈타 경제 교란을 기도하는 모리배가 난무했고, 덩달아 위조지폐단 무리들도 급증했다. 문제는 위조지폐 사건이 이념 대립과 결부되어 있었다는 점으로, 미군정에 의해 조선공산당 주요 간부들이 체포된 '조선 정판사 사건'은 좌익을 압박하기 위한 정치공작이라는 비판을 받았다. 오영진의 경우 경제적, 도덕적 병폐가 난무하는 현실을 포착한 「정직한 사기한」에서 민감한 사회 문제였던 위폐 문제를 다루는데, 흥미로운 것은 극 중 위조지폐단이 찍어내는 것이 '미국달러'라는 점이다.

> **관리인** (전략) (책상 위에 너저분한 지폐를 보고) 익크! 이게 웬 돈이야. 딸라 지폐만야. 한 장, 두 장, 석 장, 여기두, 여기두, 여기두 여섯, 일곱 장! 어이구 대체 이게 우리 돈으로 얼마야!(69)

「정직한 사기한」에서 위조지폐단은 외국인과 외국회사를 상대하는 무역상을 차리며, 이를 통해 무역과 외국 화폐가 해방기에 사회적 권위를 획득하는 기저가 됐음을 짐작할 수 있다. 당시 위폐는 경제 교란을 일으키는 원인으로 문제시됐는데, 위조지폐단은 남한의 실질적 지배자였던 미국의 화폐를 위조해 사회 혼란을 조장한다. 그런데 법체계를 상징하는 사복경찰이 진짜 범죄자 대신 무고한 청년을 잡아들이면서 사기단은 실체를 감추고 활동을 계속하게 된다. 미군정 지배가 남긴 혼란한 사회에서 범법행위는 계속될 것이고, 그 안에서 신분을 보장받지 못하는 인민들의 삶은 나아지지 않으리라는 암울한 인식이 극을 지배하는 것이다. 이같이 해방 후 오영진은 반공주의 이념을 역설하며 경직된 태도를 드러내기도 하지만, 동시에 해방공간의 사회 병폐를 객관적으로 형상화하는 것을 확인할 수 있다.

2항에서는 유토피아를 제시해 현실의 문제점을 은폐하는 대신, 당대의 불안한 상황 속에서 부유하는 인물들을 극화한 해방기 희곡을 분석했다. 이 같은 경우 주로 가정 혹은 연애 문제를 극화하는데, 섣불리 현실의 모순을 봉합하는 대신 미군정 하 피폐한 현실에 대한 문제의식이 막이 내릴 때까지 지속된다. 「여사장 요안나」나 「돼지」의 경우도 멜로드라마의 해피엔딩으로 나아가지만, 개인적 차원의 갈등이 봉합됐다 해서 시국에 대한 문제의식이 일소되지는 않는다. 이처럼 군정 지배의 문제들을 극화하며 두 제국 사이에서 독자적 행보를 찾으려는 극적 태도는 식민주의적 지정학으로부터 이탈하게 된다. 물론 신생조선의 독자노선을 모색하는 희곡에서 남성주체의 윤리적 시선이 여성을 타자화하고 있다는 점은 한계로 지적될 수 있다. 그럼에도 해방기 연극이 냉전적 세계관에 편승하는 대신 당대의 혼란상을 형상화하고 있다는 점은 주목할 만하다.

V. 세대론의 형상화와 애국청년상의 활용

　40년대 연극에서 세대교체의 핵심이자 바람직한 국민의 전형으로 지목된 것은 '청년'으로, 당대 담론장에서 청년은 과거를 청산하고 새시대의 건설을 이끌어갈 국민적 주체로 지정됐다. 따라서 연극에서도 국가를 위해 몸바치는 애국청년상이 빈번히 활용됐으며, 바람직한 국민으로서의 청년상은 구세대/비국민과의 구분을 통해 구축됐다.

　그렇다면 국민주체의 표상인 청년 개념은 어떤 과정을 거쳐 형성됐는가. 구시대의 종언과 신시대의 도래를 '청년'이라는 용어로 확정한 도쿠도미 소호(德富蘇峰)는, 「신일본의 청년(新日本之靑年)」(1887)에서 청년의 시대를 교육의 시대로 규정했다. 이에 따르면 태서적인 교육법에 의해 젊은이들을 '청년'이라는 이름으로 묶어 이들을 중심으로 구시대를 종결할 때, 조선에는 건설적인 신시대가 도래하게 된다. 그런데 이때 진정한 청년은 "청년적 속성을 갖추고 청년적 실천을 행하는 존재"로, 근대 초기의 청년은 "미래를 담지하는 상징적 주체의 이름"이었음을 염두에 둘 필요가 있다. 청년 개념이 처음 조선의 담론장에 등장했을 때 청년의 물리적 나이는 중요하지 않았[1]던 것이다.

---

1) 소영현, 『부랑청년 전성시대』, 푸른역사, 2008, 161~163쪽, 276쪽 ; 소영현(2008),

196

이후 조선이 본격적인 전시동원체제에 돌입하면서 국가를 위해 몸
바칠 수 있는 '애국청년'상이 창출되고, 이 이미지는 해방 이후에도
소환된다. 이미 30년대 후반부터 청년의 사명은 국가사업에 대한 성충(誠
忠)²⁾으로 규정됐고, 조선에 전운이 감돌면서 청년에게는 애국하는 신세대
의 역할이 부여됐다. 시국이 중대하기에 청년의 책임 또한 막중하고,
한 나라의 흥망이 이들에게 달려있다는 논의들이 확산됐던 것이다.³⁾
또한 1937년 육군특별지원병제, 1942년 징병제 실시가 발표되고 지원
자격에 나이가 제한되면서, 전시동원기의 세대론에서는 물리적 나이가
중요해졌다. 따라서 과거 사회주의나 자유주의 사상에 물들었던 머리만
비대한 지식인들과 구별되는, 육체적, 정신적으로 건강한 청년들이 애국
하는 신세대, 신주체로 호명되기 시작했다.

당시 일본의 프로파간다는 조선인 병사의 존재를 민족차별과 인종주의
를 부인하는, 즉 일본의 포용력을 보여주는 기제로 활용했다. 또한 제국은
조선인에게 군인이 되는 것이 내지인과 평등해질 수 있는 '기회'라 선전했
다.⁴⁾ 결과적으로 이 같은 제국발 담론에 입각해, 조선의 청년은 내선평등
을 구현하고 대동아 성전을 수행할 국민주체로 지정됐다.

청년을 국가적 과업 달성의 주체로 지목한 것은 해방 이후도 마찬가지
였다. 이제는 일제 말기 대일 협력에 나섰던 이들이 부정적 구세대로
구분되고, 이들의 과오에 의해 징병, 징용갔다 돌아온 청년들이 국가

앞의 책, 11~15쪽.
2) 조만식, 「농촌청년의 임무」, 『조광』, 1937.01, 31~34쪽.
3) 村松久義, 「신체제와 청년의 역할」, 『신시대』, 1941.12, 33~35쪽 ; 杉山謙治, 「시국
   과 청년의 교양」, 『신시대』, 1941.12, 44~48쪽 ; 大藏公望, 「국가는 청년에게
   이렇게 요구한다」, 『신시대』, 1942.02, 20~23쪽 참조.
4) T.フジタニ, 「戰下の人種主義」, 『感情·記憶·戰爭』, 岩波書店, 2002, 251~253쪽.

재건의 임무를 맡은 신주체가 됐다. 일본 제국주의의 실상을 외부에서 적나라하게 목격하고, 천신만고 끝에 조국으로 돌아온 청년들에게 피해자 외에 영웅의 이미지가 덧씌워지면서, 이들이 민족 서사의 주체로 등장하게 된 것이다.

해방 이후 재건 도상에서 청년은 조국의 부름에 입각해 '조국이 요구하는 과학 지식과 기술로 무장된 인재'로 거듭날 것이 촉구됐다. 그런데 '조국'을 '황국'으로, '과학 지식과 기술'을 '병기'로 바꾼다면, 해방 전후 국민주체 구성의 내적 구조는 놀랍도록 흡사해진다. 이 같은 사회 분위기에 편승해 국민연극은 전쟁승리를, 해방기 연극은 신생국가 건설을 극화하고, 공통적으로 극 중 프로타고니스트인 청년을 통해 동원과 계몽의 임무를 강조했다.

하지만 정치 과잉의 강압적 분위기 속에서 연극이 파생됐음에도 불구하고, 청년의 이미지가 일관적으로 드러나지 않는다는 점을 주목해 볼 필요가 있다. 극 중 이상적인 청년은 전환기의 사명을 자각하지 못한, 개인주의를 탈피하지 못한 구세대와의 구분을 통해 형상화되는데, 청년의 대타항인 구세대의 이미지가 공고하게 구축되지 못할 경우 청년상 자체도 일관성을 상실한다. 특히 담론장에서 형성된 바람직한 애국청년상과 극 중 주체자인 청년의 이미지가 어긋날 때 괴리감은 증폭되는데, 청년이 국민으로서의 의무를 거부하거나 주어진 현실에 회의하고 방황할 때 원만한 세대교체는 이루어질 수 없게 된다. 따라서 이 장에서는 작가의 레조네어이자 이상향이며, 또한 극의 주체자인 청년에 주목해 당대 텍스트를 읽어보려 한다.

1. 출정하는 청년상과 가족국가관의 극적 대응

오오누키 에미코는 근대 일본은 천황을 모든 일본인의 아버지로 받들고 부모에 대한 효도를 천황에 대한 충성으로 확대한 가족국가관에 기초하고 있었던 만큼, 양자의 내재적 모순을 표출하는 병사의 군율위반에 대해서는 가족연좌책임이 불가결했음을 지적한다.[5] 일본 파시즘의 가족주의적 특성에 대해서는 마루야마 마사오 역시 강조해왔던 것[6]으로, 이 같은 식민지 기획이 유교 사관과 결합하면서 국민연극에서도 가족이 국가이념을 구현하는 최소단위로 간주되는 것을 확인할 수 있다. 흥미로운 것은 가장이 가족의 주축이 되는 유교 사관과 달리, 전시체제 가족을 지탱하는 것은 건설의 임무에 최적화된 청년이었다는 점이다. 전환기라는 시대 사명에 입각해 모든 구시대적인 것의 일소가 요구되던 시점에서, 구세대의 퇴장이란 자연스러운 수순이었다. 따라서 이제 청년을 중심으로 가족과 국가가 통합되기에 이른다.

그렇다면 당대 청년에게 요구되는 덕목은 무엇이었나. 윤치호는 1937년에 발표한 「도회 청년에게 與함」에서 청년들이 경계해야 할 것으로 서양문명이 전수한 '개인주의, 이기주의, 경제만능주의, 유물주의, 향락주의'를 든다.[7] 이미 30년대 후반부터 청년에게는 개인주의를 배제하고 국가를 위해 복무할 것이 권고됐던 것이다. 본격적인 전시체제에 돌입하게 되면서 청년에게는 전사의 이미지가 덧씌워졌다. 이때 바람직한 청년의 대척점에 배치된 것이 각성하지 못한 구세대로, 청년이 부모와 빚어내

---

5) 大貫惠美子, 『죽으라면 죽으리라』, 이향철 역, 우물이있는집, 2007, 379쪽.
6) 丸山眞男, 『현대일본정치론』, 신경식 역, 고려원, 1988, 260~262쪽.
7) 윤치호, 「도회 청년에게 與함」, 『조광』, 1937.01, 34~35쪽.

는 세대갈등은 국민연극의 주요 모티브가 됐다.

1) 국민으로서의 청년과 성장드라마의 명랑성

1항에서는 청년이 구세대와 사회의 몰이해를 극복하고 전장에 나가게 되면서 성장드라마가 명랑하게 마무리되는 텍스트를 살펴본다. 일본의 제국주의가 가족주의를 국가구성의 기초로 삼았던 만큼, 식민지 조선의 연극 역시 가족국가주의를 재생산하는 역할을 수행했던 것이다. 경우에 따라 극이 청년의 출정 지점에서 종결되기도 하고, 장렬하게 산화한 청년의 추모까지를 다루기도 하지만, 국민연극에서는 청년이 출정하면서 이제까지 가족 내부에서 파생된 잡음들이 일소된다는 설정이 반복된다. 개인주의와 가족이기주의에 물든 구세대가 청년의 출정을 가로막으면서 갈등이 표출되는데, 결국 이들이 신세대의 대의명분에 설득당하면서 극은 대화합으로 마무리되고, 성장이야기는 완성되는 것이다.

제1회 국민연극경연대회 참가작으로 『신시대』 1942년 10월호부터 연재된 유치진의 「대추나무」는, 지원병 문제를 다루지는 않지만 세대갈등과 가족국가관을 형상화했다는 점에 주목해 볼 필요가 있다. 「대추나무」는 만주 이주 정책을 선전하는 작품으로, 작가는 만주라는 유토피아에서 두 가족이 함께 할 미래를 미화시킴으로써 조선의 빈궁한 현실로부터의 도피를 권장한다. 당시 일본 정부는 대대적으로 조선인의 만주 이주를 장려했는데, 1937년 '재만조선인 지도요강'을 제정해 동만 지방의 5개 현과 동변도 지방의 18개 현을 만주지역 조선인의 주거지로 정했다. 이 같은 정책에 입각해 식민지 조선에서는 1만여 명의 농민을 이민시켰고, 제국은 조선인을 중국 통치를 보조할 수 있는 '2등' 민족으로 활용하고자

했다. 한인의 이민 문제를 전문적으로 처리하기 위한 만선척식주식회사
는 1936년에 설립되었고, 39년 5월에는 조선인 이주를 일본인의 그것과
동일한 차원에서 대우하는 새로운 이주정책이 만들어졌으며, 41년에는
만선척식주식회사가 만주척식공사로 통합되면서 제국 일본 내 모든
지역의 만주 이주 정책이 일원화됐다.[8] 당시 만주는 개척지 외에도
수출시장, 관광지 등 다양한 이미지로 인식됐으며, 「대추나무」의 만주는
현실의 모든 갈등이 해결될 수 있는 완벽한 유토피아로 상정되고 있다.
작가는 작극상 메모를 통해 지금까지의 국민극이 너무 딱딱했다며 이
극에서 대중에 대한 친화력을 도모하고자 했음을 밝히는데, 부모들의
반대 속에서 더욱 견고해지는 청춘의 로맨스는 두 가족집단을 개척지로
이끌게 된다. 「대추나무」 안에서 젊은이들의 사랑과 갈등이라는 요소는
정부의 만주 이주 정책을 관객이 부담 없이 받아들이는 데 기여하고
있는 것이다.

　극 중 동욱과 유희의 아버지는 모두 소작농으로, 대추나무에 대한
소유권 분쟁 때문에 두 사람의 우정은 파탄 지경에 이르게 된다. 그
와중에 서로 사랑하는 동욱과 유희의 고민은 깊어가고, 동욱은 넓은
만주로 나아가 개척 운동을 진행하고자 하지만 아버지의 반대에 부딪친
다. 한편 동욱의 친구인 길수는 선유대(先遣隊)에서 도망쳐 다시 조선으로
돌아왔지만, 여전히 만주를 그리워한다. 그 와중에 길수가 마을 지주의
조종을 받아 만주에 대한 나쁜 소문들을 내면서 동욱과 청년집단의
이주계획은 구세대의 반대에 직면하게 된다. 이후 동욱과 유희 사이에도

8) 손춘일, 『'만주국'시기 조선개척민 연구』, 연변대학출판사, 2003.(김재용, 「일제
　　말 한국인의 만주 인식 - 만주 및 '만주국'을 재현한 한국 문학을 중심으로 -」,
　　민족문학연구소, 『일제 말기 문인들의 만주체험』, 역락, 2007, 15~16쪽에서
　　재인용.)

오해가 싹트지만 동욱이 단독으로 이주하고, 이에 구세대도 깨달은 바 있어 함께 만주로 가기로 합의한다. 결국 만주에서 동욱과 유희의 사랑은 이루어질 것이고, 조선 이주민들도 건강하고 풍요로운 삶을 누릴 것이 예견되는 가운데 막이 내린다.

「대추나무」에서 무대에 재현되지 않는 만주는 인물들의 발화 속에서만 환기될 뿐이지만, 이미 만주를 경험했고, 조선으로 돌아와서는 여전히 그곳을 그리워하는 길수를 통해 이상향으로 구현한다. 반면 무대 위 조선의 현실은 비좁고 빈궁하며, 이웃 간의 공존이 불가능한 양태로 묘사된다. 이같이 극 중 시각적으로 재현되지 않는 유토피아적 만주는 부정적인 조선의 현실과 선명하게 대조된다.

> **동욱**   그럼 정말이구 말구. 이번 분촌계획이란 이 도화동 121호 중에서 50호만 떼서 만주로 보내서 만주에다가 새로운 도화동을 맹그자는 거야. 그러케 되면 만주에 도화동은 만주 도화동대로 한 덩어리가 되고, 이 조선의 도화동도 농토가 흔해서 서로 숨을 돌리고 살 수 있게 되지 안켓서.
> (후략) (296) (고딕 글씨는 필자 강조)

「대추나무」에서 부모의 반대를 무릅쓴 동욱과 유희의 사랑은 총독부 방침에 따라 분촌계획의 구호 안으로 수렴될 뿐, 멜로드라마의 감정적 파장을 일으킬 만한 요소는 배제되어 있다. 즉 연인의 대화는 만주 이주에 대한 내용만으로 채워지고, 유희를 사이에 둔 동욱과 지주 아들 사이의 갈등은 만주 이주에 대한 찬반 논리로 대체될 수 있다. 이 과정에서 만주와 대비되는 식민지 조선 농촌의 피폐상 및 분촌을 권장하는 윤서기의 폭력성 등이 노출되는데, 전시 이데올로기에 균열을 낼 수 있었던 이 같은 지점들은 더 이상 심도있게 그려지지 않는다.

　주지할 것은 인물들의 대화를 통해 청각으로만 환기되는, 그리고 당대 관객이 접했던 소문과 달리 마적 따위는 존재하지 않는 만주는 실체없는 환상으로 남게 된다는 점이다. 곧 개척지에 대한 긍정적 이미지만으로 채워지며 완전무결한 유토피아로 구현되는 만주는, 역으로 그 존재불가능성을 드러낸다. 「대추나무」는 서항석 연출, 길진섭 장치로 무대에 올려졌으며, 김건과 임화는 이 공연에 대해 다음과 같이 언급한다.

　　(전략) 分村의 개념은 간단한 설명으로만 끄칠 성질의 것이 아닌줄 믿는다. 좀 더 생명있는 형상화가 약속되어야 할 것이다. 「대추나무」 때문에 分村問題의 필요를 느낀 주인공의 존재는 너무나 개념적이었다. 分村問題의 진실성은 농민들의 「생활」에 있는 것이지 결코 그들의 古習이나 性癖에 있는 것이 아닐 것이다. 分村問題는 「관념」을 떠난 한 개의 생생한 「현실」이 아닐까―여기에 비로소 농민들의 국민적인 의무도 是認되는 것이다.9) (고딕 글씨는 필자 강조)

　　그러면서도 이 작품이 보다 높은 흥미의 예술 작품에 이르지 못한 것은 첫째는 출발점에 전제를 가졌든 때문이다. 만주개척민 선유대에서 도망해온 청년이 무조건하고 만주를 그리워하는데서 이 작품이 출발한 것은 작자가 이 희곡의 주제를 전제로서 택한 때문이다. 주제가 逐次로 극의 전개를 따라 자연스럽게 성숙해가지 않고 하나의 미리 이해해둘 전제로 주어질 땐, 극적 발전의 자연성을 해칠 뿐 아니라, 주제 그것은 천명을 대단히 방해하는 것이다. 당연한 사실일지라도 전제로서 주어질 때 오락이란 관념 밖에는 보지 아니한다.10)(고딕 글씨는 필자 강조)

---

　9) 김건, 「제1회 연극경연대회 인상기」, 1942, 132~133쪽.

유치진이 주장하는 분촌운동이 제대로 형상화되지 않았고, 극이 농민들의 생활과 유리되어 있으며, 등장인물 또한 비현실적이었다는 김건의 지적은 경직된 시국극에 대한 아쉬움으로 요약될 수 있다. 임화 역시 작가가 희곡의 주제를 전제로 택하면서 극의 자연적 발전을 저해하고 있음을 지적하고, 극적 기교를 남용하면서 사건의 개연성이 부족한 점을 지적한다. 이상의 관극평에서 드러나는 것처럼 「대추나무」 공연의 한계는 주제가 전면에 노출되다 보니 극적 진행이 자연스럽지 않았고, 주제의식을 드러내는데 관념이 앞서게 되면서 극이 비현실적으로 느껴졌다는 점을 들 수 있다.

「대추나무」와 마찬가지로 1회 경연대회 출품작인 김태진의 「행복의 계시」는 경연대회 당시 관객의 호응도가 높았던 작품이다. 「행복의 계시」는 병원 내 권력 다툼에서 밀려난 의사 철진이 어촌으로 가서 미개한 주민들을 치료하고 계몽하는 일련의 과정을 담고 있다. 이 작품의 경우 의료 봉사를 만류하려는 어머니와 아들 사이의 갈등이 부분적으로 다루어지기에 세대갈등이 전면화되지는 않는다. 하지만 청년 철진이 미개한 마을을 근대화시켜 나가는 과정 및 건전한 성장드라마 구조에 주목해 텍스트를 읽어볼 수 있다.

일본 세균학의 최고봉인 한철진은 경성의 병원에서 촉망받는 의사로, 병원에 실려온 젊은 여성 향희의 병명을 정확히 진단해 그녀의 목숨을 구한다. 그러나 출신 학교 문제로 학위논문이 통과되지 못하자 연인 문현숙의 만류에도 불구하고 바닷가 마을로 낙향한다. 이곳은 근대 의학의 손길이 전혀 닿지 않은 곳이자 병원에서 만났던 향희가 있는 곳으로, 철진의 필사적 노력에도 불구하고 마을 주민이 디프테리아로 사망하는

---

10) 임화, 「연극경연대회의 인상」, 1942, 93~95쪽.

일이 벌어진다. 이 같은 문제는 마을에 근대적 의료 기관이 부재한 데서 파생하는데, 마을 사람들은 무당에 의지해 병을 고치려 하고 브로커 최주사는 마을 처녀들을 육지에 팔아넘기고 있다. 의료인으로서 책임감을 느낀 철진은 섬에 머물며 생활을 개선하고자 하지만 철진의 어머니와 문현숙은 이를 만류한다. 철진은 자식과 의사의 도리 사이에서 갈등하고, 현숙은 향희에 대한 철진의 마음을 의심하게 된다. 하지만 철진의 숭고한 희생정신은 결국 빛을 보게 되고, 마을에는 병원이 건립된다. 철진은 향희에게 서울에 가서 진료받을 길을 마련해 주며, 문제 많은 마을 청년 억칠은 농업보국대로 떠난다. 주재소 주임과 면장은 철진에게 마을을 부탁하고, 모든 갈등이 해결된 후 철진과 현숙은 손을 맞잡는다.

「행복의 계시」는 마을 사람들의 전통과 철진이 표방하는 근대성 사이의 충돌을 그리며, 전통과 근대, 조선적인 것과 일본적인 것 사이의 갈등을 통해 전개된다. 그러나 미개한 마을 주민들이 철진에 의해 계몽되는 수순을 밟으면서 일본적인 것에 의한 근대화가 이루어진다. 마을 사람들의 무지함은 아픈 아들의 병을 고치기 위해 딸을 팔아서 굿을 하는 장면에서 극대화되는데, 무당의 굿은 이들의 미개함을 보여주는 동시에 무대에 볼거리를 마련한다. 그 외에 극적 재미는 향희-철진-현숙 사이의 삼각관계 및 마을의 문제아 억칠의 돌발 행동을 통해 조성되는데, 향희가 철진에 대한 마음을 접고 억칠이 자발적으로 보국대원이 되면서 극은 명랑하게 마무리된다.

극 중 바닷가 마을은 철진의 성장이 이루어지는 공간으로, 철진의 조력자로는 면장과 주재소 주임이 등장하며, 미개한 마을 사람들 외에 공익 우선을 인지하지 못하는 철진의 어머니, 그리고 현숙이 계몽 행위에 걸림돌이 된다. 그러나 극은 예정된 해피엔딩의 수순을 밟게 되고, 철진의 성장으로 말미암아 현숙, 향희, 억칠 같은 신세대 외에 철진의 어머니까지 총후국민의 의무를 자각하게 된다.

김태진은 극의 전문성을 살리기 위해 의학 전문 용어를 삽입하고, 철진의 근대적 치료 행위를 구체적으로 묘사하는데, 이 같은 시도가 당대에 높이 평가받았다. 안영일 연출, 김일영 장치로 무대에 올려진 「행복의 계시」는, 김건으로부터 "재래 신파를 벗어났고, 후생 문제에 대한 의학계의 전통적인 번민을 작품에 제시하여 일반의 기대가 많았으며, 의도가 좋았고 의기가 높았다"는 호평을 끌어냈다. 하지만 작가가 좋은 테마를 제대로 수습하지 못했고, 연출과 장치가 어우러지지 않았으며 연기가 부족했다는 비판도 받았다.[11] 김건의 경우 이 극이 30년대 대중극의 신파성을 탈피했고 전문 의학이라는 새로운 테마를 취급했음을 높이 평가하지만, 동시에 테마가 극 안으로 녹아들지 못했음을 지적하는 것이다. 임화는 제1회 연극경연대회 참가작 중 「행복의 계시」를 가장 호평하는데, 그 이유는 주인공의 상황과 전시 하 현실이 밀접하게 결부되면서 사건의 전개가 자연스럽게 진행됐다는 것이었다.[12]

임화에 따르면 「행복의 계시」는 설교적이지 않고, 주인공의 성장과정과 극의 주제의식이 맞물리게 되면서 예술적 자연성을 갖게 됐다. 임화는 극본의 유려함뿐만 아니라, 안영일의 연출 역시 섬세하고 자연스러웠다는 점에서 「행복의 계시」를 1회 연극경연대회 참가작 중 최고였다 평가한다. 이처럼 극이 전문가들에게 높은 평가를 받은 것 외에, 관객에게도 호응을 얻은 요인으로는 30년대 대중극에 어울리는 향희라는 인물에 대한 감정이입 효과를 고려해 볼 수 있다. 돈 때문에 브로커에게 팔려갔다

---

11) 김건, 「제1회 연극경연대회인상기」, 1942, 131쪽.
12) 임화, 「연극경연대회의 인상」, 1942, 91~92쪽.

병을 얻고 고향으로 돌아온, 철진을 사랑하지만 결국 포기하게 되는 향희의 존재가 관객에게 호소하는 측면이 있었음을 짐작할 수 있는 것이다. 즉 「행복의 계시」의 주축은 국가이데올로기를 대변하는 철진이지만, 대중의 정서와 보다 밀착되어 있는 향희는 강한 연민을 불러일으킨다. 그러나 관객의 정서를 대변하는 향희 역시 결국 철진의 총후 계몽을 정당화하는 역할로 기능하게 된다. 향희가 조장하는 비극적 정서가 철진의 교시에 의해 희석됨으로써 통속성은 약화되고, 건전한 국민연극으로서의 성격이 강화되는 것이다.

이와 같이 「대추나무」와 「행복의 계시」에서는 1회 국민연극경연대회 참가작의 성장플롯을 살펴볼 수 있는데, 출정하는 군인 모티브가 연극에 본격적으로 등장한 것은 징병제 실시가 발표된 1942년을 전후한 시점이다. 제2회 국민연극 경연대회는 "증산(增産)과 증병(增兵)을 주제로 성전 완수의 필요요인인 생산력 확충과 추악한 미영(美英)의 격멸에 총을 드는 2천 5백만의 광영과 감격을 무대화시키는 것"을 목적으로 개최[13]됐고, 이때부터 징병 문제는 본격적으로 극화되기 시작한다. 2회 경연대회 참가작인 송영의 「역사」는 3대에 걸친 가족사를 다루고 있는데, 작의에서 드러나듯 내선일체의 정점인 징병제를 찬양하기 위해 쓰인 희곡이다. 소화 17~19년이라는 동시대를 배경으로 한 「역사」에는 원산 부자의 서로 다른 행보가 전사(前史)로 등장한다. 먼저 원산은 김옥균 일파의 개혁운동 때 죽을 고비를 넘긴 인물로 일본에 대한 증오와 경멸을 갖고 있지만, 그의 아들은 아버지로부터 추방당한 '일진회'의 전위분자로 과거에 도쿄에 가서 운동을 계속하다가 객사했다. 송영은 「역사」에 이같은 전사를 삽입하고, 2년이라는 시간 동안 노쇠한 원산이 시대적 흐름을

---

13) 함세덕, 「演劇コンクールをまへに」, 『국민문학』, 1943.09, 44쪽.

수용하는 과정을 담아낸다.

　극 중 원산에게는 세 명의 손자가 있는데, 첫째 원회는 대부업체 사장, 둘째 중회는 문학가, 셋째 경회는 지원병이며, 유일한 손녀인 혜옥은 의사이다. 극 초반 둘째 손자 중회는 '대동아의 행복'을 위해 목숨을 던진 아버지를 상기하며, 공익을 외면하는 할아버지와 형을 비판한 후 가출한다. 또한 혜옥은 원회가 공공의료 사업에 투자해달라는 부탁을 거절하자 그를 비난하게 된다. 이후 가출한 중회가 형을 비판하는 소설을 쓰고, 이 소설을 둘러싸고 원회 부부 사이에 문제가 생기면서 갈등은 정점으로 치닫지만, 막내 경회가 출병했다는 소식이 들려오면서 가족 화합의 단초가 마련된다. 3막은 2막으로부터 1년이 지난 시점에서 시작되는데, 경회의 출병을 계기로 원회는 대부업을 포기하고 조선업으로 업종을 전환하며, 각성하지 못한 원회의 부인 옥희도 바람직한 총후부인으로 거듭난다. 이어 3막으로부터 1년 뒤인 4막에 이르면 국민복을 입은 중회가 국민문학의 병졸이 되겠다며 돌아오고, 끝까지 각성하지 못했던 원산이 아들의 제사에 참여하게 된다. 그렇게 극은 '역사'의 흐름에 동떨어져 있었던 원산이 시대와 타협하는 것으로 마무리된다.

　「역사」를 이끌어가는 것은 세대갈등으로, 할아버지와 아버지의 갈등이라는 전사에 이어 손자들과 할아버지 사이의 갈등이 극을 추동한다. 또한 손자들 사이에서도 30세를 전후로 하여 큰 손자 원회(사업가), 둘째 손자 중회(문학가), 셋째 손자 경회(지원병)의 세대 차이가 부각되는데, 국가에 대한 경회의 순수한 열정이 두 형을 변화시킨다. 결국 경회가 출정함으로써 집안에 산적한 문제들이 해결되는 것으로, 극 중 경회가 차지하는 양적 비중은 크지 않아도 그는 가족이 국가로 나아가는 과정의 주축이 된다.

이 외에도 「역사」에는 세대문제가 곳곳에 배치되어 있는데, 원산의 며느리인 문향의 경우 시아버지 몰래 손녀들에게 국어를 배우며, 장남 원회에게 혜옥이 벌이는 총후사업에 투자해줄 것을 요청한다. 또한 집안의 4세대인 원회의 두 딸은 삼촌에게 국어로 된 위문편지를 쓰고, 증조할아버지 원산을 비판하며, 어머니의 의식 수준을 평가할 정도로 국민화되어 있다. 전쟁 중 아이들은 자원 봉사를 수행하고 민족을 위해 어른과 같은 희생을 할 것이 기대됐으며, 대부분의 애국적 프로그램이 아이들이 즉각적으로 참여하거나 어른들의 역할을 흉내낼 수 있게 고안됐다.14) 송영은 이 같은 흐름에 일조해 국민화된 아이들을 묘사함으로써 모든 가족 구성원에게 전시 상황에 적합한 역할을 부여한다.

「역사」에서 극의 분위기를 이완시키면서 소소한 재미를 제공하는 것은 원회 부부의 갈등 및 중회와 기생 산홍의 애정문제다. 작가는 개인적이고 허영심 많은 옥희와 기생 출신 산홍이 성격과 생활습관을 개조하는 과정을 비중있게 묘사한다. 이때 옥희와 산홍이 총후부인으로 거듭나게 되면서 그들이 직면해 있는 문제들도 해결되는데, 특히 산홍이 유교적 가치를 표방하는 원산의 가족으로 받아들여짐으로써 원산의 보수적 세계가 허물어질 것이 암시된다.

그렇다면 「역사」에 대한 당대의 평가는 어떠했는가. 오정민은 제2회 연극경연대회 참가작 중 「역사」에 주목해, "명문 일가의 생활상을 통하여 그 내면에 흐르는 인간성과 비원(悲願)을 고도로 시화(詩化)"했으며, "역사적 전변(轉變)의 과중(過中)에 두었으면서도 작자는 그러한 현상에 집착됨이 없이, 오로지 전통적인 논리의 세계에 파들어감으로서 꿈임이 없는 진실을 찾어내었다"고 호평한다. 더불어 "유교가 가진 이조적(李朝的)인

---

14) David C. Earhart, op.cit, 190쪽.

윤리관을 취급하여, 그것을 무리없이 초극시킨 작자의 극작술이야말로 황도정신의 혈육화"를 보여주는 것이라 논한다. 이 작품의 단점으로는 1막에서의 기품과 흥미가 극이 진전되면서 사라졌음을 지적하는데, 마지막 장면에서 노옹과 손자들간의 화합이 분명하게 형상화되지 않았다는 평들이 있었음도 언급한다. 하지만 오정민은 "말손(末孫)이 지원병 훈련소에 입소하면서 「忠孝」의 현판을 자필로 써준 것, 제삿날 밤 차손(次孫)을 만나고 나서 시음(詩吟) 소리가 들리는 것, 또 노옹이 아들의 제단 앞에 엎드리는 것"에서 원산의 심리 변화가 분명히 표현됐다고 강조한다.[15]

오정민이 주장하듯이 극 중 원산의 변화가 구체적으로 제시되지 않아도, 특정 장면을 통해 압축적으로 드러나고 있음은 분명해 보인다. 특히 마지막 장면에서 아들의 제단 앞에 고개숙인 원산의 모습은 시대의 흐름을 수긍한 것으로 해석하기에 무리가 없다. 송영은 세대 간의 융합을 경직된 발화로 전달하는 대신, 상징적인 행동들로 집약해서 표현한 것이다. 이처럼 「역사」는 원산의 집이라는 한정된 공간을 배경으로, 구세대가 신세대의 입장을 받아들이면서 가족이 전환기 역사의 흐름을 따르게 되는 과정을 구현하고 있다. 앞서 지적했듯이 이 변화의 중심에 있는 것이 22세 청년 경회인데, 강건한 노인의 고집이 꺾이는 것도, 원회가 시국에 부응해 업종을 전환한 것도, 중회가 국민문학운동에 참여하겠다고 결심하는 것도 모두 경회의 출병에서 비롯된다. 결국 원산이 내세우는 유교사관은 천황에 대한 섬김으로 귀결되면서 조선의 가족주의는 자연스럽게 제국의 가족국가주의 안으로 포섭된다. 「역사」는 조선의 유교적 사관이 일본의 식민지 기획으로 수렴되는 지점을 명징하게 보여주는 것이다.

---

15) 오정민, 「연극경연대회 출연 예원좌의 「역사」」, 『조광』, 1943.10, 104~106쪽.

이광래의 「북해안의 흑조」는 「역사」와 마찬가지로 지원병 제도를 다룬 2회 국민연극경연대회 출품작이다. 동시대인 소화 18년을 배경으로, 북해안의 어느 어촌을 무대로 전개되는 극은 주점을 운영하는 양천과 그의 전실 소생인 호철의 갈등을 통해 세대갈등을 형상화한다. 작품 속에는 세 명의 부정적인 아버지가 등장하는데, 이들 구세대는 조선 전통의 부정적인 면만을 현현한다. 먼저 호철의 아버지 양천은 양반이 되고자 하는 의지만으로 평생을 살아온 이로, 외아들이 군인이 되는 것을 반대한다. 또한 명녀의 아버지 강원은 술주정뱅이로 딸을 전주(錢主)인 국본에게 팔아넘기려 하며, 명숙의 아버지 국본 역시 개인주의적 자본가로 형상화된다. 극의 갈등은 양천이 신분상승을 위해 호철을 명숙과 결혼시키려 하면서 증폭된다.

「북해안의 흑조」에서 '진정한 사내'라고 평가받는 23세의 호철은, 지원병으로 나갈 자격을 갖고 있기에 다른 어부들의 부러움을 산다. 막이 오르면 애국심이 투철한 호철이 해군에 지원했다는 사실로 말미암아 부자갈등이 암시되고, 이 사실을 알게 된 양천은 호철과 본격적으로 대립하게 된다. 이후 딸을 첩으로 보내려는 강원과, 호철을 사랑하기에 아버지의 명령을 거절해야 하는 명녀 사이의 부녀 갈등이 비춰지고, 호철은 양천에게 '젊은' 소실 함흥집을 그만 놔주라고 이야기한다. 결국 명녀가 호철의 아들을 순산한 후에야 양천은 이기심을 버리게 되고, 아들의 출병을 격려하며 명녀를 며느리로 받아들인다. 4막은 국민연극의 대화합의 수순을 따르고 있는데, 시험에서 '갑종' 판정을 받아 출병하게 된 호철은 국민이 전선과 총후에서 국가에 봉사해야 할 것을 부르짖고, 호철의 합격 통지서는 국본마저 감화시키게 된다.

극에서 주축을 이루는 갈등은 부정적 전통에 젖어있는 구세대와 새

시대의 사명을 자각한 신세대 사이에서 빚어지는데, 시대상을 반영해
물리적 나이가 세대를 가늠하는 기준이 된다. 즉 25세의 어부 명수는
자신이 호철의 나이만 돼도 전장에 나갈 수 있었을 것이라며 그를 부러워
하고, 호철은 양천에게 아버지는 너무 늙었다며 젊은 함흥집을 놓아
주라 설득한다. 작가는 물리적 나이에 입각한 세대론과 자연스러운 세대
교체를 다루고 있는 것이다.

송영의 「역사」에서 조선의 충효사상이 천황에 대한 충성으로 흡수되며
갈등이 해결됐다면, 「북해안의 흑조」에서 양천의 신분상승 욕망은 아들
의 출병에 의해 군인의 아버지로 승격되면서 충족될 수 있다. 총력전시기
군인이 되는 것은 가장 빠른 신분 상승의 길로 간주됐는데, 새 시대에는
군인의 신분이 양반보다 낫다는 현실을 양천이 자각하는 순간 주요갈등이
해결되는 것이다. 결국 양천과 국본을 비롯한 북해안 어촌의 주민들은
호철의 출병으로 말미암아 총후국민으로 거듭나며, 이에 따라 극 곳곳에
산적해 있던 갈등 양상들도 균열의 흔적 없이 봉합된다.

극에 갈등 요소를 제공했던 구세대들이 국민으로 거듭나면서 명랑한
전망으로 마무리되는 「북해안의 흑조」는, 청년의 출정으로 말미암아
가족국가구도가 확립되는 국민연극의 전형을 보여준다. 「역사」와 「북해
안의 흑조」에서 확인한 것처럼, 가족이야기를 다룬 국민연극에서는 청년
이 군인으로 성장하여 부모세대를 개조시키는 과정이 반복되는 것이다.
이들 연극은 성장의 통과제의를 거친 청년이 군인이 되고, 가족은 전장과
총후에서 전쟁을 수행한다는 건전한 결론으로 나아간다.

역시 2회 연극경연대회 참가작인 양서의 「밤마다 돗는 별」은 지원병과
세대 문제 외에도 감정이 배제된, 철저하게 도구화된 멜로드라마의 특징
에 주목해서 읽어볼 수 있다. 작가는 이 극에서 자본주의와 전시통제경제,

구세대와 신세대, 신여성과 총후여성 등 다양한 갈등 양상을 조명하는데, 아버지가 부재한 상태에서 형제 갈등을 극화하고 있다. 또한 삼각관계의 매듭을 짓는 대신, 청년들을 모두 전선과 총후로 보내면서 총력전시기의 연애 문제는 부차적인 것으로 끌어내린다.

「밤마다 돋는 별」에서 삼각관계의 중심이 되는 철재는 군진(軍陣) 의학을 연구하는 의학자로, 총후지원 사업에 참여하는 교사 정원과 자본주의적 기업가의 딸인 채경의 연모를 받고 있다. 양서는 작의에서 "형도, 아우도, 남자도 여자도 모두 전쟁의 승리를 위해 모든 것을 바쳐야 할 것"이며, 그것이 청춘의 행복임을 역설한다. 극의 갈등은 제약회사 사장인 타락한 자본가 김지근의 계략으로부터 파생되는데, 그는 자신의 딸 채경을 철재에게 시집보내려 하고, 철재의 동생 기재는 철재가 자본과 타협했다며 형의 진심을 오해하게 된다. 이처럼 이기적 자본가의 농간에 의한 형제 간의 갈등, 철재를 사이에 둔 두 여성 간의 대립이 극에 갈등 요소를 제공하는데, 깊게 팬 감정의 골은 인물들의 급작스러운 각성에 따라 해결된다. 형의 연구 목적을 알게 된 기재가 출정을 결심하고, 전시 하에 연애나 사랑은 부질없음을 깨달은 정원이 자신의 동생을 철재에게 맡기고 시골 교원으로 떠나게 되는 것이다. 철재 역시 정원의 선택을 존중해 이성이 아닌 연구와 결혼하기로 마음먹고, 부정적 신여성 채경은 종군간호부가 되며, 김지근 역시 그간의 잘못을 뉘우치게 된다. 극은 철재 형제, 정원, 채경 등 "새로운 제네레슌"이 전쟁의 승리를 위해 각자의 자리에서 최선을 다할 것을 다짐하는 가운데 막이 내린다.

국가에 의한 자본 통제는 신체제의 중요한 특징으로, 「밤마다 돋는 별」에서 김지근이 대변하는 자본주의는 철저하게 부정된다. 개인 사업을 위해 철재를 끌어들이려던 김지근의 의지는 철재와 기재 형제에 의해 무산되는데, 각각 전장과 총후에 배치되는 형제는 바람직한 신세대상으로 설정된다. 철재의 애정문제와 기재의 성장담으로 요약할 수 있는 「밤마다 돗는 별」에서, 올바른 정신을 가졌지만 아직 치기어린 대학생에 불과했던 기재는 형과의 갈등과 화해를 통해 군인으로 성장하게 된다. 이처럼 기재의 성장드라마가 예상대로 흘러가는 것에 반해, 당연히 결합할 것이라 보였던 철재와 정원은 연애를 포기한다. 작가는 세 청춘남녀가 각자의 길을 걷는 결말을 통해 모든 개인적 감정들을 배제하는 것이다. 곧 삼각관계 구도가 설정되고 청춘들은 갈등하지만, 종국에는 연애, 결혼 같은 사적인 문제가 부차적인 것으로 치부된다. 그리하여 연애 때문에 고민하고 갈등하던 남녀는, 육체적 감정을 초월해 정신적 숭고함의 경지로 나아가게 된다.

철저한 이분구도에 입각해 진행되는 「밤마다 돗는 별」은, 결말부에 이르러 모든 비국민적인 것들을 국가 안으로 포섭하는 수순으로 마무리된다. '사치금지령'이 내려지면서 파마머리와 짙은 화장으로 치장했던 채경도 정원을 닮아가게 되고, 자본가인 김지근 역시 청년들에게 자신을 구원해줄 것을 요청한다. 여기서 국민화의 연쇄작용을 촉발시키는 것은 소년 기재의 출병으로, 그의 숭고한 희생정신에 의해 전시 하의 부정적인 것들이 일소된다. 작가는 극 중 끊임없이 '남방'을 호명하면서 대동아공영권 수립에 대한 의지를 드러내고, 막이 내리기 직전 모든 갈등이 해결된 지점에서 울려 퍼지는 「바다로 가면(海行かば)」은 극의 목적을 다시 한 번 환기시킨다.

전시동원체제에 접어든 후 "근대전은 과학전"이며 국력 증강을 위해 과학의 힘을 키워야 한다[16]는 주장이 확산되면서, 국민연극에서도 의학

---

16) 육군성정보부, 「국방국가건설의 필요」, 『조광』, 1940.10, 38쪽.

자, 과학자 등의 직업군이 빈번하게 등장하게 된다. 조명암의 「현해탄」
(1945)에는 신병기(新兵器)를 개발하는 과학자가 주인공으로 등장하는데,
극은 과학자 석원이 한센병이라는 "육체적인 최대의 비애를 초월해
국가가 요망하는 신병기 연구에 임하"게 되는 경위를 형상화한다. 「현해
탄」의 경우 지원병 문제를 다루지는 않지만, 석원의 무기 발명 역시
참전과 동일한 맥락에서 설명될 수 있다. 작가는 대중성을 확보하는
차원에서 멜로드라마 요소를 삽입하는데, 염두에 둘 것은 「현해탄」에서
청춘남녀의 사랑이 철저하게 육체성을 배제하고 정신적인 숭고함에
기대고 있다는 점이다.

석원은 동료인 세균학자 이토(伊東)의 동생 광숙과 연인 관계로, 두
사람은 석원이 한센병에 걸리게 되면서 시련을 겪게 된다. 석원은 자신의
병을 알고 괴로워하다 광숙을 떠나보내려 하지만, 기독교인인 광숙은
주위의 만류에도 불구하고 정신적 포용력을 발휘해 석원 곁에 있기로
한다. 광숙은 석원의 전담 간호사가 되고, 석원은 광숙의 지원 속에서
그간 심혈을 기울여 왔던, 아메리카를 쳐부술 병기를 발명하게 된다.

「현해탄」에서 형상화되는 두 개의 연애담은 육체적, 감정적 요소를
완전히 배제하고, 정신적 사랑의 우월성을 강조하는 기능을 한다. 광숙은
석원의 한센병에도 불구하고 그의 곁에 머무르고, 광숙의 친구 청자는
출정을 앞둔 특별지원병과 결혼한다. 이는 육체는 곁에 없어도 "당신의
혼을 기다리겠"다는 굳은 의지의 표명이며, 광숙과 청자의 선택은 아름다
운 정신으로 미화된다. 「현해탄」 도입부에는 대학생들이 현해탄에서
윤심덕에 대해 이야기하는 장면이 등장하는데, 윤심덕이 비판받는 이유
는 '정신적 소득'을 얻지 못했다는 것이며, 과거의 신여성 윤심덕과
대비되는 광숙과 청자의 선택은 숭고한 것으로 예찬된다.

극 중 석원은 끊임없이 희생의 필수불가결함을 주장하며, 여성들의 희생은 정신적 숭고함이란 이름으로 포장된다. 더불어 석원이 이겨내야 할 한센병은 제국이 넘어서야 할 적 아메리카와 동일시되고, 종국에 석원이 병상에서 일어나 실험에 성공하면서 제국의 승리가 확신된다. 즉 「현해탄」의 젊은 연인은 정신적 유대로 말미암아 한센병을 극복함으로써 한 단계 더 성장하게 된다. 주지할 것은 1945년 당시 승산에 대한 논리적 확신이 없는 상태에서 국가가 국민을 붙들 수 있는 방안은 정신적 우월함이었고, 「현해탄」에는 이 같은 절박성이 투영되어 있다는 점이다. 작품 속에서는 세속오계가 강조되는데, 이는 객관적인 수치로 제국의 우월성을 증명하기 어려운 상황에서 청년들이 재무장하는 정신적 기반이 된다. 그러나 실체 없는 '아름다운 정신'이 뒷받침하는 전력화는 공허한 선전 구호로 남게 된다.

이제까지 전환기 세대론에 입각해 가족국가의 주체로 청년을 배치하고, 청년의 선도로 구세대가 교화되면서 가족국가주의가 재생산되는 국민연극을 읽었다. 이들 연극은 전선과 총후의 현실을 미화시키고, 청년의 성장을 다룬 명랑한 멜로드라마 구조를 통해 성전(聖戰)의 목적을 관객에게 주입시키려 한다. 극에 삽입된 멜로드라마 요소가 시국을 뒷받침하며 동원논리를 정당화하는 역할을 수행하는 것이다.

2) 비국민으로서의 청년과 성장드라마의 불온성

1항에서는 청년의 통과의례가 완수되면서 자연스러운 세대교체가 이루어지고, 가족주의와 국가주의가 무리 없이 통합되는 양상을 살펴봤다. 이와 달리 청년이 국민주체로 거듭나지 못하면서 성장이 지연되거나,

가족국가 차원의 갱생이 불가능함이 강조될 때 연극은 지배담론과 다른 의미층위를 형성하게 된다. 정체성이 불분명한 청년들이 이루어내는 세대교체는 불완전하며, 또한 비극성이 심화되는 결말이 시국성을 흡수하지 못하기 때문이다.

당시 잡지 『신시대』는 징병제 실시의 감격을 문화면에서 고찰하기 위한 의도로 '징병제와 문화' 특집을 기획한다.17) 여기서 오정민은 징병제 실시를 기념하기 위해 박영호가 대담하게 시도한 신작 「조선」에 대해 오락과 교훈이 잘 조화되어 있다고 평가한다. 하지만 진정한 국민연극은 그것으로 부족하기에 극작가는 역사의 흐름의 진수(眞髓)를 파악하고 전시 생활에서 건전한 것을 취해야 할 것이라며, 「조선」과 같은 가구(假構)한 소재보다 좀 더 내면적인 진실성을 가진 제재를 작품화해야 한다고 말한다. 징병제 실시는 연극에 있어서도 획기적인 의의를 가진 것으로, 앞으로 반도의 신연극은 전장과 결부되어 진정한 국민연극을 수립해야 한다는 것이다.18) 박영호의 「조선」 대본이 남아 있지 않는 상황에서 그 면모를 상세히 확인할 수는 없지만, 오정민의 글은 징병제 실시 발표 이후 국민연극에 부여된 사명을 단적으로 보여준다. 그런데 이 항에서 논의할 작품들은 징병제를 소재로 함에도 청년의 입장은 모호하게 드러나며, 전시 생활의 건전성이 부각되지 않을 뿐만 아니라 여성인물의 눈물이 징병제 실시의 의의와 충돌한다는 점에서 문제적이다.

먼저 읽을 희곡은 남궁만의 「전설」(1941)이다. 국민연극 연구소 1기 졸업생과 현대극장에 의해 공연된 「전설」은 공연 이후 『매일신보』에 연재됐다. 전통과 근대, 개인주의와 전체주의의 대립이라는 국민연극의

---

17) 「여적」, 『신시대』, 1943.08, 174쪽.
18) 오정민, 「徵兵制と演劇」, 『신시대』, 1943.08, 34~37쪽.

전형적 갈등을 소재로 한 「전설」은, 세대갈등을 이와 다른 방식으로 형상화하고 있다는 점이 특징적이다. 주요 등장인물은 개인주의자인 이주사와 그의 아들 승조, 유랑민 김씨와 그의 아들 동식, 그리고 아버지를 잃고 혼자 나루터를 지키며 살아가는 언년이다.

  평안북도 시골의 나루터에는 귀신이 나온다는 흉흉한 소문이 횡행하고, 이주사는 소문을 이용해 나루터를 뒷산으로 옮긴 후 허가 없이 벌목작업을 진행하려 한다. 한편 전체주의적 가치관을 가진 구장은 유랑민인 동식 모자에게 언년을 대신해 나루터를 지키라 하고, 동식과 언년을 맺어주려 한다. 하지만 언년은 이주사의 아들 승조를 좋아하며, 구장의 묵인 하에 자신의 집에 허락 없이 들어온 동식과 충돌한다. 집에서 결혼 압박을 받는 승조는 남의 돈을 빌려 투전판에 상주하는데, 승조가 병정으로 뽑히게 되자 이주사는 강하게 반발한다. 고향을 떠나는 것이 목적이었던 승조는 처음에는 병정이 되겠다고 하지만, 마음을 바꿔 언년에게 평양으로 도망가자 하고, 언년의 집을 동식에게 팔아 자신의 빚을 갚는다. 그 와중에 언년과 승조의 관계가 밝혀지자 이주사는 언년에게 폭언을 퍼붓는다. 절망한 언년은 벼랑으로 달려가고, 벼랑에서는 마을 사람들이 두려워하는 불길한 여우의 울음소리가 들린다. 사건이 벌어진 다음날, 언년이 동식과 승조에 의해 무사히 구제됐음이 알려지고, 승조는 지원병 시험을 보러 가기로 결정하며, 동식과 언년은 함께 나루터를 지키게 된다. 이주사는 여전히 구장에게 역정을 내지만, 승조가 무사히 떠나면서 갈등은 일단락된다. 그러나 나루터에서 병 때문에 집으로 돌아간다는 행인과 만난 언년은, 그가 사라지는 편을 보다가 홀로 눈물을 흘린다.

  「전설」에서 이주사의 개인주의를 비판하고, 승조를 전장으로 이끌어내며, 동식 모자에게 살 길을 열어주는 구장은 이상적인 총후지도자로 형상화된다. 전체주의를 표방하는 구장은 미신을 신봉하는 마을 사람들을 바람직한 길로 인도하려 노력한다. 즉 극 중 갈등은 조선적 전통과 일본적 근대, 개인주의와 전체주의의 대립으로 요약되는데, 두 축은 막이 내릴 때까지 타협하지 못한다. 구장에 의해 이주사의 이기적 욕망이 제지되지만, 이주사는 끝까지 구장이 주장하는 대의에 공감하지 못하기 때문이다. 「전설」에서 이주사는 국가주의에 반할 뿐 아니라 언년과 승조의 사이까지 갈라놓는 안타고니스트로 배치되기에, 그가 대변하는 감정과 논리들은 철저히 부정돼야 할 것으로 간주된다.

문제는 구장 또한 승조와 언년, 그리고 동식의 삶까지 휘두르게 되면서 멜로드라마 구도 안에서 안타고니스트로 기능한다는 점이다. 구장은 동식 모자에게 살 길을 열어준다는 이유로 언년의 동의 없이 그녀의 집에 머물게 하며, 역시 승조를 사랑하는 언년의 의지와 관계없이 그녀를 동식의 짝으로 맺어주려 한다. 게다가 구장이 아들의 출병을 반대하는 이주사를 설득하는 논리는 "한 입으로 두 말 할 수 없다", "동네에 영광스러운 일이다"라는 지극히 개인적, 현실적 차원의 것이다. 결국 아버지에게 질린 승조가 마을을 떠나고, 구장의 의지대로 언년과 동식이 나루터에서 새로운 삶을 시작하면서 주요 갈등은 봉합되는 것처럼 보인다. 그러나 나루터에 혼자 남은 언년의 눈물이 비춰지면서, 구장의 선동과 결정이 옳은 것인지에 대한 의문은 끝까지 해소되지 않는다. 극 중 독자―관객이 가장 감정이입할 만한 인물인 언년의 의지는 바로 황국신민인 구장에 의해 좌절되기 때문이다. 「전설」에서 언년은 끝까지 승조의 출병을 전적으로 축복하지도 못하며, 구장의 뜻대로 살아갈 그녀의 얼굴엔 그림자가 드리운다. 따라서 승조가 떠난 후 무대에 남는, 관객의 뇌리에 남는 잔상은 구장에 의해 사랑이 좌절된 언년의 눈물이다.

또한 「전설」에서는 지원병이 되는 승조가 군인으로서의 사명감이 결여된 인물이라는 점이 주목된다. 아버지로부터 도망치기 위해 지원병 시험을 보러 가는 승조는, 군인이 되는 것과 평양으로 떠나는 것을 같은 차원의 대안으로 인식하고 있기 때문이다. 승조는 어릴 때 병정놀이를 잘했다면서 '차라리' 병정이 될까 고민하다가, 국가에 복역하겠다는 의지가 아니라 고향을 벗어나겠다는 생각 때문에 군인이 된다. 그런데 불과 하루 사이에 병정이 되겠다고 결심하는 승조의 심경 변화 계기가 정확히 설명되지 않기에, 승조는 끝까지 유약한 청년의 이미지를 탈피하지 못한다. 뿐만 아니라 투전판을 떠돌다가 언년에게 평양으로 떠날 것을 권유하고, 다시 하루 만에 병정이 되기로 마음먹는 승조의 변덕은 복역의 의무가 갖는 신성성을 퇴색시킨다. 즉 극이 진행되는 내내 방황만을 계속하던 승조는 지원병이 되기로 결정함에도 불구하고, 국민이지만 국민이 아닌 모순된 존재로 남게 된다. 따라서 승조의 성장은 유예되며, 순리에 따른 세대교체도 이뤄지지 않는다.

결국 지원병이 되는 승조의 의지가 분명히 드러나지 않으며, 가장 바람직한 국민상인 구장마저 사랑의 방해자이자 약자(언년)를 마음대로 휘두르는 인물로 형상화되면서 「전설」의 주제의식은 불분명해진다. 독자─관객이 멜로드라마로 텍스트를 받아들일 경우 공감할 수 있는 인물은 언년인데, 언년의 의지를 좌절시키는 인물이 구장으로 설정되기 때문이다. 게다가 이주사로 대표되는 구세대가 대의에 감화되지 않으면서 가족국가 단위의 갱생이 불가능한 것은 물론, 승조가 일종의 도피처로 군대를 택하면서 병역의 신성성마저 사라진다. 남궁만이 극화한 성장드라마는 명랑한 시국과 합치되지 못한 채 불온하게 남게 되는 것이다.

박영호의 「물새」와 함세덕의 「황해」는 어촌을 무대로 하고, 세대갈등

220

과 함께 해군 지원병 모티브를 다루고 있다는 점에서 「북해안의 흑조」와 흡사하다. 또한 이들 세 작품은 모두 2회 연극경연대회 참가작이라는 공통점을 갖는다. 차이가 있다면 유사한 성장담을 극화해도 「북해안의 흑조」에서 23세의 호철은 이미 건강한 육체와 정신을 지닌 청년으로 그려지는 반면, 「물새」의 용운과 「황해」의 천명은 징병적령자이지만 미성숙한 존재로 묘사된다는 점이다. 따라서 「물새」와 「황해」에서는 방탕하거나 연약한 남성 주인공이 군인으로 거듭나는 성장담이 형상화 된다.

두 작품을 함께 살펴보면, 먼저 「물새」는 두 아들을 바다에서 잃고 막내아들 용운을 살리려 하는 어머니 정씨, 용운을 뱃사람으로 만들려는 아버지 강영자, 그리고 어촌을 떠나 서울로 도피하고자 하는 용운 등 가족 구성원의 어긋난 욕망을 담고 있다. 이후 용운이 어머니가 자신에게 나귀를 사주려고 모은 돈을 훔쳐 서울로 도망가면서 갈등이 최고조로 치닫지만, 돌아온 용운이 친구 칠성과 함께 지원병으로 나갈 결심을 밝히면서 가족은 화해하게 된다. 「물새」와 「황해」의 인물 및 공간 설정은 매우 흡사한데, 「황해」 또한 두 형을 죽음으로 내몬 바다를 거부하던 천명이 지원병으로 거듭나는 과정을 다루고 있다. 「황해」에서 가족 간의 갈등은 어머니 공씨가 천명을 싸고돌고, 집안의 경제권을 쥔 외삼촌 공주학이 천명을 데리고 어업을 계속하려 하면서 발생한다. 그러나 바다 에서 일련의 사건을 겪고 성장한 천명이 생선 매매장에서 미국인들의 악행을 목격한 후 지원병으로 나갈 것을 결심하면서, 또한 공주학이 그런 천명을 지지하게 되면서 극은 해피엔딩으로 마무리된다.

「물새」와 「황해」에서 지원병으로 성장하는 두 주인공을 살펴보면, 극 초반 용운은 방탕하고 개인적인 인물로, 천명은 바다를 두려워하는 유약한 인물로 묘사된다. 하지만 용운은 미국에 대한 적개심에 불타는 친구 칠성에게 설득당하고, 천명은 제국을 위협하는 적(敵) 미국의 실상을 목도하면서 소년의 티를 벗고 강건한 군인으로 자라게 된다. 그 과정에서 청년들은 자식의 목숨만을 걱정하는 이기적인 부모세대를 설득하려 하는데, 해결될 기미가 보이지 않던 세대갈등은 아들들이 출병하는 순간 극적인 화해를 이룬다. 구세대는 아들의 출정에 동의하고, 청년이 국민주체로 거듭나면서 성장드라마가 완성되는 것이다.

그런데 세대 간의 화합으로 마무리 되는 「역사」나 「북해안의 흑조」와 달리, 「물새」나 「황해」에서 극적 봉합은 매끄럽게 이뤄지지 않는다. 극의 균열은 어머니가 아들의 출병에 어쩔 수 없이 동의하기는 해도, 끝까지 대의명분에 공감하지 못하면서 출병의 순간까지 생명에 대한 집착을 버리지 못한다는 것에서 발생한다. 주지하듯이 총력전시기 창출된 모성상은 총후에서 활동하는 현모양처였고, 가족주의에 묶여 있는 조선의 어머니는 아들을 국가에 바치기를 주저하지 않는 내지 어머니와 빈번히 비교됐는데, 두 극의 전근대적 어머니는 끝까지 각성하지 못한 상태로 남게 된다. 문제는 박영호와 함세덕이 조선적 어머니를 지탄하는 대신, 극 초반 이미 두 아들을 바다에서 잃은 가난한 어머니의 슬픔을 극대화하면서 관객이 감정이입할 여지를 제공한다는 점이다. 따라서 독자−관객이 「물새」와 「황해」를 청년의 성장담을 담은 선전극이 아니라 불행한 어머니의 멜로드라마로 받아들일 경우, 연극은 국민연극경연대회의 취지와는 정반대로 향하게 된다. 「물새」의 지방순회 공연 도중, 평양에서는 바다로 나가지 말라는 어머니의 대사가 반전사상에 의거했다는 이유로 극단 대표 황철이 연행[19]됐다는 증언은, 국민연극에 내재한

19) 고설봉 증언, 『증언 연극사』, 장원재 정리, 진양, 1990, 100쪽.

불온함을 보여준다.

두 극에서 또 다른 균열은 유약하거나 철없는 주인공이 성장하는 과정에 상당한 비약이 수반된다는 것에서 기인한다. 이미 성장한 청년이 병정이 되는 「북해안의 흑조」와 달리, 「물새」와 「황해」의 경우 이들이 막이 내릴 때까지 건강한 군인이 되어야 하기에 이야기에는 비약이 따르는 것이다. 「물새」의 용운은 극이 진행되는 과정에서 가장 극심한 변화를 겪는 인물로, 3막 막바지에 어머니가 자신을 위해 모은 돈을 훔쳐 달아나면서 갈등은 정점으로 치닫게 된다. 하지만 이후 회개하고 돌아온 용운이 해군지원병이 되겠다는 결심을 밝힌 후 아버지의 허락을 받게 되면서, 극은 해피엔딩으로 종결된다. 그런데 문제는 갑작스러운 용운의 변심에 대해 최소한의 상투적 설명도 부연되지 않는다는 점에 있다. 작가가 어머니까지 배신하고 떠났던 용운에게 그간 어떤 일들이 있었는지에 대한 설명을 생략하면서, 용운의 선택에는 진정성이 사라지는 것이다. 곧 할아버지를 잃고 미국에 대한 적개심을 키워온 칠성에게 군인이 되는 계기가 분명히 부여되어 있다면, 정작 주인공인 용운의 심리 변화는 모호하게 그려진다. 이처럼 작가가 '증산과 증병'이라는 주제에 이야기를 무리하게 끼워 맞추는 과정에서 인물은 일관성을 잃게 되는데, 제국 발화의 미끄러짐은 이 지점에서 발생한다.

「황해」의 경우 천명의 성격 변화는 「물새」의 용운보다 점진적으로 그려진다. 천명은 바다에서 폭풍우와 대적하면서 공동체의식과 희생정신을 배우고, 물고기를 오염시키는 미국의 악행을 보면서 서양에 대한 적개심을 갖게 된다. 따라서 「황해」에서 청년의 성장은 「물새」의 경우보다 개연성 있게 그려지지만, 이 극의 문제는 다른 가족들의 성격이 일관성을 갖지 못하고 급변한다는 데서 파생된다. 특히 3막 이후 물고기 오염

사건을 통해 극의 반동인물이 삼촌 공주학으로부터 천명의 아버지로 변화하면서, 가난한 아버지는 한순간에 비국민으로 전락하는 반면 자본가는 황국신민으로 격상된다. 또한 주인공의 성장이 단계적으로 진행되고 있음을 감안하더라도, 비국민적 행동을 한다고 해서 아버지가 탄배를 바다에 가라앉히려는 천명의 극단적 행동까지 받아들이기는 쉽지 않다. 그리하여 「황해」의 주요 인물들은 대부분 성격의 통일성을 잃게 되는데, 그 상황에서 유일하게 일관성을 유지하는 것이 공씨이다. 아들을 살리겠다는 공씨의 절실한 욕망만이 끝까지 지속되는 것이다.

이처럼 「황해」에서 인물들의 일관성이 결여된 것은 작가가 1941년 발표한 해양비극 「무의도 기행」[20]을 총독부 방침에 맞춰 개작하는 과정에서 발생한 문제로 보인다. 함세덕은 1940년 『조광』에 발표한 「동어(冬漁)의 끝」(미완)을 개작하여 다음 해 「무의도 기행」이란 제목으로 『인문평론』에 게재하는데, 「동어의 끝」과 비교할 때 「무의도 기행」은 서정성과 비극성이 짙게 드러나며, 천명(「동어의 끝」에서는 수정)의 경우 더욱 유약한 아이로 묘사된다. 또한 「동어의 끝」에 간간이 삽입된 코믹릴리프는 「무의도 기행」에 이르러서는 삭제된다.[21] 따라서 「무의도 기행」에서는 유약한 천명이 어른들의 욕심으로 죽음을 맞게 되는 이야기의 비극성이 극대화된다. 반면 「황해」는 1막까지 「무의도 기행」의 흐름을 그대로 따라가지만, 2막부터는 천명이 파시즘적 인간으로 재생하는 과정이 부각된다. 두 작품의 차이는 결말을 비교해 볼 때 극대화되는데 「무의도 기행」은

---

20) 「冬漁의 끝」은 『조광』 1940년 9월호에, 「무의도 기행」은 『인문평론』 1941년 4월호에 게재됐다.

21) 이상우의 경우 「冬漁의 끝」과 「무의도 기행」 사이의 1차 개작에는 별다른 의미를 발견하기 어렵다며, 2차 개작 양상을 중점적으로 논의한다.(이상우, 「함세덕의 「황해」 연구」, 한국극예술학회 편, 『극작가총서 3 : 함세덕』, 연극과 인간, 2010, 285~286쪽.)

교사가 운명을 거스르지 못하고 죽음을 맞은 천명을 추모하는 것으로, 「황해」는 천명의 출병날 마을 사람들이 환호하는 것으로 종결된다. 「황해」는 전시 상황에 입각해 「무의도 기행」의 설정과 모티브를 명랑하게 개작한 작품으로 규정할 수 있는 것이다.

문제는 「황해」가 극 초반부에는 「무의도 기행」의 전개를 취하지만, 1막 이후 건전한 성장담으로 변모한다는 데 있다. 따라서 극이 진행되는 과정에서 인물들의 성격도 급변하며, 그 진폭은 천명의 아버지와 공주학에게서 가장 극심하게 나타난다. 그리하여 극 중 공씨만이 유일하게 성격의 일관성을 가진 인물이 되고, 자연스럽게 공씨의 발화가 등장인물들의 발화 중 가장 진정성을 갖게 된다. 그런데 등장인물 모두가 천명의 출병을 환호하는 그 순간에, 공씨 한 사람만이 국가의 대의명분을 이해하지 못한다. 또한 「물새」에서 용운의 어머니는 아들의 출병을 지켜보는 대신 자신의 손에 맡겨진 손자를 안고 퇴장해 버린다. 결과적으로 「물새」와 「황해」 모두 해군특별지원병제를 선전하고 있지만, 비일관적인 청년의 태도와 비국민으로 남게 된 어머니의 존재가 가족국가 담론에 균열을 조성한다.

이상 2항에서는 청년의 통과의례를 지연시키거나, 청년의 출병을 극화해도 관객이 이입할 만한 여성인물들의 눈물을 통해 불온함을 노출하는 경우를 살펴봤다. 이들 연극 외에도, 4장에서 살펴본 「빙화」와 「새벽길」에서 영철과 헨리는 국민의 길 앞에서 끊임없이 머뭇거리고 주저한다는 점에서 통과의례를 의식적으로 거부한다. 이처럼 총력전시기 극작가들은 청년의 성장을 유예시키고, 가족국가관에 불온한 질문을 던지는 방법으로 동원의 논리로부터 거리를 두고 있는 것을 확인할 수 있었다.

2. 귀환하는 청년상과 민족국가관의 극적 대응[22)](#)

해방 후 징병, 징용 나갔던 청년들이 조선으로 귀환하는데, 외부에서 식민지배의 가혹함을 목도한 청년들은 이제 건국주체로 자리매김하게 된다. 징병, 징용 갔다 일제의 참상을 목도하거나, 혹은 조선인 의용대로 활동하다 '귀환한 청년'들은 과거 '출정한 청년'이 그랬던 것처럼 새 시대의 국민주체로 지목된 것이다. 귀환한 청년들과 함께, 식민지배 현장인 학교에서 혼란을 방지하기 위한 임시휴교 조치가 내려지면서 학생들 역시 거리로 쏟아져 나오게 된다. 이들 청년, 학생들은 건준의 치안유지 운동에 참여하든가, 자생적인 치안단체를 결성하여 그 운동에 참여[23)]했는데, 이들이 곧 건국의 주체로 호명됐다. 주지하듯이 해방 후 담론생산자들은 일제잔재 구축을 설파하고 있지만, 제국과 마찬가지로 국가의 대의를 위해 청년을 동원할 것을 역설하면서 과거의 동원논리를 반복했다.

이와 같이 애국청년이 전환기 국가적 과업의 주체가 되는 것은 해방 전후 희곡에서 공통적으로 발견할 수 있다. 차이점은 국민연극이 단결의 주체인 청년을 통해 구세대의 각성과 가족-국가의 통합을 지향한다면, 해방기 연극은 똑같이 청년을 내세워도 민족의 범주를 제한해 부정한 구세대는 제외시키고 있다는 점이다. 즉 해방의 드라마는 강제적으로 국토를 떠나야했던 청년들이 돌아오면서 시작되는데, 이들은 구세대를 개조하는 대신 척결하는 역할을 맡으면서 식민지 과거를 전적으로 부정한

---

22) V장 2절은 전지니, 「해방기 희곡의 청년담론 연구」(『한국문학이론과 비평』 50집, 2011.)를 수정하였음.
23) 이혜령, 「해방(기) : 총 든 청년의 나날들」, 『상허학보』 27집, 2009, 16쪽.

다. 귀환한 청년들은 일본 제국주의와 결탁했던 아버지를 살해하는 일에서부터 국가 재생－건설 사업을 시작하는 것이다. 반면 돌아온 청년이 민족의 선구자로 나서는 대신 끝까지 방향성을 잡지 못하고 불안한 사회 현실을 반영하는 경우 또한 찾아볼 수 있다.

1) 선구자로서의 청년과 건국드라마의 확신성

『신천지』에 발표된 조현의 「의자연석회의」는 당대 이념극의 양태를 보여주는 동시에 해방공간의 세대론을 확인할 수 있는 극이다. 조현은 "이 희곡은 S선생의 소설 「의자(椅子)」에서 주제를 얻어 수동적인 무생물이 인간을 초월하여 능동적이 되려고 하는데 능동적인 인간이 사조의 격렬한 발전기에 이르러 수동적으로 몰락해가는 현실을 풍자적으로 각색한 것"이라는 취지를 밝힌다. 조현은 「의자연석회의」에서 원작소설을 충실하게 개작하는데, 당시 송영의 「의자」는 이원조, 김남천 등에 의해 소설이 아니라 '우화'라는 비판을 받기도 했다. 특히 김남천은 「의자」가 우화일 뿐 아니라 카프 작가의 공식주의를 그대로 드러낸다고 비판했다.[24] 정치 현실을 풍자하기 위해 노골적으로 메시지를 전달하다 보니 소설적 수준에 이르지 못했다는 평가였다.

「의자연석회의」에서는 당대의 인간 군상을 보여주는 다양한 의자들이 해방기 혼란상을 환기한다. 극 중 의자들이 계급 철폐의지와 진보적 인민의식을 표출하는 사이 시골 양반, 민족해방협회 회장, 부인회 회장들이 들어오고, 이들은 노동자와 농민을 비하하며 실력양성론을 주장한다. 의자들은 분노하고, 쫓겨났던 의자들은 바로 저들이 왜놈들에게 붙어

---

24) 김윤식(1989), 앞의 책, 164~165쪽.

전쟁협력을 했던 자들임을 폭로한다. 의자들은 친일반역자들이 해방 후 애국자 노릇을 한다며 인간들에게 덤벼들고, 앞으로 단결하여 조국의 발전에 이바지 할 것을 다짐한다.

의자들이 친일파를 규탄한다는 우화적 설정을 차용한 「의자연석회의」는 좌파의 이념적 지향점과 함께 당대 선전극의 특징을 단적으로 보여준다. 좌익 연극인들은 해방 후 계급타파와 민족단결을 외치며, 연설이나 노래를 활용하여 관객의 정서를 고조시켰던 것이다. 선동성이 강하게 드러나는 「의자연석회의」에는 연설이 자주 삽입되어 친일잔재 청산의 필요성을 역설하는데, 식민지 과거와 절연하는 것으로부터 현재의 방향성을 모색하는 사고를 확인할 수 있다. 흥미로운 것은 해방기 연극에서 식민과거를 청산하는 문제가 세대갈등을 통해 형상화됐다는 점이다.

먼저 징병, 징용 갔던 청년들의 경험을 극화한 경우들을 살펴보면, 김진수의 「제국 일본의 마지막 날」(1945)은 일본이 패망할 무렵을 배경으로, 일본 부대에 있는 징용노동자들이 해방을 맞이하게 된 순간의 감격을 그리고 있다. 여기서 일본부대 고원(雇員)인 간노는 내선 간의 엄격한 위계질서에 입각해 무자비한 폭력으로 노무자를 다스리는 안타고니스트로, 극에 갈등 요소를 제공한다. 흥미로운 것은 극 중에서 민족을 기준으로 선악구도가 배치되지 않는다는 점인데, 일본부대 고원인 마쯔시다의 경우 조선인에 대한 정당한 처우를 요구하며 간노와 대립하고, 일본인 간호부 고오노나 군속 마쯔모도는 조선인 노동자들에게 매료된다.

전체 4막으로 구성된 「제국 일본의 마지막 날」 1막에서 조선인 근로봉사대는 철물 운반 작업을 하며 고통스러워 하지만, 제국의 담화를 비틀어 흉내낼 정도로 전쟁의 실상을 직시하고 있다. 이들과 대립하는 간노는 조선인이 내지인보다 열등한 민족이라며 인종적 편견을 감추지 않고,

그 와중에 배급받는 사과를 둘러싸고 일본 여군과 노무자들 사이에
갈등이 파생된다. 2막에서는 노무자 창일과 일본인 간호부 고오노의
사랑이 그려지는데, 고오노는 창일의 이야기를 들으며 조선에 대한 호의
를 품게 되고, 역시 일본인 군속 마쯔모도와 연애하고 있는 춘수는 그녀로
부터 '샤쯔'를 선물받는다. 방공호를 파던 노무자들은 'B29'가 날아올
것이라는 소식에 흥분하고, 그 와중에 조선인 처우를 둘러싸고 간노와
마쯔시다가 대립한다. 일본의 패배를 직감하고 운명을 수용한 마쯔시다
와 달리, 간노는 여전히 조선인들에게 가혹하게 대하고, 더 이상 참지
못한 노무자들은 벌떼 같이 일어나 간노에게 폭력을 휘두른다. 또한
노무자들은 일본인 여군을 희롱하고, 종반부에 이르러서는 봉사대와
간노 사이에 격투가 벌어진다. 결국 조선인들은 힘으로 간노를 제압해
살해하고, 걱정하는 봉사대원들에게 라디오를 통해 제국 패망의 소식이
들려온다. 노무자들은 환호하지만, 춘수를 사랑했던 마쯔모도는 떠나는
춘수를 보며 울부짖다 쓰러진다.

「제국 일본의 마지막 날」에서 조선인 봉사대원들과 간노의 격투는
연합군과 일본 사이의 전쟁에 비유되는데, 간노가 죽음을 맞이하는 순간
일본의 패망 소식이 들려온다. 극 중 간노는 제국 지배의 폭력성을 드러내
는 인물로, 힘의 논리로 조선인을 제압하려 한다. 주목할 것은 봉사대원들
이 간노에게 저항하는 방식 역시 남성적 힘의 논리라는 것으로, 조선인들
이 힘을 모아 간노를 살해할 때 일본은 패망하게 된다. 노무자들이 일본
군인보다 더 강한 남성으로 거듭남으로써 민족적 역학관계가 뒤집어지는
것이다.

그 외에 염두에 둘 것은 조선인 남성과 일본인 여성 사이의 관계
설정 문제다. 작품 속에는 조선 노무자들이 사과 배급 문제로 여군들과

말싸움을 벌이거나 일본 여군을 성희롱하는 장면이 등장하는데, 이는
결국 남성성으로 재무장한 조선인들이 일본군의 권위를 전복하는 과정의
일환으로 삽입된다. 봉사대원들은 자신들에게 우호적인 마쓰시다에게는
고마움과 친근함을, 폭력적인 간노에게는 두려움을 갖지만, 같은 일본인
이라도 여군은 조롱의 대상으로 삼고 그들에게 남성적 힘을 과시하면서
성별 위계질서로 민족적 질서를 무화시킨다.

조선과 일본 사이의 위계질서가 완전히 전복되는 것은 간노가 죽고
일본이 패망했다는 소식이 전해진 이후로, 패망한 일본이 여성화되는
것은 마쓰모도가 춘수와 함께 하지 못하고 오열하는 장면에서 극대화된
다. 이제 제국 일본의 군속이었던 마쓰모도는 '일본 계집'으로 전락하고,
일본인이라는 신분이 그녀를 열등하게 만든다. 바닥에 쓰러져 오열하는
마쓰모도의 모습은 작가가 간주하는 패전한 일본의 현실이며, 반면 당당
하게 일본부대를 떠나 조선으로 귀환할 봉사대원들은 신생조선의 힘찬
미래를 대변한다.[25] 이처럼 8·15 기념행사를 위해 쓰여진 「제국 일본의
마지막 날」[26]에서, 신생국가의 건설은 남성성의 재건과 동궤의 것으로
형상화된다. 이혜령이 지적하는 것처럼 해방 후 국민 정체성을 형성하는
귀환서사의 주인공은 대개가 남성이었고, 이는 조선이라는 공간에 부재

---

25) 해방기 문학 텍스트에서 신생조선이 강한 남성성과 강력한 힘을 표방한다면,
    미국을 의식한 전후 일본의 경우 자국을 무기력하며 여성화된 모습으로 형상화
    했다. 미군 점령 하에서 변형된 일본의 국가 이미지에 대해서는 Leo T. S. Ching,
    『Becoming "Japanese"』, University of California Press, 2001, 48~49쪽.

26) "「제국 일본의 마지막 날」은 8·15 기념행사를 위해 쓴 것으로 내가 어떤 중학교에
    있을 때 졸업반 근로봉사대를 인솔하고 어떤 일본부대에 가서 실지로 경험한
    바를 현지 보고형식으로 구성해 본 산 기록의 작품이다. 따라서 여기에 나오는
    사람들은 부대 장교나 군속들이나 모두 그 때의 일본부대의 실재의 사람들이고
    성격과 행동까지도 사실 그대로다."(김진수, 『김진수 희곡선집』, 성문각, 1959,
    313쪽.)

한 남성성을 충원하는 가장 직접적인 서사 형식[27]이었다. 이 같은 논의를 참고하면 조선 남성이 제국 군인을 폭력으로 제압하고 제국 여성을 눈물 흘리게 하는 「제국 일본의 마지막 날」은, 신생조선에 자신감을 주입시키고 남성적 국민 정체성을 구축하는 방식을 보여준다고 정리할 수 있다.

해방과 징용노동자들의 승리를 자축하는 「제국 일본의 마지막 날」에 이어, 김진수는 『백민』에 발표한 「코스모스」(1948~49)를 통해서는 해방 조선의 여성들에게 올바른 삶의 방향을 제시한다. 작가는 세 자매의 애환을 그린 「코스모스」가 어떤 여성단체를 위해 썼던 것[28]이라 부기하고 있는데, 「코스모스」는 가장-남편이 부재한 상태에서 여성의 역할을 교시하고 있다. 극 중 시간적 배경은 역시 '해방 후'이며, 구세대인 어머니, 외삼촌과 빚어내는 딸들의 갈등이 극의 주축을 이룬다.

주요 등장인물은 강씨와 세 명의 딸로, 맏딸 순임은 남편의 방탕한 생활 때문에 아들을 데리고 나와 있으며, 의식있는 여성이자 혁명가의 아내인 순주는 독립운동하러 떠난 남편을 기다리고 있는 상태다. 셋째 딸 순히는 학생인 광일과 연애 감정을 갖고 있지만 앞으로 무엇을 해야 할지에 대해 갈피를 잡지 못한다. 강씨는 학식있는 순주가 언제 돌아올지 모를 남편만 기다리고 있는 것이 안쓰러워 동생 경도와 상의해 순주를 돈 많은 한량과 재혼시키려 한다. 순주는 어머니의 의중을 알아채지만, 한껏 꾸미고 선을 보러 나가 상대방에게 굳건한 의지를 전하고, 경도는 그런 조카를 보며 속물적인 자신의 모습을 반성한다. 강씨 역시 경도의

---

27) 이혜령, 「해방기 식민기억의 한 양상과 젠더」, 『여성문학연구』 19호, 2008, 242~243쪽.
28) 김진수(1959), 앞의 책, 312~313쪽.

이야기에 공감해 더 이상 자신의 뜻을 강요하지 않는다. 한편 방탕했던 순임의 남편이 회개하고 돌아오면서 순임은 남편을 따라 가게 되고, 순히도 언니 순주를 보면서 "여자의 권리를 찾아서" 좀 더 강건한 여성이 되기로 결심한다. 모든 사건들이 정리된 후 순주는 어머니를 붙잡고 실은 자신의 남편이 이미 타개했음을 전하고, 해방 후 민족과 국가를 위해 함께 나아가자고 말한다.

극 중 방탕한 남편 때문에 괴로워하는 순임, 존경하는 남편을 잃은 순주, 그리고 사랑과 삶 모두에 확신을 갖지 못하는 순히 등 세 자매의 사연은 관객의 감정이입을 이끌어낸다. 특히 「코스모스」는 물질만능주의에 함몰된 구세대와 자유의사를 중시하는 신세대 사이의 갈등, 그리고 가장이 부재하는 가족의 비극 등이 우울한 정서로 일관하는 30년대 후반 신극의 문법과 닮아 있다. 김진수는 1937년에 발표한 「길」에서도 부모세대의 강압적 태도 때문에 갈등하는 젊은이들의 이야기를 담아냈다. 하지만 가족의 몰락으로 마무리되는 「길」과 달리, 「코스모스」에는 끝까지 주관을 잃지 않는 순주가 가족을 지탱하고 있고, 순주의 교화에 의해 가족은 새로운 방향을 모색하게 된다. 순주는 자신의 삶에 드리운 불행의 그림자를 걷어내고 여성의 권리를 주장하며, 또한 '나라를 위해' 자임해서 탁아소에 나가는 등 민족국가를 위한 삶을 모색한다.

강씨의 가족 구성원 중에는 남성이 부재하지만, 실상 가족의 정신적 지주가 되는 것은 순주의 남편인 사망한 혁명가이다. 물론 표면적 교화 주체는 순주지만 순주가 추종하는 국가와 민족의 길은 죽은 남편의 유언을 따르는 것이며, 결국 각성하지 못한 강씨와 경도 및 방황하던 순히도 혁명가의 노선을 따르게 된다. 이처럼 무대에 등장하지 않는 순주의 남편은 텍스트 뒤에 감춰진 작가의 목소리를 대변하면서 실질적으로 극을 지배하고, 순주를 통해 전해지는 그의 발화가 「코스모스」의 주제가 된다. 이처럼 구구절절한 여성들의 이야기는 후반부에 이르러 순주의 남편, 즉 작가인 김진수가 제시하는 해방기 국가건설 논리로 흡수되고, 세 자매의 드라마는 작가의 이데올로기를 유화시켜 전달하는 방편이 된다.

그런데 극의 선전적 성격을 감안하더라도 민족국가건설이라는 주제의 식을 구현하는 인물들은 작위성을 탈피하지 못하고, 이들이 조장하는 갈등 역시 해피엔딩을 위해 성급하게 마무리된다는 점을 지적할 수 있다. 결말부에 이르면 극 전반에 노출된 갈등들이 급작스럽게 봉합되는데, 방황하던 순임의 남편이 회개하면서 순임의 시련은 종식된다. 또한 외삼촌 경도가 순주의 말 몇 마디에 급격하게 생각을 바꿔 자신의 누이를 설득하게 되면서 모녀간의 세대 갈등도 해결되고, 실체가 불분명한 고민에 사로잡혀 있던 순히 역시 순주의 뜻에 동참하게 된다. 낙관적 결말로 나아가는 과정에서 전개에 무리가 수반되는 것이다.

1946년 4월 잡지 『신문학』에 게재된 이기영의 「해방」은 김진수의 「제국 일본의 마지막 날」과 마찬가지로, 해방을 기점으로 조선인과 일본인의 위치가 역전되는 상황을 다루고 있다. 주요인물은 학병과 징용기피, 도박과 절도, 공출 태만 등으로 수감된 조선인들로, 일본 순사에게 가혹한 탄압을 받던 수감자들은 일본의 패망과 조선의 해방을 기점으로 자유를 얻게 된다. 극 중 시간적 배경은 8월 15일 심야에서 다음날 아침까지로, 압축된 시간 동안 내선의 위계질서가 뒤바뀌는 극적 사건이 일어나며, 이야기는 지방도시 부근 농촌 유치장이라는 한정된 공간에서 진행된다.

유치장에는 학병기피자 정의수, 징용기피자 인화, 도박상습법 학보, 절도 3범 막동, 공출태만자 광춘, 공장 도주녀 춘자가 수감되어 있고,

일본 순사 가바(蒲)는 조선인들을 폭력으로 다스린다. 유치장은 남자 죄수들의 감방과 여자 죄수들의 감방으로 나뉘어 있고, 여감방에는 춘자만이 수감되어 있다. 「해방」의 첫 장면은 춘자를 감방에서 끌어내는 순사를 비추면서 시작하는데, 춘자에 대한 폭력이 시각화되지는 않지만 춘자의 비명 소리와 매질 소리가 들려오면서 제국의 폭력성을 환기시킨다. 농촌 출신으로 중개업자에게 속아 공창에 가게 된 춘자는 자신을 겁탈한 순사의 행적을 지적하며 거세게 저항하고, 막동과 춘자는 번갈아가며 소란을 피워 순사를 교란시킨 다음 그를 감방에 가둔다. 이어 사람들이 도망치려 하는 찰나에 "조선 독립 만세"와 "붉은 군대 만세" 소리가 들리고, 일동도 함께 만세를 부른다. 의수는 창씨 개명한 사람들의 이름을 원래대로 바꿔주며, '농군', '군인' 등 해방된 조선에서 각자의 역할을 부여한다. 또한 춘자에게는 '이춘희'라는 새로운 이름을 지어준다. 그들은 거리의 만세소리에 합류하기 위해 유치장을 떠나고, 떠나는 춘희(춘자)는 순사의 얼굴에 침을 뱉는다.

「해방」에서 유치장의 인물들을 구원하는 독립 만세 소리는 전형적인 데우스 엑스 마키나(deus ex machina)로 간주할 수 있으며, 이 소리와 함께 피해자들은 자신들이 당한 폭력을 가해자에게 되돌려주고 자유를 찾는다. 이기영은 식민지배자—식민지인의 관계가 역전된 가장 극적인 하루를 포착해 인민의 자세를 역설하는데, "노서아가서 공산대학을 졸업하고 만주 지나로 다니며 조선독립을 위해서 싸웠"던 정의수는 학병기피자라는 이력에 기반해 수감된 이들을 선도한다. 정의수의 경우 단순히 연설을 늘어놓는 것뿐만이 아니라 해방 후 인민의 역할을 직접 지정해주고 그들의 이름마저 바꿔주면서 인민의 선봉에 서게 된다.

여기서 정의수가 강조하는 발전논리는 국가지상주의에 입각해 통합과

234

건설을 강조한다는 점에서 제국 일본의 동원논리와 겹쳐지며, 드라마는 해방된 조국의 신성한 부름에 응답해야 한다는 결말로 나아간다. 그 과정에서 조선을 해방시킨 붉은 군대는, 유치진의 「흔들리는 지축」에서 미국 비행기 B29가 그랬던 것처럼 식민지 조선의 구원자가 되며, 아라사는 해방된 조선의 이상향으로 배치된다.

작가의 분신 역할을 하는 정의수 외에, 「해방」에서 주목해 볼 인물은 공창 도주녀인 춘자다. 춘자는 여자라는 이유로 죄수들 중 가장 극악한 폭력에 시달리면서 순사의 성적 노리개가 되는데, 빈곤으로부터 탈출하려다 사기를 당한 후 일본인의 성적 노리개로 전락한 과거사가 식민지배의 비극성을 현시한다. 이처럼 유치장의 죄수 중에서도 가장 지난한 삶을 살았으며, 또한 순사에게 계속 유린당하는 춘자는 관객의 감정적 동요를 불러일으키는 역할을 맡는다. 여성 수난사 이야기는 외부에 대한 증오와 적개심을 '민족'이라는 통합된 주체에 대한 열망으로 전도하는 양식29)을 지니는데, 「해방」에서 춘자의 수난사 역시 민족통합의 필요성을 제창하는 기능을 하는 것이다. 극의 레조네어인 정의수는 이 같은 춘자의 궤적에 경의를 표하지만, 동시에 우월한 위치에서 그녀에게 '춘희'라는 이름을 지어주고 새 출발할 자격을 부여한다.

정의수 가장 왜놈에게 학대를 만히 밧고 인간으로서 참아 견디지 못할 위대한 고통을 참아온 춘희 씨! 나는 참으로 당신에게 滿腔의 경의를 표합니다. 당신은 비록 여자일지라도 위대한 성격을 가지고 용감한 행위를 남자보다도 훌륭히 하였습니다. 그러니 당신은 과거의 쓰라린 생활을 비관만 하지 말고 오늘부터는 새로운 건국의 투사로서 재출발하야

29) 권명아(2009), 앞의 책, 307~309쪽.

건국사업에 정진해 주십시요.(후략) (465)

결국 춘자는 도덕적으로 우월한 남성 선구자에 의해 인민의 자격을 부여받는다. 그런데 연민과 동정의 대상이었던 춘자는, 막이 내리기 직전 순사의 얼굴에 침을 뱉으며 조선과 일본의 전도된 상황을 보여준다. 식민지시기 위계화된 질서의 가장 낮은 자리에 배치됐던 춘자가, 해방된 조국에서 그간 자신이 받았던 모욕을 되돌려 주는 것이다. 이 같은 결말은 당대 관객에게 극적 쾌감을 제공하기에 적합한데, 춘자의 이력과 미래는 제국주의 일소와 진보적 인민의식 함양이라는 극작의도 안으로 수렴된다.

『우리문학』에 발표된 「닭싸움」(1946.3.)은 식민지시기 소설 창작에 주력했던 작가가 해방 후 처음으로 발표한 희곡이다. 서두에서 언급했듯이 작가는 해방기 혼란한 상황 속에서 소설보다 희곡을 쓰는 편이 낫다는 의견을 표하는데, 「닭싸움」이나 「해방」은 짧은 시간 동안 한정된 공간 안에서 벌어지는 갈등의 분출 양상을 집약적으로 드러낸다. 당시 이기영에게 있어 인민을 계몽하는 프로파간다로서 적합했던 것은 소설보다 연극이었던 것으로 보이는데, 그의 연극에서는 작가의 레조네어가 등장해 각성하지 못한 이들을 계도하는 설정이 반복된다. 학병기피자나 징용 갔다 귀환한 청년은 민족의 선구자가 되고, 이들의 교화로 인해 인민 내부에서 벌어졌던 소소한 갈등들이 순조롭게 해결되는 것이다.

극 중 정해진 해피엔딩으로 나아가는 과정에서, 해방의 공적은 '붉은 군대'에게 있음이 재차 강조된다. "붉은 군대가 우리 대신 피를 흘리지 않았다면 우리 조선은 지금 어떻게 되었을지 모른다"는 박선생의 발화 안에서, 소련이라는 제국은 조선의 은인이자 이상향으로 지정된다. 또한 박선생과 문상식은 '완전 독립'을 외치며 또 다시 '외국의 노예'가 되어서는 안 될 것을 역설하지만, 그럼에도 붉은 군대에 대해서는 전적인 신뢰를 드러낸다. 결국 해방이 도래해도 여전히 어수선한 상황에서 표출된 마을 내부의 갈등은, 선생이 선도하는 만세소리 속으로 흡수된다. 그 과정에서 민중이 야미장사를 하거나 닭 한 마리에 집착하게 된 상황은 배제되고, 진보적 연극인들이 주장한 민족과 인민이라는 구호 아래 모든 개인사는 이기주의로 치부된다.

지금까지 조선으로 귀환한 청년들이 민족의 선구자가 되어 신생국가 건설 작업에 착수하는 양상을 확인했다. 식민지배의 가장 큰 피해자로 비판적 시각을 확보한 이들이 인식론적 특권에 기반해 민중을 계몽하는 설정이 반복되는 것이다. 앞으로 살펴볼 텍스트는 마찬가지로 귀환한 청년들이 민중의 각성을 끌어내지만, 세대 간 대립이 가족 갈등으로 표출되며 '부친 살해 모티브'가 등장하는 연극이다.

작품집 『무기 없는 민족』에 실린 김송의 「그 날은 오다」(1946)는 식민지 시기와 해방 직후를 배경으로 진행되는데, 모든 사건은 주로 친일파인 홍상용의 집에서 발생한다. 여기서 작가는 아들이 아버지를 부정하게 되는 과정을 통해 해방기 세대교체의 필연성을 강조하고 있다.

막이 열리면 중학교 입학시험을 앞두고 있는 아들 인묵에게 어머니와 누이가 제국의 관점에서 쓰여진 역사를 가르치려 노력하지만, 인묵은 교과서는 모두 거짓이라며 공부하기를 거부한다. 상용은 이번 전쟁에 패전하면 동양이 서양의 노예가 된다는 대동아공영권의 논리를 설파하나, 아우 승용은 일본은 결국 조선을 해방시키지 않을 것이라 반박한다. 이후 마을 주민들에게 징용 통지서가 도착하고, 승용이 라디오로 미국 방송을 듣다가 잡혀가는 사건이 발생한다. 승용은 탈출했다가 다시 경관에게 잡혀가고, 아들 인묵은 편지를 한 장 남기고 집을 떠난다. 3막은 2막으로부터 6년 후인 시점을 배경으로 진행되는데, 상용은 만세도 버젓이 부를 수 없는 자신의 처지를 개탄하고, 아내에게 이제는 '청년의 세상'이 도래했다고 말한다. 광복군에 들어가서 일본군과 싸웠던 인묵이 귀환하자, 상용은 인묵에게 금고 열쇠를 내준 후 엽총으로 자살한다.

「그 날은 오다」에서 역사적인 그 날은 새 시대의 주체인 인묵이 귀환하는 날이자, 친일의 잔재인 상용이 역사에서 제외되는 날이다. 형이 자살한 것을 목도한 후 "아버지의 모든 친일적 행동은 해방과 함께 쓰러졌다"는 승용의 말처럼, 민족 통합은 친일파의 완전한 분리를 통해서 이루어질 수 있는 것이다. 극 중 인묵은 아버지의 자살을 직접적으로 종용하지는 않지만, 돌아온 그의 존재 자체가 아버지의 죄의식을 일깨워서 죽음으로 과오를 청산하고, 세대교체를 이룩해야 한다는 사명감을 환기시킨다. 곧 「그 날은 오다」는 진정한 통합은 민족반역자를 척결하는 것에서부터 시작해야 한다는 작가적 신념을 보여준다.

해방기 건설의 주체자인 인묵과 승용은 상용의 죽음을 담담하게 받아들이고, 그의 죽음을 객관적으로 평가하면서 시대적 사명을 수용한다. 극 중 상용은 극악한 친일파로 묘사되는 것은 아니지만, 작가는 민족의식 없이 시류에 영합하며 사는 인물을 자살이라는 방식으로 단죄한다. 그 외에 「그 날은 오다」에서 주목할 것은 여성을 다루는 문제인데, 해방후 진심으로 회개하는 남편과 달리 상용의 아내는 여전히 시대의식을 깨우치지 못했기에 "철따군이 없는 것"이라 질책당한다. 또한 상용의 딸 인숙은 아버지의 과오를 책망하기보다는 그것이 식민당국의 강압에 의한 것이었다며 변호하려 든다. 그리하여 부정적 가족주의와 구세대적 관념을 청산하지 못한 인숙은 건설의 주체에서 제외된다. 해방기 연극의 민족 통합은 엄격한 분리 과정을 통해 이루어지는데, 김송의 희곡 안에서 그 주체는 '귀환한 남성 청년'으로 한정되는 것이다.

오영진의 「살아있는 이중생 각하」는 귀환한 청년을 통한 세대교체 양상 및 여성 인물을 다루는 방식에서 「그 날은 오다」와 공통항을 갖는 텍스트다. 차이가 있다면 「살아있는 이중생 각하」의 경우 희극적 성향이 더 짙고, 발표시기가 늦은 만큼 반공주의 성향이 노골적으로 드러나 있다는 점이다. 오영진은 이 작품에서 일본인에게 빼앗은 국유림을 경영하고, 미군정청과 결탁해 재산과 권력을 지키려는 이중생의 부정적 행각을 풍자하는데, 그런 이중생을 비판하고 죽음으로 내모는 역할을 귀환한 아들 하식에게 맡기고 있다.

과거 친일분자로 아들을 징병 보낸 전력이 있는 이중생은, 해방 후 일본인이 경영하던 국유림을 맡아 재목회사를 경영하며 미군정에 아부하기 위해 작은 딸 하연을 미국 원조기관 관리와 만나게 한다. 이중생을 닮은 큰 딸 하주는 무능력한 남편 송달지에게 미국기관이라도 출입하라며 타박하고, 그 와중에 하연이 만나던 미국인이 원조기관 직원을 사칭했다는 사실이 밝혀지면서 이중생의 앞날에 불안한 기운이 드리운다. 전막에서 한 달쯤 지난 시점인 2막에서, 하연은 아버지를 모리배라 비난하고 취직하기로 하면서 하주와 대립하며, 이중생은 재산이 국가에 환수되는 것을 막기 위해 최변호사와 결탁한다. 그는 자신이 자살한 것으로 위장하고, 재산 관리인으로는 사위 송달지를 지정하기로 한다. 3막은 이중생의 제삿날을 배경으로 진행되는데, 국회 특별조사위원회가 방문해 보건시설을 확충하는데 이중생의 유산을 쓰겠다며 송달지의 의견을 묻고, 송달지는 이를 기꺼이 수락한다. 분노한 이중생은 송달지와 최변호사를 책망하고, 이 와중에 징병 나갔던 하식이 돌아온다. 하식은 "아버지의 시대는 이미 지났"다며 이중생을 부정하고, 결국 죽은 것도 산 것도 아닌 것이 된 이중생은 자살을 선택한다.

이처럼 「살아있는 이중생 각하」의 1, 2막에서는 이중생의 모리배적 행각이 드러나고, 3막에서는 신세대 송달지와 하식이 그를 철저히 부정하면서 민족반역자가 숙청되는 과정이 그려진다. 극적 반전은 무기력해 보이던 송달지가 이중생의 의견에 반기를 들면서 일어나고, 이어 귀환한 아들 하식이 이중생의 존재를 부정하면서 극은 예정된 파국으로 치닫는다. 그런데 「그 날은 오다」의 인묵이 아버지에 대한 직접적 비판은 지양했던 것과 달리, 하식은 적극적으로 아버지를 비판하며 그를 민족 외부로 추방하는 역할을 맡는다.

> **하식**   형님, 고정하십쇼. 잘 알겠어요. 아버지 시대는 이미 지났어. 형님두 이미 지나간 과거의 일을 가지구 번민할 게 뭐 있수. 형님, 우리 앞엔 우리를 새로운 권력과 독재자에게 팔아먹으려는 원수가 있어요. 나는 골고루 보고 왔어요. 할빈, 장춘, 흥남, 그러군 화태! 어 몸서리가 칩니다. 형님, 우리나라가 독립된 줄두 모르고 있는 친구들…… 어서 들어갑시다. 할 얘기가 산더미같이 쌓였어요. 집안일은, 아버지 일은 순리대루 돼 나갈테요.(109~111) (고딕 글씨는 필자 강조)

결과적으로 하식의 귀환 후 그간 이중생의 편에 서 있었던 그의 아내와 하주 역시 새로운 세대를 따르게 된다. 청년의 귀환으로 인해 진정한 세대교체가 이루어지는 것이다. 여기서 친일 잔재와 자본 권력 외에, 하식의 발화를 통해 공산주의가 민족의 적으로 추가되면서 민족반역자를 제외한 이들이 하식을 중심으로 통합하게 된다. 이와 같이 구세대는 퇴장하고 젊은 청년들이 국가 건설에 나서야 한다는 작가의 생각은 하인인 용석 아범의 대사를 통해 다시 한 번 강조된다.

살펴본 것처럼 「살아있는 이중생 각하」는 명확한 선악이분구도에 의해 짜여져 있으며, 작가의 이념적 성향이 분명하게 드러나는 작품이다. 극 전체를 지배하는 것은 부정적 인물인 이중생이지만 작가의 주제의식을 대변하는 것은 아들 하식으로, 징병 경험을 통해 남성성과 투철한 민족의식을 갖게 된 그가 구시대에 종언을 고한다. 그 과정에서 각성하지 못했던 여성인물, 특히 아버지를 추종하여 남편을 거짓 유언 작성에 끌어들였던 하주는 더욱 강력한 청년의 힘에 동화되어 시대의 흐름을 수용한다. 둘째 딸 하연의 경우 하식보다 먼저 아버지의 뜻에 반발하지만, 역사의 바로잡기가 이루어지는 것은 남성성으로 재무장한 청년이 귀환할 때 가능하다. 아버지의 친일행각에 의한 피해자이자 징병, 징용 경험을 통해 새로운 시대 인식을 갖게 된 청년이 귀환함으로써 신생조선의 세대교체가 시작된다. 그만큼 극의 양적 비중은 작지만 이중생의 대척점에서 하식의 존재는 중요하게 다루어지며, 이를 통해 오영진이 간주한 국가건설 양태를 짐작해 볼 수 있다. 구세대가 퇴장하고, 청년이 민족의 주체가 될 때 비로소 진정한 건국은 이뤄지게 되는 것이다.

'귀환하는 청년'이 직접 등장하지는 않아도 세대교체 문제는 해방기 희곡에서 빈번하게 다루어진다. 송영의 「황혼」(1945)은 딸이 부모관계를 부정하며 구세대 청산을 부르짖는다는 내용으로, 역사의 바깥으로 비껴나야 할 친일분자의 운명을 예고한다. 주지할 것은 이념의 이항 대립구도에 세대론이 결부되어 있었으며, 이념의 적을 민족반역자로 지목하는 것은 좌익과 우익의 극을 막론하고 공통적으로 발견된다는 점이다.

함세덕의 「고목」 역시 「황혼」과 마찬가지로 필연적 세대교체를 다루는 희곡으로, 과거 친일파였고 지금은 미군정에 협력해 한 자리 얻어 보려는 모리배 박거복이 몰락하는 극적 순간을 집약적으로 묘사하고 있다. 「고목」에서 거복은 육체적인 죽음에 이르는 것은 아니지만, 그의 분신과도 같은 고목이 모든 인물들의 요청에 의해 베어지게 되면서 거복 또한 상징적 죽음을 맞게 된다.

삼대 째 내려오는 지주 박거복의 저택을 배경으로 진행되는 「고목」에서, 거복은 일제 말기 헌납하려던 나무를 이제는 새로운 권력인 오각하에게 바치려 한다. 그리하여 나무를 자신에게 팔아달라는 전재민 처남의 부탁이나, 수해 구제금으로 나무를 내달라는 청년단 위원장 하동정의 부탁을 거절한다. 이처럼 썩어가는 나무를 붙잡고 신흥권력에 의탁하려는 거복은 딸의 친구인 진이와도 언쟁을 벌이고, 민족을 부르짖으면서도 전재민, 토지개혁 문제 등에 대해서는 등을 돌린다. 그 과정에서 거복의 딸은 학생들에게 돌팔매질을 당하고, 거복의 친구인 초국은 나무를 베어달라는 부탁을 거절한다. 한편 흉한 외모의 거복 대신 오각하의 환영 연회에 참석했던 가족들은 실망해서 돌아오는데, 거복의 노모는 서양인인 오각하의 부인을 보며 기부 신청도 하지 않는다. 이후 딸로부터 자신이 재정부장 직위에서 밀려났다는 소식을 들은 거복은 분노해서 나무 기부를 취소하고, 뒤늦게 자신을 찾아온 곽목사에게 나무를 청년단에게 바치기로 했다고 둘러댄다. 목사가 돌아간 후 거복은 자신의 말을 번복하려 하지만, 모든 사람의 요구에 의해 어쩔 수 없이 나무를 베게 된다.

함세덕은 고목이라는 오브제를 거복의 분신으로 묘사하며, 썩을 대로 썩은 고목을 베는 마지막 장면을 통해 필연적인 역사적 흐름을 시각적으로 구현한다. 오영진이 「살아있는 이중생 각하」에서 공산주의를 비판했던 것과 마찬가지로 함세덕은 좌익의 입장에서 우익 측 논리의 허상을 지적하는데, 개성있는 등장인물들의 생생한 발화를 통해 우파를 비판함으로써 선전메시지를 매끄럽게 극화하고 있다. 또한 전재민들의 실태나 교육계 병폐 등 당대의 사회문제를 삽입해 시대성을 획득한다.

「고목」에서 거복의 대척점에 있는 인물은 친구인 초국과 그의 딸 진이, 청년 위원장 하동정 등인데 이후 거복의 딸 수국까지 합세해 그를 부정한다. 거복에 대한 비판은 친일파와 민족반역자를 등에 업은 이승만 정권에 대한 비판으로 나아가고, 최종적으로 자본의 논리가 지배하는 자유주의 국가가 투쟁 대상이 된다. 함세덕은 오각하의 부패상을 직접 보여주기보다는 민중의 시각에서 들려주는 방식을 취함으로써, 인민의 입장에서 그가 얼마나 반민족적 인물인지를 강조한다.

극 중 귀환한 청년은 등장하지 않는데, 거복의 아들 수정은 하동정과 전문학교를 같이 다녔으며 서울에 있다는 것만이 환기될 뿐 무대에 직접 나오지 않는다. 곧 함세덕은 발화의 권위를 갖는 귀환한 청년 대신 여러 등장인물의 입을 빌려 민족반역자를 비판하는 형식을 취하고 있다. 극 중 하동정을 중심으로 뭉친 신세대는 거복으로 집약되는 일제잔재를 척결하며, 이와 함께 전재민이 돼서 다시 일본으로 떠나려 했던, 난민으로 전락할 뻔했던 영팔 부부를 구제하는 데도 앞장선다.

결국 거복은 신세대의 강압에 밀려 '어쩔 수 없이' 시대의 흐름에 수긍한다. 이는 구세대 척결을 다룬 해방기 희곡과 「고목」이 갖는 거리가 드러나는 지점으로, 앞서 살펴본 극에서 민족반역자는 종반부에 이르러 자신의 잘못을 회개하는 반면, 거복의 경우 끝까지 자신의 재산을 지키려 한다. 이처럼 변하지 않는 거복의 모습을 통해 작가는 반민족적 인물이 한 순간에 개조될 수 없다는 냉엄한 현실인식을 드러낸다. 총력전시기

「마을은 쾌청」에서 비국민을 끌어안으며 낙관적 현실 인식을 표출했던 함세덕은, 개작본 「고목」에서는 민족반역자 구세대를 철저하게 배제하는 길을 택한다. 이 같은 결말의 차이는 일제 말기 강압에 의해 국책에 동조해야만 했던 함세덕이, 해방 이후 보다 적극적으로 국가와 민족의 방향을 모색하는 과정에서 도출된 결과로 이해할 수 있다. 이제 작가가 온전하게 자기 목소리를 표출하게 되면서 역사의식도 보다 치열하게 극화된 것이다.

초국의 딸 진이가 내뱉는 "민족반역자는 양잿물"이란 대사처럼, 거복은 고목을 베는 역사적 순간에 자신의 방 안으로 유폐되어 상징적 죽음을 맞는다. 그가 민족 공동체로부터 격리되어 삶에 종말을 고하면서, 시대의 논리에 의한 원활한 세대교체가 이루어지는 것이다. 여기서 함세덕은 스스로 퇴장할 것을 거부하며 몸부림치는 거복의 모습을 통해 "역사에 낙오된 반동자"의 비참하고 추악한 말로를 가감없이 보여준다. 이때 끝까지 회개하지 않는 거복에 대한 묘사는, 당면한 세계에서 이념의 적에게 갖는 작가의 부정적 시각이 투영된 것으로 이해할 수 있다.

우익 연극의 기수였던 유치진의 극작활동은 1947년을 전후해 본격화되는데, 그는 남북한 단독정부 수립 이후 발표한 「어디로」(1949~1950)와 「장벽」(1950)에서 청년을 내세워 좌익의 신탁통치 찬성 움직임을 비판한다. 남한만의 단독정부가 수립된 이후 신탁통치를 찬성했던 좌익을 '반민족주의자'로 몰아세우고, 신탁통치를 반대했던 우익을 '민족주의자'로 구분한 뒤 이념의 우위를 확보하고 있는 것이다.

「어디로」는 미군정 지배 하의 서울을 배경으로 진행되는 극으로, 전체 4막 중 2막만이 확인된다. 주요인물은 월남한 과학도 봉칠, 봉칠의 연인으로 역시 월남한 고학생인 혜숙, 봉칠을 아끼는 대한과학연구소 소장

대근, 봉칠을 짝사랑하는 대근의 딸 미나 등이다. 봉칠은 '서북학사' 학도들의 주동자로, 학도들이 반탁론자들로부터 습격당했을 때 용감하게 대처한 적이 있다. 학도들은 모스크바 3상회의에서 내려진 신탁통치 결정에 분개하고, 찬탁론자들을 '반동분자', '매국노'라 비판하며 이들을 직접 위협하기로 한다. 그런데 봉칠이 존경하는 대한과학연구소 소장 양대근의 이름이 찬탁론자들의 성명서에 올라있다는 것이 알려지자, 봉칠은 그에게 위험을 미리 알려주려 한다. 이후 동지들이 돌아와 연구소에 갔던 이들 중 일부가 무기 불법소지죄로 구금됐다는 소식을 전하며, 봉칠이 거사를 알린 스파이로 지목된다. 동지들은 봉칠을 매장해야 한다는 데 동의하고, 혜숙 또한 어쩔 수 없이 이 같은 결정을 따르게 된다. 동지들에게 배척당한 봉칠은 연구소로 들어가는데, 봉칠의 동료들이 소장을 찾아와 봉칠을 쫓아낼 것을 종용하지만 소장은 이 모든 일이 봉칠의 전화를 받고 섣불리 경찰에게 알린 아내의 부주의 때문에 빚어졌다며 봉칠을 옹호한다. 소장은 봉칠에게 연구에만 열중하라며 힘을 실어주고, 그의 딸 미나는 봉칠에게 연모의 마음을 적극적으로 표현한다. 한편 강압적 분위기 속에 봉칠을 내쫓는 데 동의했던 혜숙이 그를 찾아오고, 봉칠은 혜숙과 같이 지내기 위해 연구소를 떠나기로 결정한다. 그런데 두 사람의 대화를 듣게 된 소장이 혜숙에게 전기를 이어서 '우리 남한 2천만의 눈을 발명할' 봉칠을 위해 떠나줄 것을 부탁하고, 혜숙이 떠나자 그녀의 진심을 오해한 봉칠은 연구에 더욱 열중하게 된다.

「어디로」에는 작가가 즐겨 활용하는 삼각관계 구도가 어김없이 등장하는데, 세 남녀가 빚어내는 애정문제가 반탁운동의 정당성과 국가에 대한 사명을 역설하는 도구로 기능한다. 유치진은 청년들의 발화를 통해 반탁론자들을 자주적인 애국자로, 찬탁론자들을 외세 의존적인 매국노로

구분한다. 해방 후 찬탁과 반탁 운동의 정치적 배경은 생략한 채 신탁통치
를 반대했다는 이유로 우익이 상대적으로 민족적이며, 따라서 단독정부
수립 후 남한이 북한보다 도덕적으로 우월하다는 결론을 도출하고 있는
것이다. 작가는 신세대-청년들을 신탁통치 반대 세력으로 두면서 우익
의 핵심 세력으로 청년 학도들을 배치한다. 좌익작가들이 청년단체를
인민 세력의 핵심으로 설정했던 것처럼, 유치진 역시 청년들을 통해
우익의 순수성을 강조하는 것이다.

극 중 양대근 소장은 '중국서 건너온 전재민'이자 '해외에서 독립운동을
하다가 돌아온 가난한 애국자'이며, 빚까지 내면서 봉칠의 연구를 후원하
면서 신세대의 귀감이 된다. 소장은 일제잔재를 대변했던 「황혼」, 「그
날은 오다」, 「고목」 등의 구세대와 달리, 해방공간의 민족주의자로 그려지
면서 바람직한 아버지상으로 자리매김한다. 그는 혜숙이 봉칠을 떠나도
록 종용하면서 사랑의 방해자로 기능하지만, 정치운동에만 휩쓸려 있었
던 과거를 반성하고 민족을 위한 과학 연구에 매진함으로써 부정적
구세대상을 탈피하게 된다.

이 같은 소장의 적극적 지지 하에, 봉칠은 사랑이나 가정생활 같은
개인적 문제를 초월해 분단된 남한을 위한 과업을 모색하게 된다. 분단이
고착화된 시점에서 과학도 봉칠은 소장에 의해 남한 민족을 위한 전사로
동원되고, 그 과정에서 국민연극의 동원논리가 반복되는 것이다. 극
중 봉칠과 혜숙은 월남한 청년이며 소장은 상해에서 건너온 전재민으로
설정되는데, 38선과 국경을 넘은 경험은 인물들이 반공적 민족주의자로
거듭나는 기반이 된다. 여기서 소장이 경험한 중국에 대한 부정적 묘사는
작가의 냉전적 세계관과 상통한다.

1항에서는 해방기 국가건설 사업을 다룬 희곡에서 귀환한 청년이

민족의 선구자가 되면서 민족국가 담론이 확산되는 경우를 확인했다. 그 과정에서 청년-신세대가 일제잔재를 대변하는 아버지-구세대를 척결함으로써 세대교체의 필연성을 드러내는 지점들을 중점적으로 짚어 봤다. 이러한 양상은 좌우익을 막론하고 강한 교시성을 내재한 연극에서 확인할 수 있는데, 양자 모두 순수한 청년이 선구자로 나서게 되면서 건국에 대한 강한 확신이 표출된다. 권선징악적 결말과 낙관적 세계관에 기초한 멜로드라마적 특성이 건국의 미래를 이상화하는 것이다. 반면 교시성이 약화되고 해방기 혼란상을 사실적으로 재현하는 텍스트에서, 청년은 민족국가의 경계 안팎에서 주저하는 모습으로 형상화되면서 동원의 논리로부터 멀어진다.

2) 난민으로서의 청년과 건국드라마의 불가능성

동원의 논리로부터 거리를 두면서 강력한 이념성이 휘발되고, 해방기 청년이 부딪치는 현실 자체에 집중한 텍스트로는 박경창과 김영수의 희곡들을 들 수 있다. 김영수의 경우 "철저한 우익 작가이며 식민지시대부터 사회주의를 혐오했다"[30]는 것이 정설로 굳어져 있지만, 실상 대표작 「혈맥」은 좌익과 우익, 이상주의와 현실주의 사이에서 균형 감각을 유지한 작품이다. 「혈맥」에서는 해방기의 난민, 정부로부터 보호받지 못하는 전재민 문제가 부각되는데, 귀환한 청년들이 "그 경계 내부에서 다시 유기·방기되는 구조"[31]가 묘사되고 있다.

---

30) 유민영, 『한국 현대희곡사』, 새미, 1997, 456쪽.
31) 김예림, 「'배반'으로서의 국가 혹은 '난민'으로서의 인민」, 『상허학보』 29집, 2010, 362쪽.

재민(災民), 재난민(災難民), 혹은 전재실업자(戰災失業者)라 불렸던 전재민 문제는 해방기 희곡의 주요 소재가 됐다. 1946년 말 전재민의 숫자는 공식적으로는 280만 명이었으나 신문에서는 600~800만 사이를 넘나들었고, 그들 중 25만 명 내지 30만 명이 서울에 머무른 것으로 추정된다. 연인원 150만 명이 몰려든 서울에서 대다수 전재민들은 임시 수용소에도 들어가지 못한 채, 방공굴에 거주하거나 노숙하는 신세로 전락했다.[32]

이 같은 전재민 문제를 극화한 희곡으로는 「혈맥」 외에도 앞서 살펴본 「고목」, 이주홍의 「좀」(1947) 등을 들 수 있다. 그런데 「고목」이나 「좀」은 부정한 구세대 척결을 통해 전재민들이 민족국가 경계 내로 포섭되는 양상을 극화하고 있다는 점에서 「혈맥」과 거리가 있다. 「좀」에서는 적산가옥을 사유재산처럼 취하고 전재민을 수용하지 않으려던 노인이 학생들로부터 비판받고, 「고목」에서는 난민이 될 뻔했던 거복의 처남이 신세대의 노력에 의해 남조선에 머물 수 있게 된다. 함세덕은 「고목」에서 조선인이지만 일본서 자라나 조선말을 못하는 영팔의 처를 통해 일본과 조선 사이에 낀 난민들의 삶을 포착하지만, 이들의 경계적 위치를 조명하는 대신 인민이 주축이 된 민족국가의 당위성을 논한다. 반면 「혈맥」의 주인공들은 막이 내릴 때까지 법의 보호도 받지 못하고, 그들을 구원해줄 인도자 또한 만나지 못한 채 방공호에 남게 된다. 그러므로 「혈맥」은 해방 후 주택난으로 인해 전재민, 월남민들이 모여 살아야만 했던 "도시빈민굴의 냉엄한 현실을 포착한 환경극"[33]이자, 전망없는 가족의 비극을 다룬 멜로드라마로 이해할 수 있다.

32) 전우용, 『현대인의 탄생』, 이순, 2011, 26~27쪽.
33) 이상우, 「해방직후 좌우대립기 희곡에 나타난 현실인식의 양상」, 『한국극예술연구』 2집, 1995, 145쪽.

1947년 여름 서울에서 일어난 사흘 동안의 이야기를 다루고 있는 「혈맥」은 세 가족이 거주하는 방공호를 무대로 진행된다. 당시 "해방만 되면 우리 민족들이 다 같이 잘 먹고 잘 살 수 있으리라고 믿었던 것은 너무나 엄청난 환타지"였음이 드러났고, 서울 장안에는 돌아온 전재민들이 거주할 주거지 또한 마땅치 않았다. 이 같은 상황에서 전재민 수용소로 들어가지 못한 전재민들은, 천막이나 버스, 방공굴을 점거하고 고단한 삶을 이어갔다. 작가는 「혈맥」에서 세 가족의 이야기를 동시에 진행시키며 귀환한 징용노동자와 적산가옥, 일제잔재, 미국문화 등 당대 사회문제를 복합적으로 조명한다.

막이 오르면 모리배 강가가 일제시대 사무원이었던 지위를 남용해 적산가옥을 차지하려 하면서 도시 빈민들의 삶은 위협받게 된다. 방공호에 사는 털보는 아들 거북에게 영어를 공부해 미군부대에 취직할 것을 강요하며, 옥매는 남편 전처의 딸인 복순을 기생집에 넘기기 위해 노래를 가르친다. 또한 파마를 하고 핸드백을 든 '헬로껄' 백옥희가 방공굴에 찾아와 자신의 물질적 풍요를 자랑하고, 원팔은 양담배나 초콜릿 등을 팔아 생계를 이어간다.

2막은 1막으로부터 십여 시간이 지난 시점으로, 원팔 어머니의 찬송가가 들리는 가운데 원팔-원칠 형제는 끝나지 않는 싸움을 시작한다. 사회주의자인 원칠은 동포들이 무더기로 죽음을 당했던 징용의 기억을 떠올리며 현실을 개탄하지만, 현실주의자인 원팔은 동생의 사상을 비난한다. 원칠은 거북과 복순에게 전 조선이 8월로 돌아가 독립해야 한다는 당위성을 주장하나, 정작 그에게도 이상만 있을 뿐 확고한 신념이나 행동의 동력은 결여되어 있다. 3막은 2막으로부터 이틀이 지난 시점으로, 거북과 복순은 노동자가 되기 위해 가출하고, 새장가를 든 털보는 여인에게 온 재산을 털린 후에야 뒤늦게 아들을 찾는다. 또한 죽어가는 형수를 위해 무가수를 사온 원칠은 입에 풀칠하기 위해 일하러 나가는데, 곧 벽돌을 들다 다쳐서 절룩거리며 돌아온다. 돌아온 원칠은 원팔에게 함께 이 난국을 헤쳐 나가보자고 말하지만, 그의 형수는 방공호 안에서 숨을 거둔다.

극 중 원팔과 원칠 형제는 모두 구주 탄광으로 징용 나갔다 돌아온 전재민으로, 식민지시대의 참상을 목격한 형제는 각각 현실추수주의와 이상주의 노선을 택한다. 여기서 김영수는 형제 중 한 사람의 손을 섣불리 들어주는 대신 각자의 입장을 균형있게 조명하며 당대 관객과 독자에게 현실에 대해 보다 치열하게 고민할 것을 촉구한다. 이는 작가가 특정 이념에 경도되는 대신 당대 사회를 집약적으로 보여주는 데 치중하면서, 선동성이 강한 레조네어의 등장을 지양한 결과로 이해할 수 있다. 따라서 귀환한 원팔과 원칠 형제는 민족의 선구자로 나서는 대신 혼란한 시대 속에서 부유한다.

주목할 것은 아무리 원칠이 자주독립과 현실 타개를 외친다 해도, 인민들은 끝까지 방공굴을 벗어나지 못한다는 것이다. 1항에서 살펴본 해방기 희곡의 경우 민족반역자는 청년에 의해 척결당하고, 신세대들에 의해 새 시대가 올 것이 선포되면서 건국에 대한 명랑한 전망이 표출된다. 반면 「혈맥」에서 모리배 강가는 끝까지 방공호 내에서 활개치고 다니고, 백옥희는 정신적 공황에 시달리며, 원팔의 아내는 무가수도 입에 대지 못한 채 방공호 속에서 숨을 거둔다. 신세대인 거북과 복순이 이곳을 떠나 공장으로 가지만, 그들 역시 땅굴 속의 전재민들이 나아갈 방향을 제시하지 못한다. 도시 빈민들의 비극적 삶은 막이 내릴 때까지 나아지지 않는 것이다.

그런데 「혈맥」의 전재민들은 희생자로 남기보다는 당면한 현실을 비판하고, 현실을 지배하는 질서를 문제삼으며 존재 자체로 사회에 불화를 일으킨다. 공식적인 수치로 집계되지 않은 채 방공호에 남아 있는, 신생조선의 불편한 이면을 보여주는 난민들이 이상적인 건국의 미래에 균열을 조장하는 것이다. 이처럼 김영수의 희곡에서 민족국가의 건설에서 배제된, "사회라는 구성체 내부에서 치안의 논리에 따라 자동적으로 '존재하지 않는 것'으로 치부된"[34] 잉여들은 국가가 셈한 인민과는 다른 인민의 형상으로 등장한다. 이들은 민족공동체 안으로 수렴되지 못하고, 끊임없이 배제되어 있는 자들의 목소리를 냄으로써 신생국가 건설과정에서 불협화음을 만들어낸다.

결국 민족국가 바깥에 존재하는 잉여들은 주변부로 내몰린 난민의 형상으로 존재하고, 사회에서 누락된 삶들이 당대 정치현실의 허상을 폭로한다. 유기된 채 '보이지 않는' 것으로 치부된 방공호는 인민의 삶의 현장으로 존재하는데, 그 안에서 인민들은 배제된 자들의 목소리를 냄으로써 해방된 조선의 병폐를 고발한다. 이처럼 전재민이 거주하는 방공호는 신생조선의 예외가 아니라 조선의 현실을 가장 극명하게 보여주는 공간이 되며, 인민의 정치논리는 소음으로밖에 지각되지 않았던 것을 담론으로서 들리게 만든다.

막이 내리기 직전에 원팔과 원칠 형제가 화해하고, 청진 계집에게 돈을 털린 후 자살하려던 털보가 이웃 깡통영감에 의해 목숨을 건지기는 하지만, 김영수는 끝내 그들에게 탈출구를 제시하지 않는다. 미군정 지배 하에 불안정한 인민의 삶이 앞으로도 계속되리라 예견하면서 객관적

---

34) 김수환, 「전체성과 그 잉여들 : 문화기호학과 정치철학을 중심으로」, 『사회와 철학』 18호, 2009, 78쪽.

이고 치열한 현실인식을 보여주는 것이다. 이처럼 김영수는 통속성을 강화한 비극적 멜로드라마 구성 안에서 해방 후 현실의 문제점을 예민하게 포착해낸다. 따라서 민족국가의 경계 내로 안착하지 못한, 물질적, 정신적으로 혼란한 전재민들의 삶을 다룬 「혈맥」은 우익극작가들의 희곡 중 드물게 균형감각을 갖고 있는 텍스트로 간주할 수 있다.

신문기자 출신으로 해방기 몇 편의 단막극을 발표한 박경창은, 「단결」에서 귀환한 징용노동자가 강도로 전락하며, 적산가옥 문제는 해결되지 않은 빈곤한 서울의 풍경을 사실적으로 그려낸다. 박경창이 목도한 해방 직후 서울은 희망과 감격 대신 좌절감만이 팽배한 공간이다. 무대는 '일본 부자들이 거주하던 적산가옥'으로, 이 집에는 노인 박문규와 그의 며느리 최씨, 손녀 순심이 지내고 있다. 최씨는 남편을 남양에 징용 노동자로 보낸 후 전사 통보를 받았지만, 순심에게는 그 소식을 숨긴 채 딸이 담배장사를 해서 벌어오는 돈으로 어렵게 살아가고 있다. 한편 군정청을 매수한 모리배들이 적산가옥 불하를 막고 이를 자기 소유로 만들려 하면서 가족의 상황은 더욱 어려워진다. 가난한 순심과 옆집 하녀는 해방 후에도 학교에 갈 수 없는데, 가족의 생계를 책임지고 있는 순심은 나가서는 담배를 팔아야 하고, 집에 돌아와서는 아이를 봐야 한다. 그 와중에 가난한 살림집에 도둑이 들어오고, 박문규는 도둑에게 자신의 아들이 징용을 피해 도망다니다가 결국 붙들려 남양으로 갔고, 그곳에서 사망했다는 사실을 알린다. 자초지종을 들은 강도는 자신도 일본으로 징용갔다 돌아온 노동자임을 알리고, 먹고 살기 힘들어 강도짓을 하게 됐다며 한숨을 쉰다. 박문규는 강도에게 어떠한 곤란이 있더라도 싸우자고 말하고, 강도가 돌아간 후 최씨는 우는 순심을 달랜다.

징병, 징용 갔다 귀환한 청년들이 민족의 선구자로 나서는 연극과

252

달리, 박경창의 극에서 귀환자들은 여전히 불안한 조국의 현실과 맞닥뜨린다. 징용 갔다 돌아온 강도는 빈곤에 시달리다 도둑질을 택하게 되는데, 만약 순심의 아버지가 살아 돌아왔다 해도 그의 선택 역시 강도와 달라졌으리라 보기 어렵다. 또한 응징사 회사에서 나온 이명호가 귀환노동자 문제를 해결해 보겠다고 하고, 무기력한 박문규가 원론적인 이야기를 되풀이하지만, 12세의 나이로 가장 노릇을 하는 순심이 짊어진 빈곤의 무게는 가벼워지지 않는다. 이후 박문규는 강도에게 정당하게 싸울 것을 권고하고 강도 또한 희망을 발견한 표정을 짓지만, 그럼에도 가족이 맞닥뜨린 현실, 해방공간의 혼란과 무기력함은 해소될 기미가 보이지 않는다.

박경창은 종국에 박문규를 통해 민족이 '한 덩어리'가 될 것을 제창하지만, 여전히 근거 없는 낙관적 전망을 지양하면서 귀환자들의 불안한 위치를 사실적으로 포착한다. 따라서 가족의 비극을 극화한 「단결」에서 건국에 대한 전망은 불확실하게 나타난다. 작가의 또 다른 희곡 「우박소리」는 민족국가 내외에 걸친, 경계에 끼어있는 삶들을 통찰한 극이다. "건국 2년 1월 13일"에 쓰여진 것으로 표기된 「우박소리」 역시 귀환자를 소재로 한 작품으로, 해방 후 고향으로 돌아와도 정착하지 못하고 다시 조선을 떠나야 하는 청년들의 비극이 형상화된다.

1945년 12월 말일 어느 지방의 소항구를 배경으로 진행되는 「우박소리」에서, 극이 진행되는 내내 청각으로 환기되는 우박소리는 나아질 것 같지 않은 빈민의 현실을 암시한다. 극은 노동자인 중기와 그의 처 및 아들인 복만, 이웃 박씨와 그의 장남 철봉 및 딸 명순으로 구성된 두 가족의 이야기를 중심으로 전개된다. 1장에서 중기는 생활에 도움이 안 되는 그림만 그리는 아들 복만을 비난하고, 딸 명순을 부잣집 한량에게 시집보낸 박씨는 징용나간 아들을 하염없이 기다린다. 또한 늘 술에 취해 있는 복만은 한때 자신을 좋아했던 명순을 희롱하는 등 목적 없는 삶을 지속하면서 아버지와 사사건건 대립한다. 2막은 명순의 오빠인 철봉이 돌아오며 시작되는데, 사람들은 그를 반기지만 철봉은 이곳에서는 안락한 삶을 살 수 없다며 새로운 터를 개척하겠다고 "저-북쪽"으로 떠난다. 이에 자극받은 복만 역시 철봉과 함께 "안주의 땅"을 개척한 뒤 부모를 모시러 오겠다는 말을 남기고 고향을 떠난다.

단막극인 「우박소리」에는 시대상이 구체적으로 제시되지 않지만, 「단결」과 마찬가지로 해방기 빈민의 음울한 이면이 비춰진다. 예술가인 복만은 실체 없는 방황만 할 뿐이고, 한몫 잡아보려 딸을 한량에게 넘겼던 박씨의 삶은 중기 가족과 마찬가지로 전혀 나아지지 않는다. 박씨는 징용나간 아들만 기다리는데, 2장에서 아들 철봉이 돌아오지만 그는 함석집에 사는 가족들을 밝은 미래로 인도하는 대신 훗날을 기약하며 다시 길을 떠난다. 즉 「우박소리」는 귀환한 청년이 현실에 발붙이지 못하고 다시 떠돌게 되는 비극을 다루는데, 그 암울한 정서가 극을 지배하는 우박소리와 공명하고 있다. 특히 "징용간 사람들이 모다 돌아오니 언제 우리 아들도 나올지 모르는데 잠 잘 때도 없오"라는 박씨의 대사는, 밀려드는 귀환자들이 보호받지 못하고 방기되는 해방기의 혼란상을 단적으로 보여준다.

철봉 돈없이 맨손쥐고 와봤자 무슨 소용이 있습니까? 그래 부산서 그대로 타처로 떠날랴고 했지만 어짠지 이 길로만 발이 돌려저서 왔지요. 그러나… 이대로 떠나야 겠어요.

복만 (하날을 쳐다보며 감상적으로) 운명이야 운명……

복만	그래 가면 어디로 간단 말인가?
철봉	······ 저-북쪽으로 가겠습니다.(28) (고딕 글씨는 필자 강조)

결국 철봉은 고향에 머물지 못하고 새로운 안주의 터를 찾아 떠나게
된다. 또한 예술가에게 정당에나 가입하라고 하는 상황을 견디지 못했던
복만 역시 철봉을 따라 떠난다. 극 중 철봉은 종전 후 고향에 돌아와도
다시 떠날 수밖에 없는 재난민의 위치를 보여주는데, 고국에 돌아와도
환영받지 못하고 떠돌아야 하는 철봉의 현실이 신생조선의 이상적 미래에
그림자를 드리운다. 이처럼 귀환 후에도 신분과 지위를 보장받지 못하는
난민의 존재는, 조선으로 돌아와 건설의 주체로 자리매김하는 청년들과
대비되면서 해방기 귀환자의 양가적 면모를 드러낸다.

해방공간의 연극은 대개 동시대를 시간적 배경으로, 해방된 조선을
공간적 배경으로 다루고 있다. 반면 『희곡문학』에 발표된 김동식의 「유민
가」(1949)는 세계대전이 일어나기 전 동경을 배경으로, "동경의 동부에
있는 빈민굴 그 중에서도 제일 비참한 생활을 하는 조선인 집단 부락
내 이만수의 집을 중심으로 일어나는 사건"이라는 점에서 다른 극들과
차별화된다. 특히 「유민가」는 내지에서도 적응하지 못하고, 조선에도
돌아올 수 없는 '유민(流民)'들의 삶을 극화했다는 점에서 주목된다. 월북
사실 외에 김동식의 활동사항이 분명하지 않아 작품 외적 문맥은 파악하
기 어렵[35]지만, 「유민가」의 경우 정착하지 못한 민중의 현실을 다룬다는
점에서 이념과 결부된 청년담론과 거리를 두고 있다.

극은 초여름부터 겨울까지 진행되면서 유랑민의 삶의 기운이 쇠잔해

---

35) 양승국 편, 『해방공간대표희곡』, 예문, 1989, 288쪽.

가는 과정을 단계적으로 보여준다. 사건은 동경 빈민가의 곧 쓰러질 듯한 이만수의 집에서 진행되는데, 자작농인 만수에게는 장남인 고물상 일홍, 차남이자 직공인 이홍, 막내이자 고학생인 삼홍 등 세 명의 아들이 있다. 또한 그의 옆집에는 아편중독자인 김주사와 그의 딸인 여공 분조가 살고 있다. 막이 오르면 "인생의 패잔자 혹은 낙오자" 같은 인물들의 삶이 비춰지고, 이 가운데 서기는 집주인인 내지인을 대신해 집세를 걷으러 다닌다. 김주사는 딸의 월급을 아편을 사는데 탕진하고, 역시 이웃집 노인인 만복은 가난에 쪼들리다 딸 순희를 서기에게 넘긴다. 그리하여 순희는 삼홍을 좋아함에도 불구하고, 그와 이별해야 할 상황에 놓인다. 서기는 폭력단을 데려와 집세를 내지 않는 조선인들을 끌어내려 다 실패하고, 삼홍은 순희의 오빠인 수길과 함께 노인들의 집합소가 된 유민가를 떠나게 된다. 한편 큰 아들 일홍이 절도죄로 형무소에 들어가자 만수는 급기야 평정을 잃고 김주사를 따라 아편에 빠지게 된다. 추석이 되자 빈민굴 사람들 사이에는 더욱 침울한 기운이 감돌고, 일홍이 징역 2년을 선고받았다는 소식과 함께 삼홍이 변명(變名)하고 일본인의 서생으로 들어갔다는 소식이 전해진다. 완전히 다른 사람이 돼서 돌아온 삼홍은 일본인의 양자가 되겠다며 만수에게 도장을 찍어 달라고 말하고, 도장을 찍어 준 만수는 회한에 잠긴다. 4막에서는 전막보다 더 쓸쓸한 분위기가 조성되고, 만수가 구두를 훔치다 순사에게 적발되는 사건이 발생한다. 빈민굴 청년들은 국가가 부재한 상황에서 독립군에 가담하자는 이야기를 하고, 이때 김주사가 자살했다는 소식이 들린다. 모두가 절망한 가운데, 이홍은 그래도 희망을 갖고 살아보자고 이야기한다.

「유민가」에서 청년세대는 국가 없는 민족의 한계를 절실히 깨닫지만, 상황을 타개하려는 직접적 행동은 하지 않는다. 막이 내리기 직전 함께 살아보자는 이홍의 설교가 이어짐에도 불구하고, 이제까지의 관조적이고 비관적 분위기를 일소하지는 못한다. 이 작품에서 주목할 것은 고향에 뿌리내리지 못하고, 일본으로 이주한 후에도 빈곤하게 살면서 다시 조선으로 돌아가기만을 꿈꾸는 유랑민의 현실인데, 일본과 조선 사이에서 서성거리는 청년들은 어디에도 안주할 수 없는 자신들의 처지를 직시하고 있다.

> 태수 (전략) 어이하여 우리들은 나라 없는 겨레가 되어서 어제는 동으로 오늘은 북으로 바람부는 대로 흘러 다니지 않으면 안 될 유민이 되었나이까.(283) (고딕 글씨는 필자 강조)

이처럼 국권을 빼앗기고 국가가 국민을 보호해 주지 못하는 상황에서, 태수는 허무주의적 태도를, 삼홍은 내지인에 동화되는 전략을 취하고, 이홍은 어쨌든 상황을 타개하고자 함으로써 청년들은 각자의 길을 걷게 된다. 김동식은 조선의용군에 참가하려는 청년들의 움직임을 극 말미에 삽입하고, 이홍의 대사를 통해 청년의 미래에 대한 희망을 버리지는 않지만, 이 같은 전망이 극 전체를 지배하는 우울한 정조를 상쇄하지는 못한다. 여전히 일홍은 형무소에 있고, 삼홍은 의절하고 떠났으며, 김주사는 자살했기 때문이다. 또한 남은 빈민굴 사람들은 속히 고향으로 돌아가지 못하고, 내지에서도 조선에서도 환영받지 못하는 유랑민의 삶을 계속할 것이기에 난민들의 불안한 삶은 계속될 것이 예고된다.

물론 식민지시대를 배경으로 진행되는 「유민가」 속 인물들의 삶이 해방기 난민들의 삶과 바로 병치되어 읽히기에는 무리가 있다. 그럼에도 불구하고 해방공간에서 식민지시기를 극적 과장이나 미화 없이 형상화했

다는 것만으로도 「유민가」는 재평가되어야 할 텍스트다. 작가는 가족의
몰락을 소재로 한 비극적 멜로드라마 구조 안에서 난민들의 빈곤한
현실을 사실적으로 극화하는 데 집중한다. 여기서 해방 후에도 조선에
돌아오지 못하고 타국을 떠돌거나, 조선 안에서도 유기된 난민들이 발생
했던 것36)을 상기할 때, 조선과 일본 사이에 끼어버린 난민들의 비극을
다룬 「유민가」가 해방기 현실과 겹쳐지는 부분이 있음은 분명해 보인다.

　이 외에도 조선의용군의 호가장 전투를 극화한 김사량의 「호접」은
민족국가의 성역을 배회하는 인물을 묘사한다는 점에서 주목해 볼 수
있다. 1946년 『8·15 해방 1주년 기념 희곡집』에 수록된 「호접」은 1941년
12월 태항산 호가장에서 일어났던 전투를 배경으로 제국 군대와 조선의용
군의 사투를 담고 있다. 「호접」에는 징병기피자를 다룬 「봇똘의 군복」과
의 상관성이 명시되며, 줄거리의 직접적 관련성은 없지만 탈주병 원칠성
의 존재가 김사량이 해방기에 발표한 두 연극을 함께 읽는 고리가 된다.
김사량은 「봇똘의 군복」과 마찬가지로 「호접」에서도 다양한 인간 군상을
조명하는데, 극은 팔로군의 지원을 받은 조선 군대의 장엄한 승리 과정을
보여주고, 죽은 자에 대해 추모하는 것으로 끝을 맺는다.

　염두에 둘 것은 「호접」의 경우 조선 인민－청년에게 조국에 대한
사명을 역설하는 선전극으로 파악할 수 있는 한편, 민족국가의 경계를
배회하는 여성의 멜로드라마로 읽을 수도 있다는 점이다. 김재용은 극
중 사병 차성렬의 부인으로 등장하는 임성옥을 "통합적 주체를 거부하는
여성"이라는 점에서 주목하며, 민족이란 주체에 환원되지 않는 여성의
독자성을 보여주는 인물37)이라 설명한다. 극 중 임성옥의 남편 차성렬은

---

36) 김예림(2010), 앞의 논문, 339쪽.
37) 김재용, 「김사량의 <호접>과 비민족주의적 반식민주의」, 김재용·곽형덕 편,

258

아편장수로 연명하다 일본군의 조종을 받아 스파이 신분으로 조선의용군에 잠입하고, 이후 진심으로 회개하여 의용군 사병이 된다. 그런데 차성렬이 과거를 반성하고 조국의 군인으로 거듭나는 것과 달리, 임성옥은 의용군에 합류한 남편에게 다시 도망갈 것을 권고하며 극적 긴장감을 조성한다.

임성옥의 모든 욕망은 아이들의 안위와 직결되어 있는데, 아이들을 위한 것이라 해도 제국 군대의 민족반역자에게 몸을 맡기는 그녀는 지속적으로 의용군-차성렬과 어긋나는 길을 선택한다. 이후 일본군과 의용군 사이의 전쟁이 발발하고, 그 와중에 수많은 의용군이 목숨을 잃는다. 하지만 의용군은 사투 끝에 값진 승리를 거두게 되고, 전사한 사람들에 대한 추모가 이어진다. 그런데 이 성스러운 순간에 실성한 임성옥이 노래를 부르며 등장하고, 의용군과 팔로군의 행렬을 따르다 벼랑에서 몸을 던진다. 극은 차성렬이 아내가 자살하는 광경을 보며 새롭게 마음을 다잡는 것으로 끝을 맺는데, 임성옥을 중심으로 본다면 극은 승전의 역사가 아니라 삶의 터전을 잃은 난민의 비극으로 읽을 수 있다. 아편 장사를 하던 남편이 떠난 후 일본 부대의 조선인 통역관에게 몸을 의탁하고, 전란 속에 통역관을 살해한 뒤 미쳐버리는 임성옥은, 차성렬과 달리 끝까지 민족의 과업을 납득하지 못한다. 극 중 임성옥의 모든 행동은 가족의 안위에 대한 걱정에서 비롯되는데, 반민족주의자를 살해한 것도 남편에 대한 복수심에서 기인한 행위일 뿐 조선인으로의 각성에서 출발한 것이었다고 볼 수 없다. 「호접」에서 임성옥의 수난사가 국가 잃은 민족의 현실을 환유하는 것임을 부정할 수는 없지만, 그 비참한 말로는 민족국가 담론 안으로 수렴되지 못하는 것이다.

『김사량 작품과 연구』 2, 역락, 2009, 678~679쪽.

임성옥   (신비스런 미소를 지으며 산길로 올라서서) 안녕히들 가세
요. 네…… 우리나라 깃발을 독수리가 채 가겠다구. 그래 병아리
떼가 덫을 놓았다우…… 범이 하나도 아니고 셋이나 되더래요……
우리 수영이가 가마 타고 시집갈 때 호량요를 씌워 아무도 물어가
지 못하게 할테에요…… 안녕히들 가세요. 네… 아이머니……
(뒷벼랑을 굽어보며) 저기 금비녀가 있네. 우리 수영이에게 주어야
(몸을 소꾸어 공중거리로 떨어지며) 저 금비녀, 금비녀.(425~426)

물론 끝내 자살하는 임성옥의 결말을 민족반역자에게 몸을 맡긴 여인에
대한 극적 단죄방식으로 읽어볼 수도 있다. 하지만 김사량은 「호접」에서
일본군 부대에 있었던 조선인 포로들을 처벌하는 대신, 조선인들끼리
총을 겨누게 된 식민 현실을 반성하는 것으로 나아갔다. 따라서 신성한
추모의 순간에 실성한 모습으로 등장하는 임성옥은, 독립 해방의 과업을
이루는 과정에서 희생된 약자들을 대변하는 인물로 간주할 수 있다.
작가가 임성옥의 삶의 역정을 공감가게 그려내고, 그녀의 모정을 절절하
게 형상화하면서 극이 민족간 사투에 끼어든 여인의 비극으로 읽힐
소지를 마련하기 때문이다. 결과적으로 임성옥의 모성과 광기는 가부장
적 민족주의에 대한 역담론으로 기능할 수 있다는 점에서 주목할 수
있다.

결말부에서 일본 부대에 두고 온 아이들을 염려하던 임성옥은 실성해서
자살하고, 차성렬은 아이들을 반드시 '훌륭한 조선 사람'으로 만들 것을
다짐한다. 이처럼 부부의 욕망은 끝까지 합치되지 못하고, 차성렬은
추모대에게 '조용히' 갈 것을 권고하며 아내를 보낸다. 문제는 임성옥이
실성한 상태로 부르는 노래가 숭고한 장송가와 공명하지 못한다는 점이

다. 즉 절절한 모성에 입각한 임성옥의 수난사가 민족국가 담론으로 수렴되지 못하기에, 「호접」은 경직된 민족드라마를 탈피하게 된다.

이 절에서는 해방기 연극에 주목해 청년담론의 두 가지 양상을 고찰했다. 먼저 청년이 건설주체로 등장할 때 건국의 앞날에 대해서는 낙관적 전망이 표출된다. 이 경우 극작가들은 식민지 과거를 조선의 국토와 여성이 유린당했던 경험으로 비유하며, 청년이 일본군을 구타하고 그들에게 징벌을 가하는 모습을 형상화하여 이들의 '온전한' 남성성을 회복시킨다. 이때 민족반역자로 규정되는 구세대는 청년이 추구하는 신생 민족국가에 참여할 수 없기에, 해방 후 민족 통합은 배제 절차를 통해 이루어진다. 반면 극작가들이 법과 치안의 논리 하에서 보호받지 못하는 청년들의 삶을 형상화할 때, 이들은 존재 자체로 당대 사회의 모순을 현시한다. 사회로 편입하지 못한 귀환자들이나 생존조차 어려운 전재민들의 삶이 신생조선의 불안정한 이면을 폭로하고, 당대 치안질서의 모순과 한계를 현시하는 것이다. 그 결과 난민이 된 청년을 다룬 해방기 희곡에서 진정한 건국은 불가능한 것으로 치부된다. 이처럼 청년이 선구자로 등장하는 건국드라마가 미래에 대한 확신과 희망을 제시한다면, 유기된 잉여들의 드라마는 나아질 것 같지 않은 상황 속에서 절망으로 끝맺으면서 현실감각을 확보하고 있다.

VI. 결론

이 책은 지배 이데올로기와 대중의 망탈리테의 접합으로 구성된 40년대 희곡 안에서, 선전성과 대중성이 교차하면서 빚어내는 복합적 양상을 확인했다. 40년대 연극의 목표는 관객의 계몽과 동원이었으나, 관객을 포섭하는 과정에서 그들이 선호하는 대중극의 특징—멜로드라마 요소가 적극적으로 활용됐던 것이다. 즉 창작주체는 공적 욕망에 의거해 시국상황을 담아내지만, 대중과의 소통이라는 사적 욕망 또한 포기하지 않았다. 따라서 국민연극의 경우 전시 이데올로기를 강화하기 위해 멜로드라마 요소를 차용했고, 해방기 연극은 좌우익의 이데올로기와 멜로드라마적 감상주의를 절충했다. 이처럼 40년대 극계를 파악할 때 프로파간다 전략과 대중성의 문제는 분리해서 간주할 수 없는 것으로, 두 가지 지향점이 한 편의 연극 안에서 합치되거나 혹은 어긋날 때 발생되는 다양한 효과들에 주목할 필요가 있다. 극작주체가 국가의 이념과 대중의 정서를 함께 반영함으로써 연극의 식민성이 강화되거나 혹은 약화되는 양상들을 구분해 볼 수 있는 것이다.

선전성은 해방 전후라는 특수한 시대 상황 하에 발표된 연극이 필연적으로 갖게 된 특성으로, 이 같은 측면에 초점을 맞춘다면 당대 연극을 국책극 혹은 목적극으로 규정할 수 있다. 그런데 관객을 효과적으로 계몽해야 했던 40년대 연극은 그들의 취향 역시 반영하게 되면서 대중성이라는 특징을 내재하게 됐고, 이에 따라 극에 삽입된 흥행 요소들이 지배담론을 뒷받침하는 동시에 이를 잠식하는 양상이 나타난다. 감각적 자극 및 행복한 결말로 요약되는 멜로드라마 요소는 텍스트 안에서 건전한 시국을 지지하는 역할을 수행하지만, 이와 달리 멜로드라마에 30년대 대중극의 비극적 성격이 강화되어 나타날 경우 선전성은 저해되는 것이다.

따라서 이 책에서는 대중의 호응을 유도하기 위해 활용되는 멜로드라마 요소가 현실을 외면하고 보수적 이데올로기를 생산하는 지점과 함께, 명랑한 시국과 대비되는 멜로드라마의 비극성이 선전메시지를 압도하는 지점을 각 절의 1항과 2항에서 각각 살펴봤다. 이 같은 배치 방식은 본론의 편의적 전개를 위해 이분법적으로 구성되어 있지만, 이 책의 논의는 40년대 연극에서 선전성과 대중성이 맞물리면서 발생하는 다층적 효과를 확인하는 데 있다.

이를 위해 II장에서는 텍스트 안에서 선전성과 대중성이 동시에 현현할 수 있었던 배경, 즉 동원의 시대 속에서 연극주체들이 관객 본위의 연극을 구상하게 된 맥락을 짚었다. 먼저 1절에서는 40년대라는 특수한 정치상황 속에서 전환기 연극의 사명을 규정하는 논의들을 읽었다. 해방 전후 연극인들은 각각 세계전쟁과 해방이라는 시대적 사명에 입각해 새로운 연극을 구성하고자 했고, 이것이 계몽성과 교시성이 부각된 프로파간다 연극으로 나타났다. 그런데 식민지시기 국민 연극론을 마련했던 연극주체들이 해방 후 민족 연극론을 설파하면서, 연극을 통해 대중을 동원한다는 기본 전제는 해방 후에도 유지됐다. 이와 같이 1절에서는 40년대 연극에 요구되던 시국적 임무를 확인했는데, 염두에 둘 것은 연극주체들이 선전적 효과를 창출하는 과정에서 대중성 강화를 모색했다는 점이다. 총력전시기 대중성과 예술성을 갖춘 시국극을 고민했던 연극인들은, 해방 이후 보다 적극적으로 연극 대중화의 방향을 강구하게 됐다. 곧 40년대 연극주체들의 관심사는 대중에게 선전메시지를 원활하게 전달하는 방안을 모색하는 것으로 수렴됐는데, 이 같은 노력은 과거 신극인들이 부정적으로 치부했던 대중극의 특성을 수용하는 결과로 이어졌다. 일제 말기 국민연극이나 해방기 연극 모두 과거의 신파양식을 부정하고 있음에도 불구하고, 결과적으로 대중극의 멜로드라마 구조를 적극 반영하기에 이른 것이다. 따라서 2절에서는 당대 극작 주체들의 연극 대중화에 대한 관심과 함께, 40년대 연극의 형식적 특징인 멜로드라마 양식과 그 하위 범주인 신파 개념에 대해 살펴봤다. 이상 Ⅱ장에서는 시국성과 대중성이라는 당대 연극의 지향점을 연극 관련 평론들을 통해 읽어봤으며, 이는 이후 실제 텍스트를 논의하는 기반이 됐다.

일반적으로 멜로드라마는 기존 질서를 고착화시킬 수 있다는 점이 문제로 지적된다. 기존 멜로드라마에 대한 서구의 논의는 모두 현실의 문제점을 은폐하는 멜로드라마의 보수성을 지적하는데, 이 지점에서 멜로드라마는 현재의 불완전성에 대한 대중의 관심을 돌리는 프로파간다와 만날 수 있게 된다. 하지만 식민치하라는 특수한 상황 속에서 운명과 현실에 패배하는 개인을 다룬 멜로드라마는, 현실의 비극성을 강하게 환기할 수도 있었다는 점을 주목할 필요가 있다. 식민지 현실에서 파생한 비극적 멜로드라마는 일반적인 멜로드라마와 다른 의미층위를 형성할 수 있었던 것이다.

공고한 선악의 이분구도가 모호해지고, 운명에 패배한 인물들의 자기

연민이 두드러지는 30년대 대중극은, 신파양식을 반복함에도 분명 1910
년대 신파극과는 다른 정조를 형성한다. 그런데 1910년대 작위적인 해피
엔딩으로 종결되는 「장한몽」 같은 가정 비희극에 열광했던 식민지 관중들
이, 이제는 운명을 거스르지 못하고 패배하는 홍도의 비극에 환호했다는
점을 염두에 둘 필요가 있다. 1930년대의 관객은 환경적 요인을 극복하지
못하고 좌절하는 주인공에게 감정이입함으로써 식민지 현실에 대한
좌절감을 눈물로 해소했던 것이다. 특히 1930년대 이후 연극인들은 관중
을 연극의 객체가 아니라 주체로 여기고 계몽적 관중론을 돌파해 '관중본
위(觀衆本位)'의 중요성을 역설하게 되면서, 연극 제작에 있어 관중의
취향은 더욱 적극적으로 고려된다. 또한 1930년대 중반 이후 연극과
영화계가 기업화됨에 따라 연극인들은 '오락성'의 가치를 재인식하게
된다. 결론적으로 30년대 대중극의 비극적 결말은 연극주체가 당대 관객
의 취향과 정서를 적극 고려한 결과였다.

그런데 시대적 전환기인 40년대에 접어들면서, 연극주체들은 30년대
대중의 인기를 얻었던 신파비극적 요소를 배제하고, 전시체제에 입각해
국민의 의무를 명랑한 방식으로 역설하는 국민극을 모색하기 시작한다.
또한 해방 이후 연극인들은 식민지시기의 신파 청산을 내세우며 민족연극
의 방향을 논의한다. 관객의 정서에 부합한 대중극적 요소들은 해방
전후 모두 척결 대상으로 간주됐던 것이다. 그러나 연극주체들이 상업주
의 연극을 비판하며 자신들이 지향하는 새로운 연극과 흥행극을 위계적으
로 서열화했음에도 불구하고, 대중의 정서를 수용하는 과정에서 익숙한
신파양식은 지속적으로 활용됐다. 그 결과 40년대 연극은 지배담론과
대중적 감상주의를 동시에 담아냈으며, 한 편의 희곡 안에서도 선전성과
대중성이 맞물리게 됐다. 명랑함이 요구되는 시대 상황 하에서 멜로드라

마의 통속성이 전환기의 이데올로기와 공존할 수 있었던 것이다.

앞서 멜로드라마는 대중의 현실에 대한 관심을 유토피아적 세계로 돌림으로써 보수적 이데올로기를 생산한다고 간주됨을 언급했는데, 도덕적 이분법과 권선징악으로 마무리되는 1910년대 신파극 역시 이 같은 비판으로부터 자유롭지 못했다. 또한 신파양식을 계승한 1930년대 대중극은 현실에 대한 적극적 대응 대신 좌절감과 자기 연민만을 표출한다는 점에서 지배담론에 순응하는 것으로 평가되어 왔다. 이처럼 저속한 대중의 취향에 야합했다며 식민지시기 대중극을 평가 절하하는 것은, 신극의 탄생부터 이어진 대중극에 대한 부정적 시각과 맞닿아 있다.

그러나 대중적 쾌락은 사람들에 의한 의미 생산의 힘으로부터 발생하며, 그 의미는 '그들의 것'과는 대립되는 '우리 자신들의 것'이라는 주장에 입각하면, 관객이 멜로드라마를 통해 얻을 수 있었던 다양한 경험들에 주목할 필요가 있다. 또한 관객이 연극의 오락적 요소만을 흡수한다면 기획·창작주체가 의도한 계몽효과—극적 커뮤니케이션은 성공할 수 없게 되고, 이 경우 '선전적 대중극'이 상연되는 극장은 실패한 교화의 공간으로 남는 것을 염두에 두어야 한다.

이 책의 경우 선전수단으로 연극이 인식되고, 건전한 오락물의 역할이 강요되던 40년대 상황 속에서 연극에 삽입된 대중적 코드가 선전메시지와 빚어내는 효과들을 살펴봤다. 물론 멜로드라마 요소가 지배담론을 유화시켜 전달하는 기능을 수행하며 이를 뒷받침하는 측면을 부정할 수는 없다. 하지만 대중극의 통속성이 선전효과를 약화시킴으로써 프로파간다 본연의 기능을 저해하는 경우 또한 주목해야 40년대 연극을 온전히 파악할 수 있을 것이다. 이 같은 작업은 체제 순응적이라 비판받아 온 멜로드라마의 가능성을 논의하는 것이며, 그간 사실주의극—신극과 구분되어 평가절하된 대중극의 의의를 찾아보려는 움직임이기도 하다.

그런데 선전극과 대중극의 성격을 동시에 지닌 1940년대 연극은, 장막극이 보편화되는 과정에서 극작술의 발전을 보여준다는 점에서 주목된다. 송영의 「역사」는 청년의 출병을 다루며 가족집단이 황국신민으로 거듭나는 결말로 마무리되는데, 동원의 정당성을 설파하는 과정에서 잘 짜여진 극의 특성인 '연속적이고 점진적이며 긴장된 전개'에 의해 극적 재미가 조성됨을 눈여겨볼 수 있다. 뿐만 아니라 「행복의 계시」를 비롯한 「빙화」, 「전설」 등의 장막극은 잘 짜여진 극적 구조에 의해 확보되는 서스펜스와 자연주의적 환상 외에도, 식민지시기 민중의 빈궁하고 낙후된 현실을 다루며 동시대의 리얼리티를 구축한다. 물론 「대추나무」와 같이 주제가 전제로 주어지면서 극적 생동감을 잃거나 「흑룡강」처럼 민중의 현실과 괴리된 국민연극 역시 찾아볼 수 있다. 그러나 상당수 국민연극은 극적 인과관계를 갖추고 멜로드라마적 갈등 요소를 활용함으로써 대중극적 재미를 지니게 됐다. 종국에 전시 이데올로기를 정당화하는 것으로 귀결될지라도, 대중극적 특성들과 리얼리티를 동시에 갖춤으로써 극작술 면에서 평가할 때 이전보다 진보한 면모를 드러내는 것이다.

해방기 연극 또한 이전까지 지속된 대중극적 요소들은 심화시키고, 동시에 리얼리티를 더욱 강화하면서 현대극의 전조를 보여준다. 특히 해방기 연극은 정치논리와 무관하지 않았음에도 불구하고 새로운 극적 시도를 모색한다는 점에서 주목된다. 대표적으로 「혈맥」과 「유민가」는 난민이 된 민중의 출구 없는 현실에 천착하고, 「기미년 3월 1일」, 「정열지대」 등의 역사소재극은 역사를 다루는 객관적 시각을 드러낸다는 점에서 이전과 구분되는 극작술을 보여준다. 이처럼 해방기 극작가들은 연극의 리얼리티를 모색하는데, 그 외에도 「위대한 사랑」이나 「애정의 세계」에

서 확인한 것처럼 극의 서스펜스는 더욱 강화함으로써 대중극적 재미를
확대해 나갔다.

이와 같이 40년대 연극은 30년대 대중극의 잘 짜여진 극적 구조를
계승해 오락성을 갖추고, 또한 동시대의 현실을 담아냄으로써 극작술
면의 발전을 가져왔다. 이 책에서는 해방 전후 연극이 식민성을 수용하는
양상과 전유하는 양상을 구분해서 논의했지만, 그 귀착점에는 차이가
있어도 상당수 연극이 인물의 형상화나 극적 구성 및 리얼리티 측면에서
이전보다 정제된 면면을 보여준다는 점에서 당대 연극을 새롭게 평가할
수 있을 것이다.

이 책은 선전성과 대중성의 상호역학관계에 따라 나타난 40년대 희곡의
복합적인 극적 효과를 조명했다. 이를 통해 관객 정서에 기반한 멜로드라
마 요소가 보수적 이데올로기를 강화하는 동시에 때로는 명랑한 전망을
지연시키며 현실에 대한 문제의식을 심화시키는 것을 확인했다. 이와
함께 도덕적 양극화에 입각한 멜로드라마의 이분법이 시국과 합치되기도
하지만, 이 이분구도가 명확하지 않을 경우 주체와 적대적 타자와의
관계 역시 모호해지는 지점을 짚어봤다. 여기서 관객의 선택적 수용
여부까지 고려한다면, 극장에서 연극의 기획주체들이 의도했던 시국성
의 선취가 반드시 성공적이었다고 단정하는 것은 불가능해진다.

물론 지금까지의 논의가 계몽 공간으로서 극장의 막강한 영향력을
부정하는 것은 아니며, 연극이 대중에게 미치는 교화적 성질 자체를
간과하는 것은 아니다. 하지만 이미 선전성, 대중성(흥행성), 예술성이
동시에 요구되는 극 텍스트 자체가 다층적으로 해석될 소지를 내포하고
있고, 또한 텍스트 안에 봉합될 수 없는 모순이 내재하거나 과잉의 확신으
로 현실을 은폐하는 연극을 관객이 기획의도대로 받아들였을 것이라

판단할 수는 없다. 결국 동원과 선전의 시대 속 극장은 연극의 기획주체와 극작주체, 그리고 관객주체 사이의 합일될 수 없는 욕망들이 부딪치는, 모호한 풍경을 전시하고 있었던 것이다.

그렇다면 이를 통해 추정해 볼 수 있는 40년대 연극의 연극사적 의의는 무엇인가. 첫 번째는 선전의 시대 속에서 식민성을 다양하게 전유하는 양상을 보여주고 있다는 점이다. 주지하듯이 40년대 연극의 경우 극작가의 창작 욕구가 연극 생산의 출발점이 되는 것이 아니라, 정치적 기획의도가 선행됐다는 점에서 한계를 지닌다.

하지만 살펴본 것처럼 40년대 연극이 일관적으로 지배 이데올로기를 확산한다고 단정짓기에는 무리가 있다. 먼저 국민연극에서는 과도하게 삽입된 조선적 특수성이 보편으로 수렴되지 못하며, 식민주체로 탄생하겠다는 욕망을 드러내는 대신 제국의 식민지로 조선을 배치하고, 국민으로 거듭나는 통과의례를 넘어서지 못한 청년이 비국민으로 남는 경우를 확인할 수 있었다. 황국신민이 되어 식민주체로 거듭나려는 욕망이 팽창했던 시기, 연극 속에서는 당대의 지배담론과 대치되는 허무의식 혹은 비관적 전망을 확인할 수 있는 것이다. 또한 해방기 연극에서는 역사를 이념화하는 대신 객관적으로 파악하려 시도하거나, 냉전담론에 편승하는 대신 여전히 후식민지로 신생조선을 간주하며, 귀환한 청년들이 난민이 되어 현실 문제를 폭로하는 양상을 읽어볼 수 있었다. 해방 전후 연극 활동은 국민국가의 기획 안에서 이루어진 것이었지만, 텍스트 안에서는 대중적 요소들이 지배담론을 뒷받침하며 식민성을 수용하는 동시에 대중극의 통속성이 현실에 대한 문제의식을 심화시키며 식민성을 전유하는 지점들이 발견되는 것이다.

즉 당대 연극은 태생적으로 정치담론을 반영할 수밖에 없는 상황에 놓여 있었지만, 그럼에도 대중의 정서를 반영한 극 텍스트는 선전으로 일관할 수 없는 연극주체의 복합적 대응양상을 반영하고 있다. 그리하여 경우에 따라 일제 말기 연극은 주어진 '건전한 오락'의 기능을 수행하지 못했고, 해방기 연극은 관객 선동의 효과를 유발하지 못했다. 곧 40년대 연극이 프로파간다의 일환이었음은 자명하지만, 텍스트 연구에 있어서는 그 스펙트럼이 매우 다양했다는 사실을 인지해야 한다.

두 번째 의의는 40년대 연극이 대중과 밀착되어 있던 시기의 연극이라는 점이다. 당시 연극은 해방 전후를 관통해 꾸준하게 대중에게 강력한 영향력을 행사하던 매체였는데, 정치담론과 가장 밀접하게 연관되어 있던 40년대 연극이 대중과도 활발하게 소통했다는 점은 흥미로운 사실이다. 그 이유로는 연극이 국가 이데올로기에 입각한 것이었음에도 불구하고, 대중에게 호소하기 위해 그들의 정신적 분위기인 망탈리테를 적극 반영했음을 짐작해 볼 수 있다. 선전의 시대 속에서 연극은 '역동적인 생산물'로 기능했던 것이다.

이와 함께 수용자 중심으로 본다면 연극을 통해 관객을 동원하겠다는 애초 의도와 달리, 관객은 철저하게 오락물로 연극을 즐겼을 가능성을 배제할 수 없다. 국민연극 시기에도 관객은 재미없는 연극은 외면했고, 그들의 정서적 욕구를 충족시키는 연극에는 환호했다. 대중의 관심과 동떨어져 있었던 「흑룡강」이 실패하고, 멜로드라마 코드가 강화된 「빙화」나 「어밀레종」이 성공했던 것은 일제 말기의 관객들이 요구하는 바가 무엇이었는지를 보여준다. 생산자에게 극장은 '학교' 혹은 '교실'이었지만 수용자에게 극장은 '오락장'이었던 것이다.

결국 관객의 수용이 연극의 성패를 좌우한다는 논의를 수용한다면 40년대 연극은 성공적이었다 평가할 수 있다. 흥행적 요소를 가미한

국민연극은 전시 하 대중을 위로하는 오락의 기능을 수행하며 재차 공연됐고, 해방 후에도 모든 극장에 "관객이 쇄도하고 대만원"이라는 언급은 연극에 대한 대중의 호응을 짐작케 한다. 물론 이 같은 흥행이 연극의 질적 향상을 의미하는 것은 아니었다. 해방 전후를 막론하고 많은 연극인들이 과거의 신파 수법이 남용되고, 연극의 질적 수준이 저하되는 것에 우려를 표했다. 하지만 당대 연극은 대중예술로서의 측면을 더욱 강화했고, 관객의 호응을 연극을 평가하는 기준으로 삼는다면 40년대 연극은 일정한 성과를 거두었다고 판단할 수 있다. 게다가 6·25 이후 이념만을 내세우거나 관념에서 벗어나지 못한 연극은 영화의 공세에 밀려 점점 대중과 멀어져갔고, 현대극의 등장 이후 '연극 위기론'은 반복적으로 극계의 화두가 됐다. 이 같은 사실을 감안한다면 관객의 적극적 호응 속에서 상연됐던 40년대 연극의 의의를 확인할 수 있을 것이다.

세 번째로 살펴볼 것은 이 시기 극작술의 발전이 이뤄졌다는 점이다. 특히 40년대는 장막극의 극작술이 발달했던 시기로, 이전까지 이어져온 대중극의 극작술이 정제된 시기임을 염두에 둘 필요가 있다. 먼저 일제 말기 장막극 형태의 국민연극은 30년대 관객의 호응을 얻었던 대중극의 극작술과 전시 하의 선전메시지를 절충하는 방식을 구사했다. 총독부는 국민연극 경연대회를 개최하면서 변화하는 시국에 부응해 대회의 취지를 마련했고, 극작가에게는 이를 극화할 의무가 주어졌는데, 시국성과 대중성, 그리고 예술성을 조화시키겠다는 연극주체의 의지가 극작술의 발전으로 이어졌다. 곧 국가 주도의 연극에서 대안을 찾았던 신극인들은 연극의 예술성을 포기하지 않았고, 폭넓은 대중에게 호소해야 했던 대중극인들은 국민연극에서 자신들의 장기를 발휘했다. 40년대 초반 극계의 논의들은 국민극을 마련하기 위한 연극주체들의 다양한 모색을 보여주는데, 이 같은 고민이 국민연극이 경직성을 탈피하는 밑거름이 됐던 것이다. 물론 국민연극 중에는 생경한 메시지만을 관객에게 주입시키고자 하는 경우도 확인할 수 있다. 하지만 상당수의 국민연극은 주제를 곧 전제로 삼는 대신 '잘 짜여진 드라마'의 유기적 단계를 밟아나간다는 점에서 극작술의 발전을 가져왔다.

또한 해방 후 3·1절 기념공연 참가작을 비롯한 일련의 역사소재극은 '잘 짜여진 드라마'의 구성을 통해 대중의 호응을 이끌어냈으며, 극의 매체적 특성을 활용해 현장감 있는 공연을 창조했다. 뿐만 아니라 이 시기에 이르면 극작가들은 환경극, 기록극적 특성 등 새로운 기법을 도입해 해방기 현실을 섬세하게 형상화하게 된다. 해방공간의 연극에서는 대중극의 극작술이 더욱 완숙한 형태로 구사되고, 그 외에도 현대극의 단초가 되는 새로운 극작술이 발견된다는 점에서 당대 연극계를 이념의 전장으로 폄하할 수 없는 것이다.

마지막으로 검토할 의의는 30년대와 50년대, 식민지시기와 6·25 이후 연극을 잇는 40년대 연극의 역할이다. 30년대 후반 대중극의 공세에 밀린 신극인들은 국민극을 통해 전망을 찾았고, 대중극인 역시 국가에 의탁해 일제 말기 연극 활동을 지속했다. 그런데 국가 주도의 연극이 극계를 지배했다고 해서 이전까지의 연극적 경향이 일소된 것은 아니었다. 대중극단이 주력했던 오락성은 국민연극까지 이어졌고, 신극인들도 대중성과 시국성을 조화시킬 수 있는 국민극을 모색했다.

또한 해방 이후 연극은 일제잔재의 청산을 목표로 내세웠지만, 당대 연극비평은 여전히 식민지시기, 특히 국민연극의 신파성을 답습하는 연극을 비판하고 있다. 연극주체는 새로운 민족연극을 모색했지만 30년대부터 이어져온 대중극적 특성을 완전히 탈피하기란 불가능했던 것이다. 오히려 해방 후 연극은 과도한 감정선과 다채로운 흥분으로 요약되는 멜로드라마적 특성을 강화하는 경향을 보이기도 한다. 당시 흥행을 주도했던 대중 연극인은 물론, 좌익과 우익 연극인까지 각자의 이념을 주창하는 과정에서 이전까지의 통속적 요소들을 활용했던 것이다. 이처럼 해방기 희곡은 이데올로기와 오락적 요소의 조화를 모색하고자 하는 극작가의 노력을 반영하고 있다. 반면 6·25 이후 발표된 반공극은 대중의 취향과 극적 완성도는 등한시하고 냉전적 이데올로기만을 강화함으로써 보다 경직된 이념극의 양태를 구축했다.

이처럼 식민지시기의 멜로드라마적 특성을 변주하는 것 외에도, 해방 후 연극은 현대극의 태동을 보여주는 다양한 가능성을 내재하고 있다. 먼저 30년대 신극인들이 모색했던 리얼리즘은 해방 후 김영수의 희곡을 통해 보다 심화된 형태로 드러나는데, 당대 불안정한 사회상을 집약적으로 재현한 그의 희곡에서는 차범석으로 대표되는 전후 사실주의 연극과의 관련성을 찾아볼 수 있다. 또한 함세덕이 발표한 풍자희곡은 60년대 이후 사회비판적 풍자극과 관련지어 보는 것이 가능하다. 그 외에도 객관성 확보를 목적으로 풍부한 자료 조사를 통해 르포식으로 구성한 역사소재 연극에서, 70년대 이후 본격적으로 등장하는 기록극의 단초를 확인할 수 있다. 해방기 연극은 식민지시기 신파양식을 수용, 변형하는 동시에 현대극의 전조를 보여주는 것이다. 그러므로 해방 전후를 분리해서 논의할 것이 아니라, 식민지시기 연극의 마지막 단계인 국민연극의 극적 특성이 이후 어떻게 이어지고, 식민 상태로부터의 해방과 새로운 전쟁 사이에 놓인 해방기 연극이 전시대의 유산과 새로운 징조들을 어떻게 구현하는지를 살펴볼 필요가 있다. 이를 통해 근대극과 현대극의 가교인 40년대 연극의 의미를 파악할 수 있을 것이다.

1940년대는 연극사에서 의미있게 논의되지 못했던 시기지만, 급변하는 상황 속에서 극작 활동을 계속해야 했던 연극인들이 가장 절실하게 연극에 대해 고민했던 시기라 간주할 수 있을 것이다. 이같이 치열한 모색을 반영한 해방 전후 연극은, 한 지점으로 수렴될 수 없는 욕망들이 충돌하면서 창출된 혼종적 텍스트로 평가할 수 있다. 더불어 기획 의도와 희곡 텍스트, 그리고 공연된 텍스트와 관객의 반응 사이에서 발생하는 엇갈림은 당대 연극 유통의 복합성을 입증하는 것이기도 하다. 따라서 이질적 욕망들이 맞물리면서 빚어낸 40년대 연극은 그만큼 다양한 해석 가능성을 갖고 있고, 앞으로 보다 여러 각도에서 검토됨으로써 그 의의가 부각될 수 있을 것이다.

참고문헌

1. 기본자료

『경향신문』, 『국민문학』, 『국민보』, 『국제보도』, 『동아일보』, 『대구시보』, 『대동아』, 『매일신보』, 『문장』, 『삼천리』, 『서울신문』, 『세계일보』, 『신시대』, 『신천지』, 『영화시대』, 『인문평론』, 『조광』, 『춘추』 등

김남천, 『3·1운동』, 아문각, 1947.

김동권 편, 『해방기 현대희곡작품집』, 서광학술자료사, 1994.

김일성, 『조선민주주의 인민공화국 수립의 길』, 북조선인민위원회 선전부, 1947.

김재용·곽형덕 편, 『김사량 작품과 연구』 2권, 역락, 2009.

김진수, 『김진수 희곡선집』, 성문각, 1959.

김춘광, 『미륵왕자－출세편』, 영인서관, 1948.

김춘광, 『희곡 안중근』, 범우, 2010.

노제운 편, 『함세덕 문학전집』 2권, 지식산업사, 1996.

서연호·장원재 공편, 『김영수 희곡·시나리오 전집』 1~2권, 연극과 인간, 2007.

서울예대출판부, 『동랑유치진전집』 8권, 서울예대출판부, 1993.

신형기 편, 『해방 3년의 비평문학』, 세계, 1988.

양승국 편, 『해방공간대표희곡』, 예문, 1989.

양승국 편, 『한국근대희곡작품자료집』, 아세아문화사, 1989.

양승국 편, 『한국근대연극영화비평자료집』, 연극과 인간, 2005.

이재명 편, 『해방 전 공연희곡집』 1~5권, 평민사, 2004.

이재명 편,『해방 전 일문희곡집』, 평민사, 2004.

이재명 편,『유치진 희곡-해방 전 공연희곡전집 별쇄본』, 평민사, 2004.

장혜전 편저,『함세덕 희곡선집』, 시인사, 1995.

『한국현대문학자료총서』, 거름, 1987.

2. 국내연구논저

강영희,「일제강점기 신파양식에 대한 연구」, 서울대학교 석사학위논문, 1989.

강인철,「한국전쟁과 사회의식 및 문화의 변화」, 윤해동 외 편,『근대를 다시
　　　읽는다』, 역사비평사, 2006.

강진호,「해방기 "국어"교과서와 탈식민주의-『초등국어교본』을 중심으로-」,
　　　『문학교육학』 30권, 2009.

고설봉 증언,『증언 연극사』, 장원재 정리, 진양, 1990.

고　원,「아날과 마르크스주의」,『프랑스사 연구』 15호, 2006.

고은지,「1930년대 오락물로서 역사의 소비-야담방송과 '월간야담'을 중심으로」,
　　　『대중서사연구』 19호, 2008.

구모룡,「해방 이후의 비평-비평과 국가」,『한국근대문학연구』 19호, 2009.

권두현,「해방 이후 오영진 작품에 나타난 무의식」,『상허학보』 27집, 2009.

권두현,「연극경연대회의 제도화」,『한국극예술연구』 31집, 2010.

권명아,「태평양전쟁기 남방 종족지와 제국의 판타지」, 방기중 편,『일제하
　　　지식인의 파시즘체제 인식과 대응』, 혜안, 2005.

권명아,『역사적 파시즘』, 책세상, 2005.

권명아,『식민지 이후를 사유하다』, 책세상, 2009.

권순대,「분단희곡의 담론 특성에 관한 연구」, 경희대학교 박사학위논문, 2003.

김경일,「대동아공영권의 '이념'과 아시아의 정체성」, 정용화 편,『동아시아의
　　　지역 질서』, 창작과 비평사, 2005.

김기란,「임선규 장막극 <새벽길>의 극작법 연구」,『해방 전 공연희곡과
　　　상영 시나리오의 이해』, 평민사, 2005.

김기봉,『'역사란 무엇인가'를 넘어서』, 푸른역사, 2000.

김기봉,「역사극, 무대로 나온 역사」,『드라마연구』 32호, 2010.

김남석, 「극단 예원좌의 "막간" 연구」, 『어문논집』 58집, 2008.

김동권, 『해방공간 희곡연구』, 월인, 2000.

김려실, 「기록 영화 <Tyosen> 연구」, 『상허학보』 24집, 2008.

김만수, 「장르론의 관점에서 본 해방공간의 희곡문학」, 『외국문학』 23호, 1990.

김명석, 「이동규 소설 연구」, 『우리문학연구』 23집, 2008.

김명섭, 「동아시아 냉전질서의 탄생」, 정용화 편, 『동아시아의 지역질서』, 창작과비평사, 2005.

김명화, 「친일 희곡의 극작술 연구 – 연극경연대회 작품상 수상작을 중심으로 – 」, 『국제어문』 32집, 2004.

김문홍, 「함세덕 희곡의 이중적 의미층위 – 희곡 <추장 이사베라>를 중심으로 – 」, 『어문학교육』 18호, 1996.

김문홍, 「함세덕 희곡의 극적 전략과 의미구조 연구」, 동아대학교 박사학위논문, 1997.

김문환, 『사회주의와 연극』, 느티나무, 1991.

김미현, 「오정희 소설의 모성성에 대한 재해석」, 『비평문학』 37호, 2010.

김성희, 「국민연극에 관한 연구 : 1940년대 희곡을 중심으로」, 『한국연극학』 2호, 1985.

김성희, 「한국 역사극의 기원과 정착 – 역사소설/야담과의 교섭과 담론적 성격을 중심으로」, 『드라마연구』 32호, 2010.

김수환, 「전체성과 그 잉여들 : 문화기호학과 정치철학을 중심으로」, 『사회와 철학』 18호, 2009.

김영철·이명희·여지선, 『문학체험과 감상』, 건국대학교 출판부, 2002.

김옥란, 「국민연극의 욕망과 정치학」, 『한국극예술연구』 25집, 2007.

김옥란, 「임선규 국민연극의 문제성」, 『민족문학사연구』 37호, 2008.

김운태, 『일본제국주의의 한국통치』, 박영사, 1998.

김영미, 『동원과 저항』, 푸른역사, 2009.

김영범, 「망탈리테사 : 심층사의 한 지평」, 『사회와 역사』 31호, 1991.

김영수, 「북한지역의 정치적 동태와 소군정」, 한국정신문화연구원 현대사연구소 편, 『한국현대사의 재인식1 – 해방정국과 미소군정』, 오름, 1998.

김영희, 「국민동원체제와 식민지 유산」, 김영희 외, 『민족과 국민, 정체성의 재구성』, 혜안, 2009.

278

김예림, 「냉전기 아시아 상상과 반공 정체성의 위상학」, 『상허학보』 20집, 2007.

김예림, 「'배반'으로서의 국가 혹은 '난민'으로서의 인민」, 『상허학보』 29집, 2010.

김용규, 「지젝의 대타자와 실재계의 윤리」, 김상구 외, 『타자의 타자성과 그 담론적 전략들』, 부산대학교 출판부, 2004.

김윤식, 『해방공간의 문학사론』, 서울대학교출판부, 1989.

김정수, 『해방기 희곡의 현실인식』, 신아출판사, 1997.

김정자, 「'망탈리테'사의 가능성과 한계점」, 『서양사론』 31호, 1988.

김재석, 「국민연극론의 성격에 대한 소고」, 『문학과 언어』 11집, 1990.

김재석, 「<살아있는 이중생 각하>의 자기 모순성」, 『어문학』 59집, 1996.

김재석, 「함세덕 친일극의 성격과 작가적 의미」, 『어문론총』 37호, 2002.

김재석, 「해방 직후 희곡에 나타난 친일 잔재 청산의 양상과 그 의미」, 『어문학』 86집, 2004.

김재석, 「1940년대 후반기 함세덕 희곡연구」, 『어문학』 92집, 2006.

김재용, 「일제 말 한국인의 만주 인식」, 민족문학연구소, 『일제 말기 문인들의 만주체험』, 역락, 2007.

김재용, 「김사량의 <호접>과 비민족주의적 반식민주의」, 김재용·곽형덕 편, 『김사량 작품과 연구』 2, 역락, 2009.

김준현, 「1940년대 후반 정치담론과 문학담론의 관계」, 『상허학보』 27집, 2009.

김진호, 「함세덕의 희곡연구 : 작가의식의 변모양상을 중심으로」, 인하대학교 석사학위논문, 1999.

김학준, 『미소냉전과 소련군정 아래서의 조선민주주의인민공화국 건국』, 서울대학교출판부, 2008.

김현숙, 「북한문학에 나타난 여성인물 형상화의 의미」, 『여성학논집』 Vol.11, 1994.

남찬섭, 「미군정기의 사회복지 — 민간구호단체의 활동과 주택정책」, 『복지동향』 78호, 2005.

노승희, 「해방 전 한국 연극 연출의 전개 양상 연구」, 동국대학교 박사학위논문, 2004.

노승희, 「이해랑의 낭만적 사실주의 연기술의 정착과정 연구」, 『한국극예술연구』 33집, 2011.

명인서, 「한일 신파극과 서구 멜로드라마의 비교 연구」, 『한국연극학』 18호, 2002.

문경연, 「1940년대 국민연극과 친일협력의 논리」, 『드라마연구』 29호, 2008.

문경연, 「일제 말기 국민연극의 기호학적 고찰」, 『한국문학이론과 비평』 44집, 2009.

문경연, 「해방기 역사극의 새로운 징후들」, 『드라마연구』 34호, 2011.

문경연 외 공역, 『좌담회로 읽는 국민문학』, 소명출판, 2010.

박노현, 「극장의 탄생」, 『한국극예술연구』 19집, 2004.

박노현, 「조선의 지속을 상상하는 연극적 리소르지멘토-1940년대 역사소재 국민연극을 중심으로-」, 『한국극예술연구』 21집, 2005.

박명규, 『국민, 인민, 시민』, 소화, 2009.

박명림, 『한국전쟁의 발발과 기원』 1~2권, 나남, 1996.

박명진, 「해방기 희곡에 나타난 민족과 인종의 표상 이미지」, 박명진 외, 『편견과 무지의 경계선 넘기』, 보고사, 2007.

박명진, 「해방기 조영출의 공연희곡 연구-<위대한 사랑>을 중심으로」, 『한국극예술연구』 32집, 2010.

박선영, 「임선규 희곡의 공간구조 연구」, 연세대학교 석사학위논문, 2001.

박성봉 편저, 『대중예술의 이론들-대중예술 비평을 위하여-』, 동연, 1994.

박수현, 「문학연구 방법으로서의 '망탈리테'에 관한 시론적 고찰」, 『현대문학이론연구』 44권, 2011.

박영정, 「해방기의 연극정책에 관한 연구」, 『한국극예술연구』 7집, 1997.

박영정, 「일제 말 '국민연극'의 형성과정 연구」, 『건국어문학』 23~24호, 1999.

박유희, 「한국 멜로드라마의 형성 과정 연구」, 대중서사장르연구회 지음, 『대중서사장르의 모든 것』 1, 이론과 실천, 2007.

박제홍·김순전, 「일제 말 문학작품에 서사된 김옥균상」, 『일본어교육』 48권, 2009.

박찬부, 「상징질서, 이데올로기, 그리고 주체의 문제-라캉과 알튀세르」, 『영어영문학』 47권 1호, 2001.

박필현, 「해방기 문학비평에 나타난 민족담론 연구」, 이화여자대학교 박사학위논문, 2009.

박현희, 『문예봉과 김신재』, 선인, 2008.

배선애, 「해방기 김춘광 역사극 연구」, 조건상 편, 『한국국어국문학연구』, 국학자료원, 2001.

백소연, 「1970~80년대 역사극 연구」, 이화여자대학교 박사학위논문, 2010.

백승숙, 「해방기 희곡의 전개양상 연구」, 영남대학교 박사학위논문, 2002.

백승숙, 「송영의 <황혼>에 나타난 민족담론」, 『한국극예술연구』 24집, 2006.

백승숙, 「함세덕 희곡에 나타난 국민국가담론」, 『한국극예술연구』 27집, 2008.

백원담, 「냉전기 아시아에서 아시아주의의 형성과 재편 1」, 성공회대 동아시아 연구소, 『냉전 아시아의 문화풍경 1 : 1940~50년대』, 현실문화, 2008.

이재명, 「임선규 작 <동학당>에 대하여」, 『현대문학』 468호, 현대문학사, 1993.

서승희, 「최재서 비평의 문화담론 연구」, 이화여자대학교 박사학위논문, 2010.

서연호, 『식민지시대 친일극 연구』, 태학사, 1997.

서연호, 『한국연극사-근대편』, 연극과 인간, 2003.

소영현, 『부랑청년 전성시대』, 푸른역사, 2008.

소영현, 『문학청년의 탄생』, 푸른역사, 2008.

손유경, 『고통과 동정』, 역사비평사, 2008.

신기욱, 『한국 민족주의의 계보와 정치』, 창비, 2009.

신아영, 「1930년대 연극과 관객 연구 : 대중화론을 중심으로」, 이화여자대학교 석사학위논문, 1989.

신원선, 『동학희곡연구』, 중앙대학교 박사학위논문, 2002.

신형기, 「'신인간'-해방 직후 북한 문학이 그려낸 동원의 형상」, 박지향 외, 『해방 전후사의 재인식』 1권, 책세상, 2006.

심지연, 「임선규 희곡연구」, 단국대학교 석사학위논문, 2003.

안광희, 『한국 프롤레타리아 연극운동의 변천과정』, 역락, 2001.

안상철, 「임선규 연구」, 한림대학교 석사학위논문, 1994.

안 진, 『미군정과 한국의 민주주의』, 한울, 2005.

양근애, 「일제 말기 역사극에 나타난 '친일'의 이중성-박영호의 「김옥균의 사」를 중심으로」, 『한국현대문학연구』 25집, 2008.

양근애, 「해방기 연극, 기념과 기억의 정치적 퍼포먼스」, 『한국문학연구』 36집, 2009.

양석원, 「이데올로기적 주체와 무의식적 주체-알튀세르와 라캉의 주체 이론」,

『문학과 사회』 51호, 2000.

양수근, 「일제 말 친일 희곡의 변모양상과 극작술 연구 : 박영호·송영 극작품을 중심으로」, 명지대학교 박사학위논문, 2005.

양승국, 「1945~1953년의 남북한 희곡에 나타난 분단문학적 특질」, 『문학사와 비평』 1집, 1991.

양승국, 「1940년대 국민연극론 연구」, 『한국극예술연구』 6집, 1996.

양승국, 『한국현대희곡론』, 연극과 인간, 2001.

양승국, 「일제 말기 국민연극의 존재형식과 공연구조」, 『한국현대문학연구』 23집, 2007.

양승국, 「일제 말기 국민연극의 구조와 미학적 층위」, 『예술논문집』 46호, 2007.

양승국, 『한국 근대극의 존재형식과 사유구조』, 연극과 인간, 2009.

오애리, 「함세덕 연구」, 단국대학교 석사학위논문, 1991.

오태영, 「'朝鮮' 로컬리티와 (탈)식민 상상력」, 동국대학교 문화학술원 한국문학연구소 편, 『제국의 지리학, 만주라는 경계』, 동국대학교출판부, 2009.

오태영, 「'남양(南洋)' 표상과 지정학적 상상력」, 『한국문학이론과 비평』 44집, 2009.

우수진, 「신파극의 센티멘털리티/즘과 개량의 윤리학」, 『현대문학의 연구』 38집, 2009.

유민영, 「좌우익 연극의 분열과 갈등」, 『국문학논집』 10호, 1981.

유민영, 『한국 현대희곡사』, 새미, 1997.

유민영, 『한국 인물연극사』, 태학사, 2006.

유민영, 『한국 근대연극사 신론』 상권, 태학사, 2011.

유일상·목철수 편저, 『세계 선전 선동사』, 이웃, 1989.

윤대석, 「1940년대 '국민문학' 연구」, 서울대학교 박사학위논문, 2006.

윤석진, 「1930년대의 한국 멜로드라마 연구」, 서강대학교 석사학위논문, 1996.

윤석진, 「전시동원체제기의 역사극 고찰 : 송영과 함세덕의 공연희곡을 중심으로」, 『어문연구』 46권, 2005.

윤석진, 「1960년대 멜로드라마 연구」, 한양대학교 박사학위논문, 2006.

윤해동, 『식민지 근대의 패러독스』, 휴머니스트, 2007.

이경훈, 「『근대의 초극』론 ─ 친일문학의 한 시각」, 『현대문학의 연구』 5권,

1995.

이경희, 「김춘광 희곡 연구」, 서울여자대학교 석사학위논문, 1983.

이광욱, 「1930년대 연극·영화의 대중성 담론과 매체 인식 연구」, 서울대학교 석사학위논문, 2011.

이덕기, 「일제 말 극단 현대극장의 국민연극 실천과 신극의 딜레마」, 『어문학』 107집, 2010.

이명찬, 「해방기 김기림 시론에 나타난 민족주의의 성과와 한계」, 서울시립대학교 인문과학연구소, 『한국 근대문학과 민족국가담론』, 소명출판, 2005.

이봉범, 「해방공간의 문화사 — 일상문화의 실연과 그 의미」, 『상허학보』 26집, 2009.

이상우, 「해방 직후 좌우대립기 희곡에 나타난 현실인식의 양상」, 『한국극예술연구』 2집, 1995.

이상우, 『유치진 연구』, 태학사, 1997.

이상우, 「표상으로서의 망국사 이야기」, 『한국극예술연구』 25집, 2007.

이상우, 「심상지리로서의 대동아」, 『한국극예술연구』 27집, 2008.

이상우, 「김옥균의 문학적 재현과 기억의 정치학」, 동북아시아문화학회 발표문, 2010.

이상우, 「함세덕의 「황해」 연구」, 한국극예술학회 편, 『극작가총서 3 : 함세덕』, 연극과 인간, 2010.

이상철, 『여론선전론』, 범우사, 1986.

이석만, 「해방 직후의 소인극운동 연구」, 『한국극예술연구』 3집, 1993.

이석만, 『해방기 연극연구』, 태학사, 1996.

이석원, 「'대동아' 공간의 창출 — 전시기 일본의 지정학과 공간담론 —」, 『역사문제연구』 19호, 2008.

이승현, 「일제강점기 송영희곡에 나타난 극전략 연구」, 경북대학교 석사학위논문, 2005.

이승희, 『한국 사실주의 희곡, 그 욕망의 식민성』, 소명출판, 2004.

이승희, 「해방기 우파 연극의 헤게모니 획득과정 연구」, 『한국극예술연구』 21집, 2005.

이승희, 「기표로서의 신파, 그 역사성의 지형」, 『한국극예술연구』 23집, 2006.

이승희, 「국민연극의 단층과 임선규의 전략」, 『상허학보』 25집, 2009.

이영미, 「신파양식의, 세상에 대한 태도」, 『대중서사연구』 9호, 2003.

이완범, 「해방 직후 국내 정치 세력과 미국의 관계, 1945~1948」, 박지향외, 『해방 전후사의 재인식』 2권, 책세상, 2006.

이재명, 「임선규 작 <동학당>에 대하여」, 『현대문학』 468호, 현대문학사, 1993.

이재명, 「박영호 희곡 <별의 합창> 에 나타난 친일적 성향 연구」, 『한국연극학』 21호, 2003.

이재명, 「박영호 희곡의 인물 연구 : <산돼지>, <물새>, <별의 합창>을 중심으로」, 『한국근대문학연구』 7호, 2003.

이재명, 「유치진 희곡의 인물 형상화 연구」, 『한국연극학』 28호, 2006.

이종대, 「근대극 텍스트에 나타난 대중성의 문제」, 『한국문학연구』 20집, 1998.

이종대, 「근대의 헤테로토피아, 극장」, 『상허학보』 16집, 2006.

이정숙, 「일제강점기 함세덕 희곡의 극작 원리와 의미」, 안동대학교 석사학위논문, 2001.

이정숙, 「일제강점기 유치진 희곡 연구」, 경북대학교 박사학위논문, 2010.

이정우·양일모, 「근대적 개인의 탄생 : 일제 하 소설들에서의 '주체'」, 『시대와 철학』 17권 4호, 2006.

이진순, 『한국연극사(1945년~1970년)』, 예술원, 1977.

이혜령, 「해방기 식민기억의 한 양상과 젠더」, 『여성문학연구』 19호, 2008.

이혜령, 「해방(기) : 총 든 청년의 나날들」, 『상허학보』 27집, 2009.

이혜숙, 『미군정기 지배구조와 한국사회』, 선인, 2008.

이화진, 「일제 말기 역사극과 그 의미」, 『한국극예술연구』 18집, 2003.

임종명, 「설립 초기 대한민국의 전사형 국민 생산과 조선민주주의인민공화국 상(像) 전용」, 『한국사연구』 151호, 2010.

임준서, 「한국 근대 '연극 관중론' 연구」, 『한국연극학』 22호, 2004.

임혁, 「국민연극의 현실 재현 방식과 극적 효과에 대한 연구」, 서울대학교 석사학위논문, 2010.

장성임, 「한국 역사극 연구-1910년부터 1989년까지」, 동국대학교 석사학위논문, 2005.

장세진, 「상상된 아메리카와 1950년대 한국문학의 자기 표상」, 연세대학교

284

박사학위논문, 2007.

장세진, 「해방기 공간 상상력의 전이와 '태평양'의 문화정치학」, 『상허학보』 26집, 2009.

장혜전, 「동양극장 연극의 대중성」, 『한국연극학』 19호, 2002.

장혜전, 「<빙화>의 희곡사적 의미」, 『한국연극학』 27호, 2005.

장혜전, 『희곡텍스트의 상황과 의미』, 한국문화사, 2009.

전규찬, 「국민의 동원, '국민'의 형성」, 『한국언론정보학보』 31호, 2005.

전우용, 『현대인의 탄생』, 이순, 2011.

전윤경, 『해방기 희곡 연구』, 숙명여자대학교 박사학위논문, 1999.

전지니, 「국민연극의 이중성 연구」, 이화여자대학교 석사학위논문, 2008.

전지니, 「전시동원체제 프로파간다 영화의 가족담론 연구」, 『이화어문논집』 27집, 2009.

전지니, 「해방기 희곡의 청년담론 연구」, 『한국문학이론과 비평』 50집, 2011.

전지니, 「해방기 희곡의 심상지리 연구」, 『국제어문』 51집, 2011.

전지니, 「해방기 역사소재 대중극 연구」, 『한국연극학』 44호, 2011.

정봉석, 『일제강점기 선전극 연구』, 월인, 1998.

정안기, 「만주시장의 출현과 조선인 자본의 대응」, 한석정·노기식 공편, 『만주, 동아시아의 융합공간』, 소명출판, 2007.

정영진, 「극작가 박로아의 무상한 변신」, 『현대문학』 455호, 현대문학사, 1992.

정우숙, 「한국 현대 희곡과 대중성의 관계」, 『이화어문논집』 22집, 2004.

정재석, 「해방과 한국전쟁, 3차대전론의 단층들」, 『상허학보』 27집, 2009.

정재석, 「타자의 초상과 신생 대한민국의 자화상」, 『한국문학연구』 37집, 2009.

정호순, 「해방 직후 희곡에 나타난 일제잔재 청산의 문제」, 『한국극예술연구』 5집, 1995.

정호순, 「일제 말기 연극경연대회 작품 경향 연구」, 『해방 전 공연희곡과 상영 시나리오의 이해』, 평민사, 2005.

정호순, 「국민연극에 나타난 모성 연구 : 송영의 <산풍>, <신사임당>을 중심으로」, 『어문연구』 33권, 2005.

정휘민, 「1940년대 국민연극에 관한 연구」, 단국대학교 교육대학원, 1985.

조한욱, 『문화로 보면 역사가 달라진다』, 책세상, 2000.

천정환, 「해방기 거리의 정치와 표상의 생산」, 『상허학보』 26집, 2009.

최기성, 『동학농민혁명운동 연구』, 서경문화사, 2006.

최두례, 「임선규 희곡의 신파적 성격 연구」, 충북대학교 교육대학원, 2005.

최원영, 「일제 말기 청년동원정책 - 청년단과 청년훈련소를 중심으로」, 『한국민족운동사연구』 21집, 1999.

최유리, 『일제 말기 식민지 지배정책연구』, 국학자료원, 1997.

최지연, 「동양극장 연구」, 단국대학교 박사학위논문, 2007.

최지현, 「학병의 기억과 국가 - 1940년대 학병의 좌담회와 수기를 중심으로」, 『한국문학연구』 32집, 2007.

최화수, 『르포 라이팅』, 동방문화, 2007.

테어도르 휴즈, 「냉전세계질서 속에서의 '해방공간'」, 『한국문학연구』 28집, 2005.

한민주, 「일제 말기 소설 연구」, 서강대학교 박사학위논문, 2004.

한상철, 『한국 연극의 쟁점과 반성』, 현대미학사, 1992.

한희영, 「함세덕 희곡연구 : 국민연극시기와 해방공간의 작품을 중심으로」, 원광대학교 석사학위논문, 2000.

허　은, 『미국의 헤게모니와 한국 민족주의 : 냉전시대(1945～1965) 문화적 경계의 구축과 균열의 동반』, 고려대학교 민족문화연구소, 2008.

현재원, 「해방기 연극운동 연구」, 성균관대학교 박사학위논문, 2000.

현재원, 「일제의 동화정책과 작가의 대응양상」, 『한국현대문학연구』 16집, 2004.

홍재범, 『한국 대중비극과 근대성의 체험』, 박이정, 2002.

홍종욱, 「중일 전쟁기(1937～1941) 사회주의자들의 전향과 그 논리」, 서울대학교 석사학위논문, 2000.

홍종욱, 「해방을 전후한 주체 형성의 기도」, 윤해동 외 엮음, 『근대를 다시 읽는다』 1권, 역사비평사, 2006.

황선희, 『동학 천도교 역사의 재조명』, 모시는 사람들, 2009.

황성근, 『기록극이란 무엇인가』, 한국학술정보, 2008.

3. 국외연구논저

子安宣邦, 『동아 대동아 동아시아-근대 일본의 오리엔탈리즘』, 이승연 역,
　　　　역사비평사, 2005.
中野敏男, 『오쓰카 히사오와 마루야마 마사오 : 일본의 총력전체제와 전후
　　　　민주주의 사상』, 서민교·정애영 역, 삼인, 2005.
西川長夫, 『국민을 그만두는 방법』, 윤해동·방기헌 역, 역사비평사, 2009.
竹內好, 『일본과 아시아』, 서광덕·백지운 역, 소명, 2004.
丸山眞男, 『현대일본정치론』, 신경식 역, 고려원, 1988.
大貫惠美子, 『죽으라면 죽으리라』, 이향철 역, 우물이있는집, 2007.
若林幹夫, 『지도의 상상력』, 정선태 역, 산처럼, 2006.

Anne Ubersfeld, 『연극기호학』, 신현숙 역, 문학과 지성사, 1988.
Ben Singer, 『멜로드라마와 모더니티』, 이위정 역, 문학동네, 2009.
Benedict Anderson, 『상상의 공동체』, 윤형숙 역, 나남출판, 2002.
Bruce Cumings, 『한국전쟁의 기원』 상·하권, 김주환 역, 청사, 1986.
Colin Flint, 『지정학이란 무엇인가』, 한국지정학연구회 역, 길, 2007.
Edward W. Said, 『오리엔탈리즘』, 박홍규 역, 교보문고, 2000.
Edwin Wilson·Alvin Goldfarb, 『세계연극사』, 김동욱 역, 한신문화사, 2000.
Eric Hobsbawm, 『만들어진 전통』, 박지향·장문석 역, 휴머니스트, 2004.
Frantz Fanon, 『검은 피부, 하얀 가면』, 이석호 역, 인간사랑, 1998.
Georg Lukacs, 『역사소설론』, 이영욱 역, 거름, 1987.
Giorgio Agamben, 『호모 사케르』, 박진우 역, 새물결, 2008.
Hartmut Boehme·Peter Matussek·Lothar Mueller, 『문화학이란 무엇인가』, 손동현
　　　　·이상엽 역, 성균관대학교 출판부, 2004.
Helen Gilbert·Joanne Tompkins, 『포스트 콜로니얼 드라마』, 문경연 역, 소명출판,
　　　　2006.
Homi K. Bhabha, 『문화의 위치』, 나병철 역, 소명출판, 2003.
Ian Buruma·Avishai Margalit, 『옥시덴탈리즘』, 송충기 역, 민음사, 2007.
Jacques Ranciere, 『정치적인 것의 가장 자리에서』, 양창렬 역, 길, 2008.
Jacques Ranciere, 「감성적/미학적 전복」, 홍익대학교 강연문, 2008.

James I. Matray, 「한국 : 아시아에서의 봉쇄를 위한 시험대」, Bruce Cumings 외, 『한국전쟁과 한미관계』, 박의경 역, 청사, 1987.

John Fiske, 『대중문화의 이해』, 박만준 역, 경문사, 2002.

John L. Gaddis, 『새로 쓰는 냉전의 역사』, 박건영 역, 사회평론, 2003.

John W. Dower, 『패배를 껴안고 : 제2차 세계대전 후의 일본과 일본인』, 최은석 역, 민음사, 2009.

Louis Althusser, 『재생산에 대하여』, 김웅권 역, 동문선, 2007.

M. Horkheimer·Th. W. Adorno, 『계몽의 변증법』, 김유동 역, 문학과 지성사, 2009.

ManFred Brauneck, 『20세기 연극 – 선언문, 양식, 개혁모델』, 김미혜·이경미 역, 연극과 인간, 2000.

Michel Foucault, 『미셸 푸코의 권력 이론』, 정일준 역, 새물결, 1994.

Nicholas Jackson O'Shaughnessy, 『정치와 프로파간다』, 박순석 역, 한울, 2009.

Patrice Pavis, 『연극학사전』, 신현숙·윤학로 역, 현대미학사, 1999.

Philippe Moreau Defarges, 『지정학 입문』, 이대희·최연구 역, 새물결, 1997.

R. G. Collingwood, 『역사철학론』, 문학과 사회연구소 역, 청하, 1986.

Slavoj Zizek, 『이데올로기라는 숭고한 대상』, 이수련 역, 인간사랑, 2002.

Terry Eagleton, 『문학이론입문』, 김명환 외 역, 창작과 비평사, 1986.

Tessa Morris-Suzuki, 「근대 일본의 국경 만들기 – 일본사 속의 변경과 국가, 국민 이미지」, 임지현 외, 『근대의 국경 역사의 변경』, 휴머니스트, 2004.

Tim Edensor, 『대중문화와 일상, 그리고 민족 정체성』, 박성일 역, 이후, 2008.

Valerie Kennedy, 『오리엔탈리즘과 에드워드 사이드』, 김상률 역, 갈무리, 2011.

Xiaomei Chen, 『옥시덴탈리즘』, 정진배·김정아 역, 강, 2001.

Barak Kushner, 『The Thought War : Japanese Imperial Propaganda』, University of Hawaii press, 2007.

Bruce A. McConachie, 『Melodramatic formations : American theatre and society, 1820~1870』, University of Iowa Press, 1992.

David C. Earhart, 『Certain Victory : Images of World War 2 in the Japanese Media』, M E Sharpe Inc., 2007.

Elaine Hadley, 『Melodramatic tactics』, Stanford University Press, 1995.

Emma Jinhua Teng, 『Taiwan's imagined geography : Chinese colonial travel writing and pictures, 1683-1895』, Harvard University Press, 2004.

Leo T. S. Ching, 『Becoming "Japanese"』, University of California Press, 2001.

Norris Houghton, 『The Exploding Stage』, Weybright and Talley, 1971.

John W. Dower, 「Japan's Beautiful Modern War」, Jacqueline M. Atkins, 『Wearing Propaganda』, Yale University Press, 2005.

Thongchai Winichakul, 『SIAM Mapped : A History of the Geo-Body of a Nation』, University of Hawaii Press, 1994.

T. フジタニ, 「戰下の人種主義」, 『感情·記憶·戰爭』, 岩波書店, 2002.

부록 | 본문 수록 연극 출처

작가 및 작품명	원출처	본문 출처
박영호, 「김옥균의 사」(1944)	『조광』, 1944년 3월~5월호.	이재명 편, 『해방 전 공연희곡집』 1권, 평민사, 2004.
송영, 「신사임당」(1945)	3회 연극경연대회 공연대본(필자 미확인)	이재명 편(2004), 위의 작품집, 2권.
이동규, 「낙랑공주」(1941)	이동규, 『낙랑공주』, 명문당서점, 1941.	이재명 편(2004), 위의 작품집, 4권.
임선규, 「동학당」(1941)	개인소장 필사본(필자 미확인)	이재명 편(2004), 위의 작품집, 3권.
함세덕, 「낙화암」(1940)	『조광』, 1940년 1월~4월호.	이재명 편(2004), 위의 작품집, 3권.
함세덕, 「어밀레종」(1943)	『국민문학』, 1943년 1월~2월호.	이재명 편(2004), 위의 작품집, 3권.
김남천, 「3·1운동」(1946)	『신천지』, 1946년 3월~5월호 ; 김남천, 『3·1운동』, 아문각, 1947.	『신천지』, 1946년 3월~5월호 ; 김남천, 『3·1운동』, 아문각, 1947.
김영수, 「정열지대」(1946)	『영화시대』, 1946년 10월~1947년 9월호.	『영화시대』, 1946년 10월~1947년 9월호.
김춘광, 「미륵왕자」(1946)	김춘광, 『미륵왕자-출세편』, 영인서관, 1948.	김춘광, 『미륵왕자-출세편』, 영인서관, 1948.
김춘광, 「대원군」(1946)	김춘광, 『대원군』, 청춘극장출판부, 1946.	김동권 편, 『해방기 현대희곡작품집』 2권, 서광학술자료사, 1994.
김춘광, 「안중근사기」(1946)	김춘광, 『안중근 사기-전편』, 청춘극장, 1946 ; 김춘광, 『안중근 사기-후편』, 청춘극장, 1946.	김춘광, 『희곡 안중근』, 범우, 2010.
박로아, 「녹두장군」(1946)	박로아, 『녹두將軍 先驅者 泗溟堂』, 정음사, 1950.	김동권 편(1994), 위의 작품집, 3권.

박로아, 「사명당」(1950)	박로아, 『녹두將軍 先驅者 泗溟堂』, 정음사, 1950.	김동권 편(1994), 앞의 작품집, 3권.
유치진, 「자명고」(1947)	유치진, 『자명고』, 행문사, 1947.	김동권 편(1994), 위의 작품집, 4권.
유치진, 「별」(1948)	유치진, 『흔들리는 地軸』, 정음사, 1949.	김동권 편(1994), 위의 작품집, 4권.
유치진, 「원술랑」(1950)	유치진, 『원술랑 : 희곡집』, 자유문화사, 1952.	김동권 편(1994), 위의 작품집, 4권.
조영출, 「위대한 사랑」(1947)	2회 3·1 기념 연극대회 공연대본(필자 미확인)	『한국극예술연구』 33집, 2011.
함세덕, 「기미년 3월 1일」(1946)	『개벽』 1946년 4월호, 낙랑극회 공연대본 필사본(필사본 필자 미확인)	장혜전 편저, 『함세덕 희곡선집』, 시인사, 1995.
김태진, 「그 전날 밤」(1943)	『신시대』, 1943년 8월~9월호.	『신시대』, 1943년 8월~9월호.
박영호, 「좁은 문」(1943)	「조광」, 1943년 12월~1944년 1월호.	이재명 편(2004), 앞의 작품집, 1권.
이원경, 「해적 프리헤이즈」(1943)	『국민문학』, 1943년 5월~6월호.	『국민문학』, 1943년 5월~6월호.
임선규, 「빙화」(1942)	1회 연극경연대회 공연대본(필자 미확인)	이재명 편(2004), 위의 작품집, 3권.
임선규, 「새벽길」(1945)	3회 연극경연대회 공연대본(필자 미확인)	이재명 편(2004), 위의 작품집, 3권.
조천석, 「개화촌」(1945)	3회 연극경연대회 공연대본(필자 미확인)	이재명 편(2004), 위의 작품집, 5권.
함세덕, 「추장 이사베라」(1942)	『국민문학』, 1942년 3월호.	장혜전 편저(1995), 위의 작품집.
김영수, 「여사장 요안나」(1948)	김영수, 『혈맥』, 영인서관, 1949.	서연호·장원재 공편, 『김영수 희곡·시나리오 전집』 2권, 연극과인간, 2007.
김영수, 「돼지」(1950)	『백민』, 1950년 2월호.	서연호·장원재 공편(2007), 위의 작품집, 2권.
박로아, 「애정의 세계」(1949)	박로아, 『녹두將軍』, 정음사, 1950.	김동권 편(1994), 위의 작품집, 3권.
박로아, 「선구자」(1950)	박로아, 『녹두將軍』, 정음사, 1950.	양승국 편, 『해방공간 대표희곡』, 예문, 1989.
오영진, 「정직한 사기한」(1949)	1회 남녀대학연극경연대회 참가작(1949)	김동권 편(1994), 위의 작품집, 4권.

	『사상계』, 1953년 9월호.	
유치진, 「조국」(1946)	유치진, 『소』. 행문사, 1947.	김동권 편(1994), 앞의 작품집, 4권.
유치진, 「흔들리는 지축」(1947)	유치진, 『흔들리는 地軸』, 정음사, 1949.	김동권 편(1994), 위의 작품집, 4권.
유치진, 「장벽」(1950)	『백민』, 1950년 2월호.	김동권 편(1994), 위의 작품집, 4권.
정범수, 「소년과학자」(1946)	『변천』, 신농민사, 1946.	김동권 편(1994), 위의 작품집, 5권.
정범수, 「변천」(1946)	『변천』, 신농민사, 1946.	김동권 편(1994), 위의 작품집, 5권.
김태진, 「행복의 계시」(1942)	『조광』, 1942년 10월~11월호.	이재명 편(2004), 앞의 작품집, 4권.
남궁만, 「전설」(1941)	『매일신보』, 1941년 1월 25일~2월 10일 연재.(총 17회)	이재명 편(2004), 위의 작품집, 4권.
박영호, 「물새」(1943)	2회 연극경연대회 공연대본 (필자 미확인)	이재명 편(2004), 위의 작품집, 1권.
송영, 「역사」(1943)	2회 연극경연대회 공연대본 (필자 미확인)	이재명 편(2004), 위의 작품집, 2권.
양서, 「밤마다 돗는 별」(1943)	2회 연극경연대회 공연대본 (필자 미확인)	이재명 편(2004), 위의 작품집, 5권.
유치진, 「대추나무」(1942)	『신시대』 1942년 10월~1943년 1월호.	이재명 편(2004), 위의 작품집, 별쇄본.
이광래, 「북해안의 흑조」(1943)	2회 연극경연대회 공연대본 (필자 미확인)	이재명 편(2004), 위의 작품집, 5권.
조명암, 「현해탄」(1945)	3회 연극경연대회 공연대본 (필자 미확인)	이재명 편(2004), 위의 작품집, 5권.
함세덕, 「황해」(1943)	2회 연극경연대회 공연대본 (필자 미확인)	이재명 편(2004), 위의 작품집, 3권.
김동식, 「유민가」(1949)	『희곡문학』, 1949년 5월호.	양승국 편(1989), 앞의 작품집.
김사량, 「호접」(1946)	김사량 외, 『희곡집』, 문화전선사, 1946.(필자 미확인)	김재용·곽형덕 편, 『김사량 작품과 연구』 2, 역락, 2009.
김사량, 「봇똘의 군복」(1946)	『적성』, 1949년 4월호.	양승국 편(1989), 위의 작품집.
김송, 「그날은 오다」(1946)	김송, 『무기없는 민족』, 백민문화사, 1946.	양승국 편(1989), 위의 작품집.
김영수, 「혈맥」(1947)	김영수, 『혈맥』, 영인서관,	서연호·장원재 공편

	1949.	(2007), 앞의 작품집, 1권.
김진수, 「제국 일본의 마지막 날」(1945)	『자유문학』, 1959년 8월호.	김동권 편(1994), 앞의 작품집, 2권.
김진수, 「코스모스」(1948~49)	『백민』, 1948년 10월, 1949년 1월, 3월호.	김동권 편(1994), 위의 작품집, 2권.
박경창, 「단결」(1945)	『예술문화』, 1946년 2월호.	김동권 편(1994), 위의 작품집, 3권.
박경창, 「우박소리」(1946)	『예술문화』, 1946년 1월호.	김동권 편(1994), 위의 작품집, 3권.
오영진, 「살아있는 이중생 각하」(1949)	극예술협회 공연(1949) 오영진, ㎜ 한국본부 편, 『오영진 희곡집』, 동화출판사, 1976.	김동권 편(1994), 위의 작품집, 4권.
유치진, 「어디로」(1949~50)	『민족문화』, 1949년 10월~1950년 2월호.	『민족문화』, 1949년 10월~1950년 2월호.
이기영, 「해방」(1946)	『시문학』, 1946년 1월호.	김동권 편(1994), 위의 작품집, 4권.
이기영, 「닭싸움」(1946)	『우리문학』, 1946년 3월호.	양승국 편(1989), 앞의 작품집.
이주홍, 「좀」(1947)	『백민』, 1947년 5월호.	김동권 편(1994), 위의 작품집, 4권.
조현, 「의자연석회의」(1948)	『신천지』, 1948년 10월호.	『신천지』, 1948년 10월호.
함세덕, 「고목」(1947)	『문학』, 1947년 4월호.	양승국 편(1989), 위의 작품집.

찾아보기

|지은이| 전 지 니

이화여자대학교 국어국문학과를 졸업하고 동대학원에서 박사학위를 받았다. 이화여자대학교, 수원대학교, 한양여자대학교에 출강했으며 2014년 이화여자대학교 우수강사로 선정됐다. 현재 이화여자대학교 국어국문학과 강의전담 교수로 재임 중이다. 주요 논문으로 「반공과 검열, 그리고 불온한 육체의 기묘한 동거-1970년대 영화 〈특별수사본부〉 여간첩 시리즈에 대한 고찰」, 「체화 불/가능한 양풍과 불/건전한 자유연애-해방기와 50년대 전후 코미디극의 겹쳐 읽기」, 「해방기 남북한 희곡의 젠더정치 연구」, 「1930년대 가족 멜로드라마 연구」 등이 있다.

이화연구총서 22
1940년대 극장의 감성과 이데올로기

전 지 니 지음

2015년 11월 16일   초판 1쇄 발행

펴낸이 · 오일주
펴낸곳 · 도서출판 혜안

등록번호 · 제22-471호
등록일자 · 1993년 7월 30일

주소 · ⑫ 04052 서울시 마포구 와우산로 35길 3(서교동) 102호
전화 · 3141-3711~2 / 팩스 · 3141-3710
E-Mail · hyeanpub@hanmail.net

ISBN 978 · 89 · 8494 · 537 · 1   93680

값 26,000 원